개교 70주년 기념 전북대신문방송사 문학상 당선작 전집 ❺

가람이병기청년시·최명희청년소설문학상 (2009~2017)

전북대학교 개교 70주년 기념

가람이병기청년시·최명희청년소설문학상

전북대신문방송사 문학상 당선작 전집 ❺

2009~2017

전북대학교 출판문화원

목차

2009

2010

2011

2012

2013

가람이병기청년시·
최명희청년소설문학상

•

2009~2017

칼릴레이

· 이갑수 (동국대 문예창작과 1학년) ·

사장이 어깨를 잡는다. 뭉쳤던 근육이 풀어진다. 시원하다. 사장이 안마를 해주는 것은 아니니다. 나도 그 정도 눈치는 있다. 며칠 전부터 어깨를 잡는 아귀힘이 강해지고 있다. 이제 오지 말라는 의미다. 요즘 손님이 없는 탓에 내가 눈에 거슬린 것이다. 어차피 켜놓을 컴퓨터 좀 쓴다고 돈이 더 드는 것도 아닌데 괜히 화풀이다. 나도 매일 오는 것이 미안하다. 하지만 달리 갈 곳이 없다. 엄마는 사장처럼 점잖게 행동하지 않는다. 손에 든 것을 마구잡이로 휘두른다. 그것이 빗자루거나, 걸레일 때는 견딜 만 하지만 간혹 부엌에서 마주치면 식칼을 피해야 한다. 목숨을 걸 바엔 좀 춥더라도 밖에 나와 있는 게 낫다. 여기 못 오면 이제 무엇을 하며 시간을 보낼지 걱정이다. 열 시까지는 버텨야 한다. 내일 일은 내일 생각하는 게 좋다. 일단 오늘은 넘겼다.

나는 조용히 문을 연다. 엄마의 출근이 늦는 날도 있다. 다행히 집은 비어 있다. 옷을 벗고 냉장고를 뒤져 밥을 먹는다. 냉장고엔 늘 먹을 게 가득하다. 하루 한 끼 밖에 못 먹기 때문에 과식을 한다. 정자세로 섰을 때 코보다 배가 더 볼록해지면 먹는 것을 멈추고 잠을 잔다. 자명종을 맞추는 것을 잊지 않는다. 가족들이 돌아오기 전에 나가야 한다. 내가 무슨 큰 죄를 지은 것은 아니다. 나이는 먹었고, 제대로 하는 일도 없이 놀고 있는 것이 면목 없을 뿐이다. 사실 엄마만 닦달할 뿐, 아버지는 별말이 없다. 하지만 아버지의 눈빛을 받고 있는 것도 쉽지만은 않다. 그렇다고 내가 마냥 놀기만 한 것은 아니다. 내게도 나름의 생활이 있다. 용돈을 받을 수는 없었다. 달라고 주지도 않겠지만, 돈을 달라고 말할 염치가 없다. 할 수 없이 아르바이트를 했다. 음식 배달, 피시방, 서빙까지 두루 거쳤다. 한 가지 일을 오래 한 적은 없다. 난 뭐든 쉽게 질린다. 그나마 가장 오래 한 것이 피시방이다. 다양한 종류의 게임들이 지루함을 달래줬다. 게임을 하고 인터넷을 돌아다니다 보면 시간이 금방 갔다. 피시방을 그만둔 것은 라면을 끓여 달라는 손님들 때문이다. 귀찮은 건 질색이다. 하지만 일을 그만둔 후에도 계속 가게로 출근해서 게임을 했다. 벌써 두 달 째였다.

새 일을 찾고 싶진 않다. 별로 돈 쓸 일이 없다. 연락 오는 친구도 없었다. 다들 자기 일을 찾아서 바쁘다. 대학원에 간 녀석도 있고, 군대에 짱박힌 놈도 있다. 아주 드물지만 몇 명은 취직하기도 했다. 앞으로 친구들을 만날 일이 없을지도 모른다. 아쉬울 건 없다. 딱히 친구들과 있는 게 즐거운 것도 아니었다. 그저 실없는 농담과 여자 얘기로 웃고 떠들 뿐 아무런 의미도 없다. 녀석들도 나와 별반 다를 것 없는 인생들이다. 하지만 나보다 조금 나은 것 같긴 하다. 그것이 무엇이 됐든 자신의 역할을 찾았기 때문이다.

나는 어릴 때부터 하고 싶은 일이 없었다. 내게는 아무런 재능이 없다. 학창시절 나는 남들의 두 배의 시간을 책상 앞에 앉아 있었지만, 성적은 반 평균을 넘지 못했다. 영어를 하기엔 암기력이 없었고, 국어를 하기엔 이해력이 부족했다. 계산력은 남들만큼은 있었다. 머릿속으로 미리 따져

보는 게 나한테 맞았다. 수학 성적은 평균을 넘었던 것 같다. 하지만 다른 사람보다 못하지 않았을 뿐 뛰어나게 잘하진 못 했다. 나한테는 학문이 맞지 않았다. 머리로 안 되면 몸으로 해보겠다는 생각에 운동했던 적도 있다. 나는 모든 운동의 기본이라는 달리기에 뛰어났다. 술래잡기에서 한 번도 잡힌 적이 없었다. 누구한테도 잡히지 않을 자신이 있었다. 선생님 잘 만났다면 육상선수가 됐을지도 모른다. 중학교 1학년 여름이었다.

체력장이 열렸다. 첫 종목은 100m 달리기였다. 반 아이들의 기록은 빠르면 16초대 느리면 20초를 넘었다. 학급 번호 순서대로 달렸기 때문에 내가 마지막이었다. 남자 수가 홀수여서 나는 혼자 달렸다. 체육 선생은 순식간에 100미터를 달려와 자기 앞에 멈춰선 날 보며 "꽤 빠른데."라고 말했다. 하지만 초시계를 보고서 한 마디 덧붙였다. "이거 많이 사용해서 초시계가 고장 났나 보다. 반장 체육부실 가서 초시계 좀 가져와." 기록은 10.52초였다. 그 당시 한국 신기록은 서말구 선수의 10.34였다. 반장이 새로운 초시계를 가져왔고, 나는 다시 달렸다. 10.55초가 나왔다. "반장, 이것도 고장 났잖아. 다른 거 가져와." 체육선생이 짜증 섞인 목소리로 말했다. 나는 계속해서 달렸다. 세 번, "반장.", 네 번, "반장." 다섯 번, "야." 기록은 매양 비슷했고, 체육선생의 목소리는 점점 커졌다. 땡볕 아래 서 있던 반 아이들이 수군거리기 시작했다. 모두 나를 원망 어린 눈으로 쳐다봤다. 나는 내가 무슨 잘못을 했는지 몰랐지만 미안한 마음이 들었다. 체육부실에 있던 초시계는 여덟 개뿐이었다. 체육선생은 마지막 초시계를 운동장 바닥에 던졌다. 그리고 소리 쳤다. "니가 시계에 장난쳐놨지?" 그제서야 나는 너무 빨리 달렸다는 것을 깨달았다. 그때 한 아이가 자신의 손목시계를 풀러 체육선생에게 건넸다. 할아버지가 국회의원이라 선생들에게 예쁨을 받는 아이였다. "아, 이게 그 스위스 오메가가 하는 건가?" 덕분에 체육선생의 화가 좀 누그러졌다. 마지막 기회였다. 나는 앞번호의 아이에게 몇 초가 나왔냐고 물었다. 18초라고 했다. 나는 속으로 숫자를 세면서 18초에 맞춰서 달렸다. 체육선생은 만족했다. 반 아이들도 끝나서 다행이라는 표정이었다.

그 후로 한 번도 계주선수조차 해보지 못했다. 뭣보다 나는 스포츠 장애가 있었다. 달리기만 빠를 뿐, 구기 종목은 전혀 하지 못했다. 축구든 농구든 공은 언제나 내가 달리는 반대 방향으로 갔다.

운동하는데 돈이 많이 든다는 것도 문제였다. 엄마는 내게 최소한의 투자만을 했다. 핑계일 수도 있다. 재능이 없어도 부단한 노력을 통해 성공한 사람들도 무수히 많을 것이다. 하지만 내게는 열정이 없었다. 좋아하는 일이라면 재능이 없어도 도전해 봤겠지만, 나는 도무지 좋아하는 것도 하고 싶은 것도 없었다. 그나마 이것저것 해보려고 시도라도 했던 것은 엄마 때문이다. 따지고 보면 다들 마찬가지다. 부모의 강요에 못 이겨 공부하고, 직장을 구해 안정적인 삶을 찾아간다. 다행히 엄마는 그렇게 강압적이지는 않았다. 구박은 했지만 억지로 학원에 다니게 하거나 책을 읽도록 감시하지는 않았다. 이유는 간단하다.

대부분 부모들은 언제나 공부 잘하고 착한 옆집 아이와 자신의 아이를 비교하게 마련이다. 참 신기하게도 언제나 옆집엔 착하고 공부 잘하는 아이가 산다. 부모들은 자신의 아이를 옆집 아이보다 뛰어나게 만들기 위해 노력한다. 그런데 엄마는 그럴 필요가 없었다. 이 동네의 누구도 진우보다 뛰어난 아이는 없었기 때문이다. 내 경우엔 오히려 옆집 애들이 변호를 해줬다. 진우와 비교하면 나나 다른 애들이나 매한가지였다. 엄마 입장에서 보자면, 자신의 아들 중 한 명이 가장 뛰어난데 나까지 잘하길 바라는 것은 욕심이라고 생각했는지도 모른다. 덕분에 나는 별다른 반대 없이 대학 진학을 포기했고, 몇 년을 편하게 지낼 수 있었다. 요즘 엄마의 구박이 심해진 것은 내가 보통의 삶보다 못한 삶을 살고 있기 때문이다. 하지만 엄마는 걱정할 이유가 없다. 우리 집에는 든든한 희망인 진우가 있다. 몇 년 만 지나면 진우는 의사가 될 거고, 엄마는 의사 어머니로 편안한 노후를 보낼 수 있을 것이다.

*

쉽지는 않았다. 덩치가 큰 아르바이트생을 보고 겁이 나서 몇 번이나 그냥 나왔다. 복면의 위력을 알지 못한 탓이었다. 털모자에 구멍을 내서 만든 복면이다. 나는 차츰 복면에 적응했다. 상대가 내 얼굴을 보지 못한다는 것은 큰 무기였다. 아무리 덩치가 크고 인상이 험악한 녀석도 겁을 먹었다. 무엇보다 칼의 역할이 컸다. 편의점 직원들은 교육받은 내용에 충실했다. 턱밑에 칼을 들이밀면, 내가 말을 하기도 전에 금고를 열어 돈을 꺼내줬다. 안에 들어가서 돈을 갖고 나오기까지의 시간은 이 분이 넘지 않았다. 하지만 처음엔 세 곳밖에 돌지 못했다. 너무 긴장했다.

며칠이 지나면서 경찰을 무서워할 게 없다는 걸 깨달았다. 경찰의 출동은 늘 늦고, 편의점에 들어가 사건 경위를 듣는 게 고작이었다. 경찰이 나를 검문할 수 없다는 것도 알게 됐다. 무턱대고 지나가는 사람을 검문할 수 없는 세상이었다.

이 일은 내 천직인 것 같았다. 세 시간 동안 열다섯 곳을 돈 적도 있었다. 그날 수입은 사백만 원이었다. 피시방을 차리는 게 생각보다 빨라질 것 같았다. 뉴스에서 편의점 강도에 관한 기사가 나왔다. 경찰이 수사를 시작했다. 형사가 편의점 직원으로 위장해서 잠복하기도 했다. 나와 같은 일을 하던 사람들이 몇 명쯤 잡혔다. 나는 뉴스를 매일 봤다.

지방의 편의점은 더 쉬웠다. 띄엄띄엄 있어서 하루에 여러 곳을 돌 수는 없지만, 그만큼 경찰도 적었다. 난 차를 하나 구입했다. 차로 이동을 하는 것은 아니었다. 차로 이동을 하면 위험했다. 곳곳에 카메라가 있으니까. 차는 잠자리로 사용했다. 여관은 위험하기도 하고 장기적으로 생각하면 차가 더 싸게 먹힐 것 같았다. 삼천만 원을 모았다. 자동차 할부금이 남아 있었지만, 그건 앞으로 일하면서 갚아 나갈 수 있으니, 순이익이었다.

진우에게 돈을 줘야 할지 고민됐다. 학비가 없어 휴학하고 아르바이트를 하는 것 같았는데 도와주고 싶었다. 시간이 문제였다. 갑자기 큰돈을 주면 진우는 날 의심할 게 분명했다. 진우를 속일 방법이 떠오르지 않았다. 아쉬운 마음에 도서상품권을 선물했다. 아르바이트비를 받았다는 핑계로 어머니 화장품도 샀다. 아버지 몰래 마시고 보리차를 섞어놨던 양주도 다시 원상태로 돌려놨다. 아버지는 조금은 대견한 눈빛으로 날 바라봤고, 엄마는 더 이상 손에 든 것을 휘두르지 않았다. "이제야 사람 구실을 하네." 엄마가 말했다. 엄마한테 칭찬을 듣는 게 얼마 만인지 모르겠다. 진우가 학교에 들어가기 전에는 자주 들었다.

생각해 보니 돈을 모은다 해도 곧바로 피시방을 차릴 수는 없었다. 한 푼도 없는 내가 갑자기 가게를 차리면 의심받을 테니까. 세무조사를 받게 되면 돈의 출처를 설명할 수 없으니 검찰로 넘어갈지도 몰랐다. 은행엔 한 달에 70만 원씩만 저금했다. 나머지는 돈은 가방에 담아 차 트렁크에 넣었다. 시장 입구에서 파는 만 원짜리 가방이었다. 미리 가방을 세 개 샀다. 가방 하나를 가득 채우면 일억이 될 것 같았다. 세 개의 가방이 가득 찰 때 나는 행복한 삶을 살 수 있을 것이다. 저금하라는 진우의 조언은 탁월한 것이었다. 가방을 열어 돈을 넣을 때마다 웃음이 났다.

*

갈 곳이 없다. 지갑을 열어본다. 며칠 정도는 버틸 수 있을 것 같다. 어제 진우가 준 돈 덕분이다. 내게 돈을 주기 위해 나가지 않고 기다린 것 같다. 남에게 돈을 주는 것이 그토록 자연스러운 사람은 또 없을 것이다. 선천적으로 타고난 것 같다. 진우는 어릴 때부터 특별했다. 동네에서 무슨 놀이를 할지 정하는 것은 언제나 진우였다. 사람들은 진우의 말을 잘 들었다. 나이와 지위고하를 떠나서 진우를 신뢰했다. 그리고 진우는 그 신뢰를 절대 배신하지 않았다. 나도 진우의 말해서 손해 본 적은 한 번도 없다. 생각난 김에 진우를 찾아가 앞으로 내 삶에 대해 상의해 봐야 할 것 같다. 나도 내심 이대로 사는 것에 대해 불안을 느끼고 있던 차였다. 사장의 축객령이 날 새롭게 할 계기가 될지도 모른다.

진우가 학교에 없다. 같은 과 학생에게 이름 대니 휴학했다고 한다. 몰랐던 일이다. 전화를 거니 다행히 근처에 있다.

"엄마한텐 비밀이야."

진우가 말한다. 무슨 일인지 모르지만, 진우가 하는 일에 내가 끼어들 필요는 없다. 내 이야길 들은 진우는 한동안 말없이 날 쳐다본다. 생각을 정리하는 것 같다.

"난 사람들이 무언가를 위해서 산다고 생각해. 그 무언가는 사람마다 조금씩 다르겠지만, 아마 대부분은 자신과 가족의 행복을 위해서일 거야. 아마 행복의 기준은 사람마다 다를 거야. 하지만 경제적인 안정이 행복과 연관된 건 틀림없어. 하고 싶은 일이 없다고 했지만, 형이 원하는 생활은 있을 거야. 이를테면 형이 좋다고 느끼는 순간."

나는 내가 원할 때 자고 싶고, 몸을 힘들게 움직이고 싶지 않다. 여름엔 시원했으면 좋겠고, 겨울엔 따뜻하길 바란다. 배불리 먹을 수 있으면 더 좋다. 내 이런 생각을 말했더니 진우는 웃는다.

"그건 누구나 마찬가지야. 지금 형이 말한 그런 생활을 하려면 돈이 필요해. 형이 부자라면 원하는 데로 살 수 있을 거야. 그러니까 일을 해서 돈을 벌어. 지금처럼 버는 대로 다 쓰지 말고, 조금씩이라도 저축을 해봐. 몇천쯤 모아서 분식집이라도 차려. 그때쯤이면 나도 졸업했을 테니까. 나도 도와줄게. 아니다 너무 멀리 볼 것도 없어. 일단은 얼마가 됐든 돈부터 모아."

구구절절 옳은 말이다. 문득 나는 궁금해진다.

"너는? 너도 나중에 생길 아내와 아이들을 위해서 공부하는 거야?"

진우는 내 말을 듣고 또 한 번 웃는다.

"물론 나도 결혼을 할 테고, 경제적인 안정을 원해. 사실 지금도 돈이 많으면 좋겠어. 학비가 모자라서 휴학한 거거든. 하지만 의사가 되려는 것이 돈 때문은 아니야. 사람을 살리는 일 자체에 의미가 있다고 생각해. 내 손으로 몇 명이나 구할 수 있을지는 모르겠지만, 많은 사람을 살리고 싶어. 말하자면 다른 사람들이 소중하게 생각하는 사람들을 지켜주는 거야. 살아 있어야 행복할 수도 있잖아."

역시 진우는 대단하다. 내 동생이지만 정말 멋지다. 새삼스럽다. 진우는 언제나 멋졌고 다른 사람들과 달랐다. 특히 나와는 비교가 되지 않았다. 나는 초등학교 3학년 때 산수경시대회에서 동상을 받았다. 그리고 3년 뒤 진우는 나와 같은 나이에 전국 수학 올림피아드 대회에서 금상을 받았다. 진우는 몇 번이나 신문에 이름이 실렸고, TV에서도 나온 적이 있다. 진우와 내가 세 살 차이가 나는 것은 정말 다행이다. 만약 우리의 나이 차가 한 살만 적었어도 진우와 같이 학교에 다녔을 것이다. 생각만 해도 끔찍하다. 너무 뛰어난 동생을 둔 것이 꼭 좋은 일만은 아니다. 나는 가끔 진우가 없었더라면, 내 삶이 조금은 달라졌을지도 모른다는 생각을 한다. 부질없는 망상이다. 오늘처럼 진우가 날 도와주는 날이 더 많다.

더 이상 진우의 시간을 뺏고 싶지 않아서 밥 먹자는 것도 거절하고 밖으로 나온다. 돈이 있어야 한다. 하지만 분식집을 차리라는 데는 동의할 수 없다. 뭔가 해야 한다면 피시방이 좋을 것 같다. 아르바이트생을 두 명쯤 쓰고 계속 게임을 할 수 있을 것이다. 상상만으로도 행복하다. 계산해본다. 전에 사장이 말하는 걸 들으니 피시방을 차리려면 삼억 정도가 필요한 모양이다. 사장은 이익이 있었고, 일억을 대출받았다고 했다. 내게 대출을 해줄 은행은 없을 테니, 나는 삼억을 모아야 한다. 월 백이십의 일을 한다고 치면, 이십만 원은 생활에 쓰고 한 달에 백만 원 씩 저축했을 때, 이 년이 천이백을 모을 수 있다. 삼억을 모으려면 이십오 년이 걸린다. 은행에서 얼마간의 이자를 줄 테니 몇 년쯤은 줄일 수도 있을 것이다. 오십 살이 되어야 피시방을 차릴 수 있다는 결론이 나온다. 내가 몇 살까지 살지 알 순 없지만, 우리나라 남자의 평균 수명을 70세라고 가정하면 피시방 사장으로 이십 년쯤 살 수 있는 것이다. 이건 좀 잘못된 것 같다. 이십 년 동안 힘들게 일해서, 십 년을 편하게 산다는 것은 손해다. 뭣보다 그 나이가 돼서 게임을 하는 것은 우습다.

수정이 필요하다. 한 달 수입을 늘리면 돈을 모아야 하는 기간이 짧아질 것이다. 수입을 늘릴 방법이 문제다. 월 백이십을 넘는 일자리는 흔하지 않다. 있다 해도 내게 기회가 주어질 가능성은 작다. 일을 두 개 할 수 있다면 기간을 절반으로 줄일 수 있겠지만, 그건 내 몸이 견딜 수 없을 것이다. 방법이 없다. 생각만 하고 있을 순 없다. 일단 뭔가 시작해야 한다. 며칠 지나면 또 귀찮아질 게 분명하다.

*

세상에 쉬운 일은 없다. 어느 성현이 일하지 않는 것은 도둑과 거지뿐이라고 말했다지만, 그는 도둑질을 해보지 않은 게 분명하다. 세상에 돈이 전부는 아니라고 가진 자가 없는 자에게 말하는 것처럼 말이다. 막상 자기가 그 상황에 처해 보지 않으면 아무것도 알 수 없다. 이 일도 마찬가지다. 수입이 많은 만큼 위험부담도 크고 신경 써야 할 일이 많다. 처음 할 때는 할 일이 별로 없었는데, 점점 준비과정이 복잡해졌다. 우선 순찰차의 순찰 시간과 경로를 파악하기 위해 차 안에서 며칠씩 밤을 새워야 했다. 어둡고 답답한 차 안에서 언제 지나갈지 모르는 차를 기다리는 것은 정말 지루한 일이었다. 잠깐이라도 잠이 들어 순찰차가 지나가는 시간을 놓치면, 또 하루를 기다려야 한다. 의경들이 무리 지어 도보로 순찰을 하는 동네도 있다. 그런 곳은 피해야 한다. 도보 순찰은 시간이 일정하지 않을뿐더러, 의경들이 목이 마르거나 배가 고파 편의점에 들르는 경우가 많았다. 경찰만 경계하면 끝이 아니다. 목표로 정한 가게에는 삼 주 정도 전에 미리 가서 가게구조와 아르바이트생을 확인해야 한다. 새벽 아르바이트생을 두 명 쓰는 가게도 있다. 혼자 있을 때는 없던 용기가 왜 둘이 되면 생기는 건지는 알 수 없다. 그것을 몰랐기에 큰 낭패를 겪었던 것이 있었다.

그날의 스타트를 끊은 가게였다. 들어가 칼을 내밀었는데 직원이 두 명이었다. 나는 어느 쪽 턱밑에 칼을 향해야 할지 몰라 잠시 머뭇거렸다. 그들은 덩치가 크지도 않았고, 언뜻 보기에도 한 가닥 할 것 같은 생김새는 아니었다. 그러나 눈빛 교환을 몇 번 한 그들은 갑자기 "잡아"라고 소리치며 달려들었다. 나는 칼을 좌우로 휘두르며 뒤로 물러설 수밖에 없었다. 계획에 없던 일이었다. 결국, 나는 목적을 달성하지 못하고 밖으로 나왔다. 다행히 그들은 소리만 칠뿐 날 쫓아오지는 않았다. 놀란 탓에 그날은 일하지 못 했다. 그 뒤로 직원이 두 명인 가게는 피했다.

혼자 있더라도 살펴볼 필요는 있다. 계산대 옆에 야구 방망이를 준비하고 있는 녀석도 있다. 강도를 잡아 뉴스에라도 나와 보려고 생각하는 것 같다. 우리 집 앞에 있는 편의점 직원이 그런 생각을 하고 있었다. 언제나 교육받은 대로 하지 않는 녀석이 문제다. 그리고 복잡한 골목보다는 직선으로 쭉 뻗은 길 한가운데 있는 편의점이 좋다. 그런 곳은 들어가기 전에 갈 사람이 없는 것을 확인할 수 있다.

준비 과정은 많은 시간을 필요하지만, 피곤하지는 않았다. 신중히 돌아보기만 하면 된다. 하지만, 본 업무에 들어가면 많은 정신력과 체력이 소모된다. 복면을 썼다가 벗을 때까지의 오 분도 되지 않는 시간이 몇 시간처럼 느껴진다. 복면을 쓰면 사람들의 행동 하나하나가 세밀하게 보인다. 편의점 직원들의 눈동자가 돌아가는 것을 알 수 있고, 그들의 들숨과 날숨의 간격이 느껴진다. 간혹 돈을 건네는 팔에 힘줄을 세우는 녀석도 있다. 그럴 때면 나는 칼을 더 꽉 잡고, 경계심을 높인다. 돈을 받고 나온 후가 제일 힘들다. 놀란 아르바이트생들은 대체로 몇 분 정도 시간이 지나야 정신을 차리지만, 신속히 대처하는 놈들도 있다. 곧바로 경찰에 신고하면 근처에 있던 순찰차가 바로 도착할 수도 있다. 제일 심각한 것은 나를 뒤 쫓아 오는 녀석이다. 주로 청소도구를 들고 따라온다. 자신도 무기가 있다면 해볼 만 하다고 생각하는 모양이다. 하지만 가게에서 멀어지면 더는 따라오지 못한다. 경황 중에 문을 잠갔을 리가 없으므로, 쫓아오지 못하는 것이다. 나를 따라왔다가 가게 물건을 다 도둑맞을 수도 있다. 이런 것들을 다 알고 있지만, 일단 문밖을 나오면 나는 미친 듯이 달린다. 만에 하나 따라온다면 대책이 없다. 나는 빠르다. 국가대표 단거리

선수보다도 빠를 것이다. 태릉에서 훈련을 얼마나 하는지 모르겠지만, 나도 매일 달렸다. 한 달에 한 켤레씩 신발을 샀다. 나는 사람들을 이해할 수 있을 것 같았다. 자신의 목표를 위해 뭔가를 열심히 하는 것은 보람이 있는 일이다.

*

내가 할 수 있는 일 중에 시급이 제일 많은 일은 야간 시간대의 편의점 근무다. 점장은 노처녀다. 추측이다. 화장 때문에 나이를 가늠하기 힘들었지만, 목의 주름을 보니 삼십 대 후반으로 보였고, 통화 하는 걸 얼핏 들으니 선을 보러 다니는 것 같다. 어쩌면 이혼녀인지도 모른다. 여하튼 꽤나 깐깐한 여자다. 그녀는 내가 할 일에 관해 설명한다. 청소 두 번, 아침에 들어오는 물건 진열, 특히 쓰레기 분리수거 부분에서 말이 길다.

"만약에 강도가 들어오면, 괜히 어떻게 해볼 생각 하지 말고 그냥 돈 줘서 보내"

그녀는 마지막에 그렇게 덧붙인다. 나는 굳이 말하지 않아도 누구나 그렇게 할 거로 생각한다.

내가 일하는 시간은 밤 열 시부터 다음 날 아침 여덟 시까지다. 통상보다 긴 근무 시간이다. 돈을 모으려면 다소 무리를 해서라도 긴 시간 일 할 필요가 있다. 생각보다 일은 쉽다. 적잖게 날 귀찮게 할 것 같았던 첫인상의 점장은 선보러 다니느라 바쁜지 얼굴 보기가 힘들다. 비 오는 날만 아니면 청소도 빗자루만으로 금방 끝나고, 상품 진열은 물건 넣으러 온 사람들이 알아서 해준다. 손님도 별로 없다. 새벽 한 시부터 여섯 시까진 거의 아무도 오지 않는다. 가끔 택시 기사가 담배를 사 가는 게 고작이다. 지루하다. 진우라면 이 시간에 공부 할 테니 손님이 없는 것을 좋아했을 테지만, 난 견딜 수 없다. 라디오를 듣는 것도 질린다. 어쩌면 지루함을 깨버릴 일이 일어나길 기대했는지도 모른다.

새벽에 찾아온 한 남자가 내 기대에 응해준다. 곧 쓰러져 죽을 것만 같은 모습이다. 난 말로만 들었던 황달이라는 게 무엇인지 알 수 있었다. 니코틴에 물든 내 방 벽지 같은 얼굴색이다. 아니 얼굴뿐만 아니라 손도, 목도 모두 누렇게 얼룩져있다. 점퍼 때문에 몸은 볼 수 가 없다. 새벽 기온이 차다고는 해도 4월 말에 입기엔 더워 보이는 점퍼다. 하지만 점퍼 위로 보이는 모습만으로도 아주 말랐다는 걸 한눈에 알 수 있다. 그는 정신없이 물건을 고른다. 한 달 치 식량을 모두 사 가려는 것 같다. 난 그가 올려놓은 물건을 봉지에 담으면서 과연 이걸 다 들고 갈 수 있을지를 걱정한다.

"15만 4천 3백 40원입니다."

점장이 기뻐할 만한 금액이다. 하지만 그가 점퍼 안쪽에서 꺼낸 것은 돈이 아니다. 과도. 말하자면 사과 깎는 칼이다. 그 조잡한 칼조차도 뼈만 남은 그의 손엔 버거워 보인다. 그는 아무 말도 하지 않는다. 봉지를 들고 조금씩 뒤로 물러선다. 난 싸움에 자신 있는 편은 아니지만, 그를 제압할 수 있을 것 같다. 그러나 몸이 움직이질 않는다. 내 턱밑을 겨누고 있는 칼 때문이다. 그 순간 점장이 했던 말이 떠오른다. 정해진 원칙이 있다면 따르는 게 좋다. 그는 무사히 가게를 빠져나간다.

경찰은 정확히 십 분 후에 도착한다. 명세표가 있어 도난품목을 확인하는 건 어렵지 않다. 나는 상세한 인상착의를 몇 번이나 말한다. CCTV로는 그의 얼굴을 확인할 수 없다. 몇 달씩 테이프도 갈지 않고 녹화만 하는 화질이 선명할 리가 없다. 점장은 일을 크게 만들고 싶지 않다고 한다. 가게에 경찰이 들락거려서 좋을 게 없다는 게 그녀의 판단이다. 나로선 아무런 상관도 없는 일이지만, 내게도 대가는 있다.

"믿고 맡긴 거니까. 절반은 강의민씨가 책임져야겠어요. 월급에서 제할게요."

나는 반박하지 않는다. 할 필요가 없다. 일을 그만두기로 마음먹었기 때문이다. 난 굉장한 아이디어를 얻었다. 바로 이거다. 새벽 시간에 편의점에 있는 현금은 이십 만 원 정도다. 가게의 위치나 그날의 매상에 따라 기복을 있을 테지만, 대체로 어디나 비슷할 것이다. 새벽 시간에 칼을 들고 들어가 돈을 요구하면, 편의점 직원은 교육받은 대로 두말없이 돈을 줄 것이다. 그렇게 하루 다섯 곳의 편의점을 돌면 하루에 백만 원 혹은 그 이상의 수입을 올릴 수 있다. 하루에 백만 원씩 저축하면, 삼억을 모으는데 일 년도 걸리지 않을 것이다.

난 동대문 시장으로 간다. 언젠가 동대문야구장 앞의 행상에서 군용 단검을 파는 걸 본 적이 있다. 칼을 파는 곳은 많았지만, 적당한 칼을 찾는데 생각보다 많은 시간이 걸린다. 위협적이면서도 눈에 띄지 않게 갖고 다닐 수 있는 크기의 단검을 찾기가 쉽지 않다. 그 남자처럼 허접스러운 과도를 쓸 수는 없다. 내가 고른 것은 인도 바닥에 좌판을 벌이고 있는 노파가 파는 칼이다. 나는 그녀가 용도를 물으면 뭐라고 답할지 고민했지만, 그녀는 아무것도 묻지 않는다. 칼날 옆에는 모사드라는 낱말이 적혀 있다. 어감이 좋다. 무슨 뜻인지 궁금하다.

검색결과에는 이스라엘과 이탈리아라는 단어가 많다. 둘 중 한 나라의 비밀첩보기관이 모사드라고 한다. 어느 쪽이 맞는지는 알 수 없다. 상관없다. 둘 다 나는 모르는 외국일 뿐이다. 관련 사진은 없다. 이탈리아의 명소 사진만 다섯 장이 나온다. 피사의 사탑이 첫 번째다. 갈릴레이가 두 개의 공을 떨어뜨렸다는 탑이다. 갈릴레이에 대해선 질리도록 들었다.

고3 때 담임 과학 선생이었는데, 갈릴레이의 신봉자였다. 담임은 수업시간마다 갈릴레이 얘기를 했다. 나는 그 얘기를 되우고 있다. 아마 우리 반이었던 사람은 다 기억하고 있을 것이다. 갈릴레이는 지구가 돈다고 말했다. 잘 이해는 안 가지만 그때는 그런 말을 하면 신성모독이었다. 그는 종교재판에 회부됐고, 화형당할 위기에 몰렸다. 최후 진술에서 그는 지구가 돌지 않는다고 말하고 목숨을 건졌다. 그리고 재판장을 나오면서 그래도 지구는 돈다고 낮게 중얼거렸다. 담임은 이 부분에서 늘 흥분했다. 진실은 언제가 됐든 밝혀진다고 열변을 토했다. 진우는 담임과 생각이 달랐다.

"진리는 시대의 아이지, 권위의 아들이 아니야. 위협을 받는다고 해서 자기 신념을 바꾸는 건 비겁한 짓이야. 정말 옳다고 믿었다면, 화형이 아니라 더 한 형벌을 받더라도 부인하지 말았어야 해. 그는 스스로 진실을 왜곡한 거야"

담임이 해줬던 얘기를 듣고 진우는 그렇게 답했다. 나는 잘 모르겠다. 지구에 관심이 없다.

모사드를 지우고 편의점이란 단어를 친다. 서울의 편의점 위치를 한눈에 볼 수 있다. 경찰청 홈페이지에 들어가 파출소 위치가 표시된 지도도 다운 받는다. 편의점이 백배는 많다. 되도록 파출소에서 먼 편의점에 표시한다.

*

가방 하나가 다 찼다. 나는 다시 일을 중단했다. 경찰이 집중수사를 하겠다고 발표했기 때문이다. 경찰은 참 알기 수운 조직이다. 출동할 때도 그렇다. 한 번인가 위험한 순간이 있었다. 내가 들어가는 것을 보고 누군가 신고를 했던 것 같다. 아마도 복면 쓴 사람이 칼을 들고 편의점 안으로 들어갔으니 어서 오라고 말했을 것이다. 나는 까맣게 모르고 있었다. 더구나 그때 들어간 편의점 직원이 돈을 떨어뜨리는 바람에 시간을 지체했다. 아마 그대로 경찰이 들어왔다면 난 붙잡혔을 것이다. 그런데 경찰차가 도착하기 전에 신호가 왔다. 사이렌 소리였다. 내게는 '우리 곧 가니까 어서 도망쳐라.'라고 말하는 것처럼 들렸다. 집중수사도 똑같다. 경찰청장이 나와 회견을 했다. 꽤나 어려운 말을 많이 했다. 사회정의와 국민재산이 어쩌고 했던 것 같다. 그런데 뭐 축약하자면, '우리 한동안 집중 수사할 테니 너네도 좀 쉬어라. 우리도 먹고살아야지.'라는 뜻이다. 나는 이해한다. 우리는 말하자면 공생관계인 것이다. 이건 진우한테 배운 말이다. 약간 변형되긴 했지만.

"의사도 똑같아. 유능한 의사가 많아지고, 의술과 약이 발전하면 환자는 줄어들어. 세상에 아픈 사람이 없으면 의사는 필요 없는 존재가 되는데도 우리는 계속 아픈 사람이 없도록 노력하고 있어. 아마 소방관이나 경찰도 마찬가질 거야. 화재가 없고, 범죄가 일어나지 않으면 그들은 존재할 이유를 잃는데도, 불이 나지 않게 예방하고 범죄를 사전에 차단하니까."

진우가 말했다. 그때는 그 말을 듣고 공감했지만, 생각이 달라졌다. 경찰은 범죄가 사라지길 바라지 않는다. 적당히 일이 터져야 자신들이 할 일이 있고 월급을 받을 수 있기 때문이다. 그들도 가족이 있고, 목표가 있다. 조금씩 돈을 모아 집 평수를 늘리고 차를 바꾸고 싶어 한다. 결국, 나는 경찰공무원이 먹고사는 데 도움이 되는 존재라고 할 수 있다. 그러니 집중 수사 기간엔 잠시 일을 쉬어서 경찰에 협조해야 한다. 의사들도 마찬가지일 것이다. 사람을 살린다는 건 그럴듯해 보이지만, 곰곰이 따져보면 물주가 사라질까 봐 걱정하는 것뿐이다. 병들어 골골하는 사람이 좀 더 오래 살아야 돈을 더 벌 수 있다. 진우가 하는 일도 그렇게 대단한 것은 아닌 것 같다.

운동 후에 마시는 맥주가 더 맛있는 것처럼 열심히 일 한 후의 휴식은 더 달콤했다. 나는 그동안 일부러 통장을 책상 위에 놓고 나갔다. 엄마는 매달 꾸준히 늘어나고 있는 통장을 봤을 것이다. 엄마는 진우에게만 주던 반찬들을 내게도 줬다. 큰 차이가 있는 것은 아니지만, 파만 들어간 계란찜만 먹다가 새우젓이 들어간 계란찜을 먹으니 기분이 좋았다. 다시 피시방에 갔다. 당당히 돈을 내고서 게임을 했다. 사장은 더 이상 어깨를 잡지 않았다. 게임만 하면서 기간을 보낸 것은 아니다. 장차 피시방을 운영하기 위해 여러 가지를 살폈다. 사장은 꽤 수완가다. 배울 점이 많다. 가맹점에 가입할 인기 게임을 선택하는 법과, 돈이 많이 남는 음식 고르기, 아르바이트생의 관리법 등을 알 수 있었다. 경찰의 수사는 차츰 기세를 잃어 갔다. 바로 일을 시작하지는 않았다. 집안이 조금 시끄러웠다. 진우 때문이었다. 학교에서 무슨 일인가로 집에 전화를 거는 바람에 엄마가 진우의 휴학을 알게 된 것이다. 난 지금껏 살아오면서 처음으로 엄마가 진우에게 큰 소리 내는 것을 들었다. 그것이 내가 일을 하는데 장애가 되는 것은 아니었다. 다만, 진우가 혼나는 것을 보는 것이 묘한 희열을 느끼게 했고, 주눅 들어서 엄마를 피하는 진우의 모습도 왠지 모르게 기뻤다. 앞으로는 다시는 보기 힘들 장면이어서 놓치고 싶지 않았다.

엄마는 대학들이 방학을 시작했을 때야 화가 누그러졌다. 진우는 다음 학기에 꼭 복학하겠다고 단단히 다짐했다. 하지만 여전히 학비를 벌기 위해 뭔가 일을 하는 눈치였다. 나도 다시 일을 시작했다.

*

나는 동네를 몇 바퀴 돌아보고, 표적에서 멀리 떨어진 초등학교 앞에 차를 세운다. 최적의 조건이다. 별다른 사전 준비도 필요치 않다. 서울에선 드물게 큰 공원이 있는 동네다. 반원 모양의 공원이 주택가와 아파트 단지를 감싸고 있다. 편의점은 원의 중심에 해당한다. 가장 가까운 파출소도 공원 너머에 있고, 근처엔 야간에 영업하는 어떤 업종의 가게도 없다. 도주로도 완벽하다. 편의점으로 들어오는 길은 하나뿐이다. 바로 길을 달려, 주택가의 복잡한 골목이나, 공원 안으로 들어가면 되는 것이다. 차 안에서 청소하는 모습을 얼핏 보니 아르바이트생도 만만해 보이는 놈이다.

복면을 쓰자 떨림은 가라앉는다. 길에 사람은 없다. 손바닥에 전해져 오는 칼의 느낌이 좋다. 편의점 내부는 밖에서 보는 것보다 꽤 넓다. 아르바이트생은 책을 보고 있다. 내가 들어온 것을 모르는 것 같다. 내 말소리에 고개를 든다. 하지만 난 늘 하던 대로 턱밑에 칼을 겨눌 수가 없다. 진우다. 나는 뒤로 물러선다. 그러나 곧 다시 전진해서 칼을 겨눈다. 내겐 복면이 있다는 것이 생각났기 때문이다. 최대한 목소리를 변조해서 돈을 꺼내라고 말한다.

"형"

진우가 어떻게 날 알아봤는지 모르겠다. 아무리 형제라고 해도 복면 사이로 보이는 눈동자만으로 알아볼 수 있을 리가 없다. 목소리도 충분히 변조했다. 내가 듣기에도 낯선 음성이었고, 몇 마디 하지도 않았다. 가장 가능성이 큰 건 내가 입은 옷이다. 어느 시장에서나 파는 싸구려 남방과 청바지였지만, 진우와 옷을 같이 입다 보니 알아봤을 수도 있다. 그것도 아니라면, 진우처럼 똑똑한 사람만 갖고 있는 어떤 직감이 발동했는지도 모른다.

나는 많은 생각을 한다. 진우의 성격으로 볼 때, 신고할 것이 분명하다. 그렇게 되면 그 전의 범행들도 들통 날 테고 난 감옥에서 몇십 년을 살아야 한다. 피시방을 차리는 것도, 미래의 아내와 아이들의 행복도 모두 사라지는 것이다. 삶을 망칠 수는 없다. 짧은 순간이지만 나름대로 심사숙고 끝에 내린 결론이다. 하지만 진우 입장에서 보면 내가 '형' 소리를 듣자마자 찌른 줄 알 것이다. 진우는 칼에 찔리면서 입을 벙긋거린다. 뭔가 말을 하려고 한 것 같다. 하지만 벌어진 입에서 나온 것은 소리가 아니라 피다. 난 잠시 멍청히 서서 진우를 바라본다. 바보 같은 짓이다. 그 잠시의 지체가 위기를 만든다. 새벽 운동을 나왔던 남자 둘이 편의점 안으로 들어왔다. 운동복에 한국체육대학교라는 글씨가 보인다. 난 재빨리 정신을 차리고 밖으로 도망친다. 다행히 반대편에도 출구가 있다. 그들은 소리치면서 뒤쫓아 온다. 나는 죽을힘을 다해 달린다. 아무도 날 잡을 수 없다. 그 편의점에서 공원까지 달리는 것을 가지고 기록을 잰다면 내 기록이 세계신기록일 것이다. 따라오는 소리가 들리지 않아서 뒤를 돌아보니 남자들은 보이지 않는다. 너무 심하게 달린 탓에 다리에서 경련이 난다. 숨이 차다. 어지럽다. 나는 어두운 곳에 앉아서 숨을 고른다. 땅이, 하늘이 움직이는 것 같다. 확실히 지구가 돌긴 도는 모양이다.

호흡이 정상으로 돌아온다. 후회가 된다. 경솔했다. 조금 더 깊이 생각하고 확실하게 행동했어야 했다. 시간을 되돌릴 수는 없다. 팔이 가렵다. 쓰라리기도 하다. 팔 여기저기에 긁힌 상처가 많다. 거미줄이 온몸에 휘감겨 있는 것 같다. 팔을 휘둘러 떼어내도 끈적한 감촉이 사라지지 않는다. 주위를 둘러보니 온통 나무뿐이다. 공원 깊숙이 들어온 모양이다. 무의식중에도 도주로로 확실하게 도망친 게 다행이다.

안정을 찾을수록 후회가 깊어진다. 몇 번 더 찔렀어야 했다. 두 번만 찔렀더라도 안심이 됐을 텐데 안타깝다. 그 남자들이 돌아가서 구급차를 불렀다면 살아날 수도 있다. 진우가 무사하면 내 삶은 끝이다. 평생을 감옥에서 보내야 할지도 모른다. 아무것도 할 수 없다. 혼란스럽다. 시간이 얼마나 흘렀는지 알 수 없다. 시계를 보려고 핸드폰을 켰는데, 바로 전화벨이 울린다. 모르는 번호다.

"안녕하세요, 강의민 씨 되십니까? 송파경찰서 한태준 경윕니다."

순간 몸이 정지한다. 숨을 쉴 수도 눈을 깜박일 수도 없다. 너무 놀라서 전화를 끊지도 못한다.

"강진우 씨 형님 되시죠? 유감입니다. 여기 서울병원인데 강진우 씨가 칼에 찔려서 돌아가셨습니다. 빨리 와주셔야겠습니다. 주무시는지 댁에 연락이 안 돼서……"

"네? 네. 지금 갈게요"

나는 하마터면 '고맙습니다.'라고 말할 뻔했다. 형사의 목소리가 너무도 감미로워서 전화를 끊은 후에도 계속 귓속을 맴돈다. 나는 만세를 하고 있던 손을 내려 주먹을 쥔다.

병원은 멀지 않은 곳에 있다. 난 잠시 병원 앞에서 머뭇거린다. 너무 일찍 들어가는 것은 아닌지, 옷차림 때문에 의심받지는 않을지 생각한다. 유족을 의심하지는 않을 것 같다. 갑자기 눈물이 난다. 다시는 진우를 볼 수 없는 것이다. 이제 진우에게 궁금한 것을 물어볼 수도 충고를 들을 수도 없다. 손이 떨린다. 이 손으로 진우를 죽였다는 것이 실감 나지 않는다. 하지만 어쩔 수 없는 상황이었다. 갈릴레이가 옳았다.

"그래도 나는 진우를 사랑한다"

영안실 문을 열면서 나도 모르게 그런 말이 나온다.

동행

· 전아영 (이화여고 3학년) ·

사우나에서 나왔을 때는 날이 밝아오고 있었다. 초겨울도 접어드는 쌀쌀한 새벽공기에 구씨가 서너 차례 재채기한다. 사우나 건너편으로 이제 막 문을 연 해장국집이 보였다. 메마른 가로수 낙엽들이 운치 있게 블록을 뒹굴다가 최씨의 우악스러운 걸음에 밟혀 여지없이 부스러졌다. 스산한 도로변으로 트럭 몇 대가 연달아 지나간다. 거리는 지난밤의 현란한 불빛에 온 기운을 탕진해버린 듯 화장을 지운 여자의 얼굴처럼 창백하게 잠들어 있었다. 구씨가 해장국 곱빼기 세 그릇을 시키자 주인 여자는 좀 기다려야 하는데 괜찮겠냐고 묻는다. 들여다보이는 부엌 안쪽의 커다란 솥은 이제 막 불에 올린 듯 보인다. 비닐 팩에서 솥으로 와르르 쏟아져 내리는 불그죽죽한 뼈다귀들을 보자 지금쯤 우리 안에서 깨어났을 로빈이 떠오른다. 지난밤에도 게걸스럽게 밥그릇을 비우고는 아쉬운 듯 입맛을 다시며 빈 그릇을 핥아댔던 놈은, 훈련성적은 미진한 주제에 제일 거침없이 먹어댔다.

젖어있는 목덜미께 위로 찬 바람이 스치자 나도 모르게 진저리가 쳐진다. 최씨가 춥다고 소리치자 주인 여자는 미적디적 걸어 나와 석유 난로를 켰다.

"기름 냄새 좀 날거유."

큼직한 석유 난로에 비해 좁은 식당 안은 금세 공기가 훈훈해졌다. 밥도 나오기 전에 소주병부터 기울이는 최씨의 곁에서 구씨는 팔짱을 낀 채 꾸벅꾸벅 졸고 있었다. 나는 부연 유리창 밖으로 빈 거리를 내다보며, 더 늦기 전에 놈을 경매에 부쳐야겠다고 생각했다. 이대로 가다간 소문만 더 퍼져 손해가 더 커질 게 뻔하다. 사우나에서 노곤히 풀어진 뼈마디에, 난로의 온기가 더해져 나른해질 때쯤 주인 여자가 선지가 숭덩숭덩 담긴 뜨거운 해장국을 내왔다.

"나가! 그렇지! 앞다리, 그렇지! 더 나가, 더!"

한쪽은 이미 지쳐있었다. 움직임이 둔해진 것은 둘째 치고라도 숨소리부터가 가빠졌다. 그것을 감지한 상대편 도사견은 더욱 맹렬하게 달려들기 시작했다. 지친 놈 쪽의 눈빛이 마지막 위협 조를 띠고 희번덕인다. 코끝을 후비고 드는 개 비린내 속에 피 냄새가 스며있었다. 그러나 투기꾼들의 짙은 욕망의 비린내에 비하면 그쯤은 아무것도 아니다. 상대편 도사견은 지친 놈의 목에 이빨을 박고 늘어진다. 피할 수도 있는 공격이었지만 상대방의 공격을 고개를 돌려 피하게 되었을 경우, 곧 패가 된다. 비명을 지르거나 짖어서도 안 된다. 공격하는 태세로 봐서는 워낙 단련이 되어있는 데다 빈틈이 없는 편이었지만, 지친 놈 쪽도 그 못지않게 독한 놈이다. 힘이 빠졌음에도 끝없이 상대편의 복부를 중심적으로 공격했다. 슬슬 나가떨어질 때도 되었는데, 쓰러지면 재차 일어나서 거친 숨을 몰아쉬며 앞발을 쳐든다. 그러나 아무리 강한 정신력도, 끈질긴 훈련에서 다져진 공격 요령에는 당해낼 재간이 없는 법이다. 귀가 너덜너덜해졌다. 이쯤에서 판을 접는 편이 개에게도 나을 것 건만 얼굴이 시뻘겋게 달아

오른 견주(犬主)는 발을 구르며 목에 핏대를 세우고 외쳐댄다. 달려들어, 싸워! 더 지켜볼 필요도 없이 볼 장 다 본 판이다. 구씨는 판에서 비켜나 가래침을 뱉고는 담배를 문다. 오늘도 구씨의 예감이 적중했다. 이 분야에만 이십 년이 다 되어가는 구씨는 이제 도사견들의 걸음걸이만 보아도 그날의 승자를 가려낼 수 있다고 했다. 사투가 시작된 지 30분이 다 되어가고 있었다. 슬슬 끝내고 연장전을 벌여야 하나 싶던 찰나에 심판의 호루라기 소리가 울렸다. 곳곳에서 욕지기가 터져 나온다. 이긴 견주가 달려가, 개의 목을 끌어안았다. 진 놈은 가쁜 숨을 헐떡이며 우리 밖 견주의 눈치를 본다. 간신히 몸을 지탱하고 선 듯한 다리가 상처투성이다. 최씨가 나서서 빠른 속도로 판돈을 나누기 시작했다.

로빈은 내가 몇 달 전 헐값으로 사들인 도사견이었다. 판마다 내리 지고 막판에 다 죽어가는 것을 데리고 온 것은 순전히 그놈의 눈빛 때문이었다. 상대편에게 당할 대로 당하고 주인에게 심하게 걷어차였지만 진 쪽의 비굴함이라고는 어디에서 찾아볼 수 없었다. 말리지 않고 두었으면 물어 뜯겨 죽을 때까지 덤벼들어 싸웠을 듯한 투지가 배어 있었다. 그러나 좋게 말해서 투지이지 견주의 입장에서 볼 때는 실력도 없는 것이 쓸데없이 우직스럽기만 한 놈이었던 것이다. 데리고 온 날 저녁 녀석은 숨도 안 쉬고 밥을 먹어댔다. 환경이 바뀐 데에 대해 보통 개들이 보일법한 불안감 같은 낌새도 전혀 보이지 않을뿐더러, 식사를 마친 뒤에는 코까지 골아가며 잠들었다. 로빈은 다음 날부터 시작된 훈련에도 영 반응을 보이지 않고, 조련소의 다른 개들이 짖어대기라도 할라치면 영락없이 꼬리를 내리며 물러났다. 최씨는 내가 개를 속아 샀다며 뭐가 그리 우스운지 한참을 낄낄거렸다.

녀석은 우리 안에 엎드린 채 앞발로 핥고 있었다. 어스름한 하늘 아래 유난히 새까맣고 커다란 녀석의 두 콧구멍이 뜨거운 바람과 함께 어둠을 뿜어내는 것 같았다. 내가 가까이 다가가자 흘끗 한번 올려다보았을 뿐 별다른 반응도 보이지 않는다. 도사견, 그것도 90킬로그램에 육박하는 거구가 고작 제 앞발이나 핥으며 시간을 허비하고 있다니, 놈이 못 견디게 한심해진다. 한때는 일본에서 잘나가던 투견이었다던 전 주인의 말이 떠오르자, 최씨의 말대로 내가 영락없이 속은 게로구나 싶은 생각이 들었다. 나는 우리를 걷어차려다가 말고 놈의 발 앞에 놓인 빈 밥그릇을 빼내어 멀찍이 던져버렸다. 놈은 벌떡 일어나서 나를 올려다본다. 목에서 잠시 그르릉거리는 소리가 굴러 나오는 듯하더니 이내 다시 몸을 뻗고 누운 채 앞발로 얼굴을 묻는다.

"병신 같은 놈."

나는 우리 앞으로 침을 퉤 뱉었다. 사실 판을 붙이고 급히 종적을 감추기를 반복하는 생활에서 견을 길러낸다는 것은 과도한 욕심이었는지도 모른다. 게다가 조련사의 말대로 녀석은 판에서 피비린내를 풍기고 날뛰기에는 늙은 편이었다. 태어나면서부터 오직 싸우기 위해 운명 지어진 도사견들은 그 목숨도 적당한 때에 대부분 싸움판에서 매듭지어지기 마련인데, 그에 비하면 녀석은 꽤 오랫동안 살아남은 축에 속했다. 사투 중에 죽는 개들은 아무도 측은하게 여기지 않는 이유는, 그런 불굴의 공격성이 그들의 본능이기 때문이다. 그래서인지 도사견들은 사람이나 다른 개들과 잘 어울리지 못했다.

"시내 나가서 한 잔 안 하려우?"

조련소 안채에서 나오던 최씨가 물었다. 뒤쪽으로 구씨도 허리춤을 추켜올리며 따라 나오고 있었다. 고개를 젓고는 피곤한 얼굴을 해 보였다.

그들이 나간 뒤 나는 안채에서 소주병을 들고 나왔다. 병째로 몇 모금을 들이킨 뒤, 마당 한복판을 뒹굴고 있던 녀석의 밥그릇을 주워서, 콸콸 따라 부었다. 맑은 액체가 찰랑대는 밥그릇을 우리 안으로 들이밀자 녀석은 슬그머니 코를 갖다 대고 몇 번 핥아 보더니 신음을 뱉어낸다. 나는 입가에 묻은 술을 문지르며 낄낄거렸다.

어느새 어둑해진 하늘에는 희부연 안개가 끼어있었다. 초승달 허리춤이 휘어져 보인다.

보도블록 위로 뜨거운 볕이 쏟아지던 한여름이었다. 아내의 이마에는 땀에 젖은 머리카락이 달라붙어 있었다. 한약방이 있는 건물에서는 엘리베이터에서부터 짙은 약 달이는 냄새가 풍겼다. 유명하다는 아내의 말대로 진맥 순서를 기다리고 있는 사람이 꽤 많았다. 대기실 벽에는 방송에 나온 한의사의 홍보 사진이 몇 장 걸려있고 한구석에는 박제된 커다란 거북이 놓여 있었다. 나는 문득, 주먹만 한 알들을 쏟아놓는 거북의 생식능력이 몹시 부러워졌다. 다른 집 같았으면 우리도 중학교 다니는 아이가 있음 직한 시기였다.

나이 지긋한 한의사는 진맥을 짚는 동안 내 얼굴을 빤히 들여다보고 있었다. 나는 팔뚝 아래서 너무도 힘차게 뛰고 있는 맥박이 민망스러워져서 시선을 멀찍이 두었다. 그러나 정갈하게 정리된 방안의 어느 한구석도 눈을 편하게 만들어주지는 못하였다. 한의사는 장황한 설경을 늘려놓았다. 아내는 하나도 빠짐없이 들어두겠다는 듯 눈을 반짝이며 귀를 기울이고 있었다.

"잘 좀 지어주세요, 선생님."

아내의 말에 그는 느릿느릿 고개를 끄덕였다. 그 둔한 움직임을 보자 나도 모르게 조소가 떠올랐다. 병원에서조차 단념하기를 권한 상황에 그 어떤 용한 한약재가 도움될 수 있을 거란 말인가. 의사는, 나의 정자들은 미처 제자리를 찾아가기도 전에 중도에 맥없이 죽어버린다고 했다. 말하는 그이 눈빛은 너는 애초에 제구실 하기 힘든 물간 놈이란 말이다. 라고 나를 비웃는 듯했다.

"할 수 있는 한 최선을 다해봐야지 않겠어요."

약방을 나오며 아내는 내 손을 다부지게 움켜쥐고 말했었다. 나는 애매한 표정으로 말없이 서 있었다. 아내는 씩씩하게 앞장서서 고깃집으로 들어갔다.

로빈의 대리주(代理主)는 어렵지 않게 구할 수 있었다. 판을 주최하는 쪽에서 개를 출전시켰다가는 트집잡힐 소지가 있어서, 임시로 견주를 붙여놓은 것이었다. 보름 후 로빈이 대전하게 될 상대편 개는 춘천에서 내로라하는 조직의 도사견이었다. 로빈의 중량 몸무게를 속여서, 대형급으로 나가야 할 것을 중형급으로 붙여놓았으니 조금만 노력을 보여준다면 이길 수 있지 않을까 싶었다. 출전이 결정된 로빈은 맹훈련에 들어갔다. 아이가 먹든 안 먹든 음식물을 입안으로 쑤셔 넣는 어른처럼, 조련사는 로빈의 반응에 개의치 않고 훈련을 강행했다. 그는 로빈 같은 경우에는 흥분제를 놓아봤자 혼자 날뛸 뿐 대전에서는 오히려 역효과일 거라고 했다. 그러나 애초부터 녀석에게 주사 따위를 놓을 생각은 없었다. 나는 다시 한번 녀석의 눈에서 전과 같은 투지를 발견하고 싶을 뿐이었다.

트랙을 달리다가 중도에 하차해 버리는 로빈을 보며 몇 번이고 채찍질하고 싶은 충동을 참아야 했다. 기록을 깬 대가로 날고기를 받아먹는 개를 우두커니 서서 부러운 눈으로 바라보고 있는 녀석은 한숨을 자아내게 했다.

"이번 판 끝나고 나면 집에 좀 내려가 봐야 할 거 같어요."

최씨가 차에 기대어 서서 주머니에 손을 찔러 넣은 채 말했다. 그 뒤로 조금씩 헐벗어 가기 시작한 야트막한 산이 내다보였다. 구씨가 고개를 끄덕였다.

"이번 거 끝나고 나면 한창 단속 뜰 시간이니께 좀 쉬어둬야 쓰지. 다녀올라면 그때 후딱 다녀오든가. 한 달 뒤에는 부산으로 갈거여. 연말쯤 해서 중국 애들 끼워 갖고 크게 한판 벌여야 할테니께."

구씨는 자기도 딸네 집에 가 있을 생각이었다고 덧붙이며 먼지 낀 차창을 장갑으로 문질러 닦았다.

"그래도 김형 개 홍정 붙이는 건 해주고 내려갈 거요. 거, 제값 받으면 한턱 쏘기로 한 거 잊지 마쇼."

최씨가 나를 쳐다보며 히힉거렸다.

내가 덤비라는 사인을 보내며 보호대를 찬 팔을 내밀자, 로빈은 처음에는 이빨을 드러내 보이는 듯하더니 이내 혀를 나 빼고 물끄러미 나를 올려다보았다. 나는 보호대를 집어 던지고 녀석의 코앞에 맨 팔을 내밀어 보였다.

"물어, 새끼야!"

그러나 녀석은 꿈쩍도 하지 않았다. 녀석의 두 눈에는 무관심과 나태함이 얼룩져 있었다. 얼마쯤 그렇게 서 있던 로빈은 고개를 몇 번 털더니 그 자리에 몸을 뉘었다. 짧고 짙은 황색 털이 햇빛에 비늘처럼 반짝인다. 그래도 나른하게 잠이라도 한숨 잘 듯한 자세였다. 만두 모양으로 접힌 귀가 맥없이 축 처져 있었다. 속에서 무언가 울컥 솟아오른다. 나는 마당 한 구석에 세워진 야구 방망이를 들었다.

"김형, 큰일 날 짓 하지 말아!"

멀리서 보고 있던 조련사가 달려와 방망이를 빼앗아 들었다. 놈의 둔한 몸속에는 흔들어 깨워낼 수 있는 한 덩어리의 투지도 더 이상 남아있지 않은 듯 보였다.

아내가 약탕기에 끓이는 한약 냄새는 온 집안에 배어들었다. 이상하게도 내 몸은 약을 흡수하면 할수록 움츠러들었다. 씁쓸하면서도 묘한 비린내를 품고 있는 약은 소화불량까지 만들어냈다. 나는 일을 핑계 삼아, 판이 끝나고도 집에 돌아가지 않는 날이 늘었다. 아내는 내가 너무 피곤한 탓에 기가 허해진 것 같다고 했다.

"아이가 생기려면 몸의 건강은 물론이거니와 마음에 여유가 있어야 해요. 요즘 들어 당신 너무 힘없고 불안해 보이는 거 알아요?

아내는 진심으로 걱정하는 얼굴이었다. 나는 여느 때처럼 대꾸 없이 리모컨을 텔레비전 채널만 수차례 바꿔댔다. 아내는 내 곁에서 빨래를 개고 비질을 하고 콩나물을 다듬다가 졸음을 못 이겨 방으로 들어갔다. 아내가 들어가자 나는 숨겨 놓은 비밀을 풀어놓듯 조심스럽게, 작고 귀여운 아이들이 거실을 뛰노는 상상을 해본다. 나는 애국가가 흘러나오고 전파가 끊길 때까지 덩그러니 거실에 남아 있었다.

아내에게 상상임신이 두 번 찾아왔고, 매번 임신이 아니라는 것을 확인한 아내는 민망한 듯 고개를 숙이며 웃었다. 길고 지루한 장마철이 끝나가던 어느 날 아내는 결심한 듯 시험관 아기에 관한 이야기를 꺼냈다.

최씨는 다 식은 커피를 티스푼으로 연신 저어대며 카운터 쪽을 흘끔거리고 있었다. 요란스러운 조화가 장식된 카운터에는 그 빛깔 못지않게 화려하게 꾸민 다방 여자가 서 있었다. 구씨는 멀찍이 떨어진 곳에서 새로 줄을 놓은 심판과 이야기 중이었다. 나는 소파에 깊숙이 몸을 묻는다. 먼지 낀 통유리창 너머로 조촐한 변두리 시가지가 내다보였다. 최씨는 손가락을 오도독거리며 꺾더니 늘어지게 하품을 한다.

"김형 요 근처에 괜찮은 술집 있는데, 같이 안 가실라우?"

그가 눈을 찡긋하고 물었다. 나는 껄끄러운 입맛을 다시며 빈 담뱃갑을 구겼다.

"정말로 김형은 무슨 재미로 사는지 모르겠스. 아무리 봐도 김형은 이쪽 일보다는 사람 없는 산에 들어가서 산림경비 같은 거 하면 잘할 거 같구만. 사람이 말수도 적은 데다 싱겁기는 또 왜 그리 싱거워. 요즘은 그로빈을 애인 삼으셨나 보던데, 재미 좋습디까? 허긴, 둘 다 외곬수라 궁합은 잘 맞겠구. 히힉."

그런 농을 천연덕스럽게 받아치는 데 재주가 없는 터라 나는 뒤통수만 긁적이며 시선을 구씨 쪽으로 옮겼다. 구씨가 그만 나가자며 손짓을 해 보인다.

병원에 찾아간 아내는 뜻밖에도 임신 사실을 알게 되었다. 그녀를 보아온 이래로 이렇게 기뻐하는 모습은 처음이었다. 나 또한 믿기지 않는 소식에 며칠 밤을 설레며 잠을 이루지 못했다. 아내는 그동안 나 몰래 사 모았던 아기용품들을 모조리 꺼내어 하나씩 펼쳐 보이고, 거실의 천장에는 때 이른 인형 모빌을 걸어두었다. 태교에 좋다는 명상 음반들을 보면 꼬박꼬박 사들이고, 커피포트도 찬장 깊숙이 넣어놓았다. 아이에 대한 아내의 지극한 정성과 애착을 보며, 나는 새삼스러운 죄책감이 들었다.

한창 판이 성행할 때라 아내를 혼자 남겨두고 집을 비우는 일이 잦았다. 그때마다 아내는 서운한 표정을 했지만 이내 수줍게 웃어 보이며 내 어깨를 털어주곤 했다.

"당신, 우리 아이 태어나면 일 그만두기로 한 거 잊으면 안 돼요. 모아둔 적금으로 작은 가게라도 하나 열자구요. 난, 당신 도와가며 가게도 보고, 우리 아이랑 셋이 오순도순 살 생각을 하면 벌써부터 가슴이 뛰어."

그날따라 판을 준비하는 동안 유난히도 아내의 목소리가 귓가에 맴돈다 싶었다.

경기를 이틀 앞두고 로빈은 더욱 게을러졌다. 녀석이 관심을 보이는 일이라고는, 같잖게 우수에 젖은 눈을 들어 석양이 지는 모습을 바라보거나 남의 밥그릇을 보며 입맛을 다시는 일뿐이었다. 나는 가관인 녀석을 보며 더 이상 열을 올리지 않았다. 다만 얼른 판을 끝내고 녀석을 넘겨버리고 싶은 마음뿐이었다.

판이 있기 전이면 늘 그래왔듯 구씨는 가까운 절을 찾아갔다. 이번 판도 무사히 끝나기를 기원하는 마음에서 시주를 하고 나와서는 그는 어쩐지 느낌이 좋다고 했다.

조련 소에 들어서자, 나를 본 조련사가 어이없자는 듯이 웃으며 로빈의 우리를 가리켰다. 녀석이 훈련 도중에 탈출을 시도했다는 것이었다. 밖으로 도망가려다가 수차례 철조망에 찔려 나가떨어져, 끝내는 피투성이가 되어서야 잡아넣었다고 했다. 우리 안의 로빈은 고되게 잠들어 있었다. 사람의 손에 키워지는 것임에도 불구하고 도사견들에게서는 야생의 냄새가 났다. 녀석에게서도 그 냄새만은 희미하게나마 풍기고 있었다. 그것이 나약한 녀석의 모습을 더 초라하게 만들었다.

언제가 가까이 지내던 견주 중 하나가 늙고 쓸모없어진 도사견을 식용으로 팔아넘기는 것을 본 적이 있었다. 차에 실는 동안 개는 짓무른 눈으로 제 주인을 바라보고 있었다. 그는 개를 향해 주먹을 치켜 보이고는 속에 것을 모조리 꺼내 올리는 듯한 소리를 내며 가래침을 뱉었다. 개는 그를 물끄러미 보고 있다가 차가 출발하기 시작했을 때 서야, 멍, 하고 한번 짖었다.

“개나 인간이나 늙으면 다 질퍽거리는구만. 저것도 왕년에 물건이었는데.”

그가 씹어냍듯 말하며 돌아섰다. 한창일 적에는 틈새 없는 잔인한 공격으로 챔피언급에서만 놀던 도사견이었다.

나는 로빈을 차에 싣고 돌아서는 내 모습을 상상한다. 이어, 칼 아래 동강 나는 녀석의 몸뚱이가 그려졌다. 펄펄 끓는 물속에서 허루적 거리는 것은 이내 나의 모습으로 변했다.

시합이 있는 날 아침, 잡곡밥과 닭고기, 통조림 등을 적당한 비율로 섞어 로빈의 밥을 만들었다. 녀석은 여느 때와 달리 깨작거리며 얼마 먹지 못했다. 조련사가 등을 두드려 줄 때 잠깐 희미한 신음을 내었을 뿐, 아무리 힘을 돋워 주려 해도 별 반응을 보이지 않았다. 대리주가 끌고 온 용달에 로빈의 우리를 싣고 먼저 판이 벌어질 민가로 보냈다. 구씨를 비롯한 우리 셋은 조금 간격을 두고 출발했다. 차창을 통해 빈 나뭇가지 사이로 내리비치는 햇빛이 건조하고 맑았다. 나는 연신 손을 쥐었다 펴며 하늘 위를 천천히 가로지르는 새 떼를 바라보았다.

판이 시작되려면 좀 이른 시각인데도 사람들이 꽤 많이 몰려 있었다. 주부에서부터 건달들, 복잡한 눈빛부터가 다른 전문 노름꾼까지, 모인 인들은 다양하다. 상대편 개는 덩치 큰 조직 일원들에게 둘러싸여 있었다. 로빈은 대리주 옆에 서 있었다. 녀석은 조금 긴장해있는 듯했지만 곧 사투를 벌일 투견이라고는 생각되지 않게 힘이 빠져 보였다. 구씨가 나서서 판돈을 모르고 최씨는 미리 사 둔 몇 사람들과 함께 망을 보러 나갔다. 돼지 돈사를 급조해 놓은 투견 판은 휑하고 살벌한 공기가 배어 나오기 시작했다. 나는 굳은 침을 삼키며 시간을 확인했다. 심판이 우리 안으로 들어간다. 양측의 개들도 들여보내 졌다. 가슴을 꼿꼿이 세운 상대편 놈은 한눈에도 단단히 단련되었다는 것이 느껴졌다. 크기로 밀고 나간다해서 뚫릴 듯한 상대가 아니다. 실수한 듯한 불길한 예감이 가슴을 가로지르며 무겁게 떨어져 내린다. 세찬 호루라기 소리가 불거졌다. 잠시 서로를 가늠해보는 신경전이 계속되다 상대편 놈은 날렵하게 로빈의 목에 이빨을 박았다. 로빈은 당황한 기색이 역력했다. 선두 공격으로 기선 제압한 놈을 잠시 물러나며 로빈의 공격을 기다린다. 로빈은 머리로 놈의 허리를 들이받았다. 그러나 역부족이었다. 놈은 앞다리를 쳐들어 로빈의 머리를 강타했다. 로빈은 곧바로 몸을 일으켜 세우며 반격에 들어갔다. 나는 손바닥을 바지춤에 문지르며 우리 가까이 바짝 붙어 섰다. 흥을 돋우는 심판의 목소리가 개들의 거친 숨소리 위로 불을 지른다. 로빈이 일방적으로 밀리고 있었다. 무언가 이상한 것을 느꼈다. 상대편 개의 움직임이 지나치게 역동적인 데다가 호흡이 눈에 띄게 불안정했다. 개의 눈을 들여다본 나는 욱하고 성질이 솟구쳤다.

"저 새끼 약 맥였잖아!"

구씨에게 소리쳤다. 그러나 내 고함은 묻히고 개들을 응원하는 양측의 목소리만이 뜨겁게 타오르고 있었다. 로빈이 밀릴수록 상대편 놈은 더욱 흥분하여 날뛰었다.

"뛰어, 새끼야 뛰란 말이야!"

나는 사람들 틈을 비집고 로빈의 앞으로 나아가며 소리쳤다. 녀석은 이미 왼쪽 뒷다리를 절고 있었다.

불을 끈 거실에 아내가 금방이라도 말라 부스러질 듯한 모습으로 앉아 있었다. 일주일 만에 돌아온 입은 어딘가 달라져 있었다. 미지근하게 식어버린 난로에 손을 올렸을 때 허전함 같은 것이 느껴졌다.

“여보.”

아내는 떨리는 목소리로 나를 부르고는 무릎에 얼굴을 묻어버렸다. 어둠 속에 천장에 매달린 모빌이 창 너머로 불어오는 바람에 흔들리고 있었다. 아이가 자연 유산되었다는 말을 하는 아내는 중간중간 말을 못 잇고 소리 없이 흐느꼈다. 나는 아내의 뜨거운 눈시울을 훔치고는 가만히 끌어안았다. 그 순간, 비스듬히 새어 들어오는 달빛에 비친 태교 음악 시디 표지의 모차르트가 견딜 수 없이 우스꽝스럽게 보였다. 그의 두툼한 머리며 지휘봉 위쪽으로 그려진 갓난아기의 도습이 머릿속을 균열시키듯 파고들었다. 자신도 의미를 모르는 말에 웃음이 내뱉어졌다. 웃음 잔물결처럼 멈추지 않고 흘러나왔다. 내 몸은 어느 한구석에 무수히 많은 아들이 깨어지는 소리를 들었다. 깨어진 알 속은 텅 비어있었다. 나는 어깨까지 움칠거리며 웃어대기 시작했다. 아내의 거친 손길이 나를 밀어냈다. 그녀의 매서운 두 눈동자가 내 눈으로 와 불같하게 박혀 있었다. 나는 거실 한쪽에 놓여 있는 보행기로 시선을 돌렸다. 울컥, 비린내가 스치며 헛구역질이 솟았다. 화장실로 뛰어들어가 속을 게워냈다. 한참 만에 입을 훔치며 거실로 나왔을 때 아내는 보이지 않았다.

로빈은 놈의 어깻죽지에 이빨을 박았다. 놈이 끊임없이 로빈의 허리와 다리를 공격했지만 로빈은 좀처럼 이빨을 빼지 않았다. 로빈은 놈이 몸에 붙은 채 바람에 펄럭이는 비닐봉지처럼 이리저리 출렁였다. 순간 나는 로빈의 눈에 한줄기의 붉은 빛이 스쳐 가는 것을 보았다. 목덜미가 섬

뜩해지는 듯싶더니 발바닥에서 뜨거운 전율이 치솟았다. 놈에게서 물러난 로빈은 사정없이 앞발을 쳐들었다. 놈은 요령 있게 로빈이 발길질을 맞아가며 더 세찬 뒷발질을 해댔다. 로빈은 나가떨어질 때마다 벌떡 일어나 다시 덤벼들었다. 채이고, 물어뜯기며 로빈이 쓰러졌다 일어난 모래 위에는 핏자국이 묻어났다. 로빈의 공격에서는 녹슬긴 했지만, 아직 잊히지 않은 공격 기교들이 튀어나왔다. 어깨살을, 엉덩이 살을 깨물린 상대편 놈도 성질이 있는 대로 난 듯했다. 로빈의 목에서부터 가쁘고 뜨거운 숨결이 토해지는 것을 느껴진다.

“내가 아이 때문에 당신을 떠난 거라고 생각하면 오산이에요. 당신은 말이죠……. 옆에 있는 사람을 외롭게 만들어요.” 한사코 만나기를 거부하던 아내의 목소리가 수화기 너머로 공허하게 들려왔다. 나는 창밖으로 내다보이는 로빈의 우리를 바라보며 전화선을 만지작거리고 있었다.

놈은 약 기운이 한껏 올라 있었다. 상대편 견주는 나와 눈이 마주치자 씨익 웃어 보인다. 그들은 전부터 이 지역의 단골 노름꾼이라 우리와는 서로의 편의를 암암리에 봐주곤 하는 사이였다. 로빈의 앞가슴에 붉은 피가 배어 나온다. 상대편 놈은 틈을 놓치지 않고 상처 난 부위를 집중적으로 연속하여 내리쳤다. 녀석은 형편없이 나동그라졌다가 벌떡 일어섰다. 녀석은 정신은 타오르고 있었지만, 몸은 이미 정신력을 감당할 수 없을 만큼 지쳐 있었다. 문득 나는 녀석이 그만 신음을 내거나 공격을 기피하여 공격 기피 패로 졌으면 좋겠다고 생각했다. 그렇게만 해준다면 나는 아무런 감정 없이 경매에 넘겨 버릴 수 있을 것이다. 그러나 녀석은 규칙에 있어 단 한 번의 허물어지는 모습도 없이 공격을 받아내고 있었다.

나는 속으로 외치기 시작했다. 쓰러져, 누워 버리란 말이야 이 병신새끼야 넌 틀렸어.

그때, 요란한 진동과 함께 핸드폰이 울렸다.

"이런 썅! 짭새들 떴다."

최씨의 다급한 목소리가 채 끝나기도 전에 나는 구씨에게 사인을 보내고 사람들에게 소리를 질렀다. 심판이 우리에서 뛰쳐나오고 조직원들은 급히 녀석들을 떼어낸다. 일시에 아수라장이 된 가운데 구씨에게 돈을 돌려달라고 악을 쓰는 투기꾼들도 보였다. 그러나 그것도 잠시 부연 먼지를 일으키며 다가오는 사이렌 단 승용차 몇 대를 보자 다들 혼비백산하여 달아나기 시작했다. 구씨가 먼저 다급히 달아난 후 나는 우리에서 로빈을 끌어내었다. 녀석은 다리를 심하게 절뚝이고 있었다. 녀석은 가쁜 숨결을 몰아쉬며 나를 올려다보았다.

속이 뜨거워진다. 녀석의 이마를 쓰다듬었다. 우리는 온 힘을 다해 뛰기 시작했다. 좁은 논둑과 빈 밭을 가로질러, 낡은 농가와 소의 울음소리를 지나쳐 산으로 들어섰다. 길이 아닌 곳으로 찾아 달렸다. 메마른 나뭇가지가 발아래서 부러졌다. 녀석과 나는 앞서기니 뒤서거니 하고 있었다. 야트막한 산을 반쯤 오르던 나는 낄낄거리기 시작했다. 한번 터진 웃음은 쉴 새 없이 입과 코를 통해 흘러나왔다. 이내 물 밀린 둑이 터지듯 큰소리로 웃기 시작했다. 턱까지 차오른 숨소리에 뒤섞인 웃음소리는 우스꽝스럽게 내뱉어졌다. 녀석이 따라 짖기 시작했다.

따가운 건지 간지러운 건지 모를 햇살이 웃음소리 위로 하얗게 쏟아져 내리고 있었다.

당선

제1317호 10월 12일 월요일

2009 가람이병기청년시문학상·최명희청년소설문학상 : 대학부 시

꿈꾸는 미싱사

· 전인배 (대구카톨릭대 스페인어과 3학년) ·

당신 늑골에 들어 누워
공터처럼 우는 이가 있다
자각자각, 표정을 박음질한다
봉재 공장 여공이었던 어머니
급히 누빈 혀끝에 보풀이 날린다
조글한 말의 안감을 뜯는다
나는 녹슨 방직기계다
당신 뼈에 눌어붙은
살점을 발라 먹는다
명치에 박힌 실밥을 뒤집어 입자
어머니 미간만큼 품이 된다
목젖이 훤한 기억의 테두리,
내 표정을 바지처럼
벗어 놓고 간 거푸집이다

어머니가 내게 박음질하던
헐거운 문장이다

당선

제1317호 10월 12일 월요일

2009 가람이병기청년시문학상·최명희청년소설문학상 : 고등부 시

멀티탭에 대한 단상

· 장석우 (구리고 2학년) ·

오랜만에 우리 집으로 올라오신 할머니,
컴퓨터 하는 법 좀 알려 달라며
내 방에 들어와 앉았다
딸각, 멀티탭의 단추를 누르자
구멍마다 자신들의 배꼽을 맞대고
전기를 빨아들이는 전자기기들,
어미의 붉은빛과 함께 전원이 들어온다
저마다 윙윙거리는 기계음으로
젖을 빠는 소리가 한창이다
나는 얼마 전 할머니 시골집의 진순이가 낳은
강아지들의 젖 빠는 소리를 떠올렸다
제법 통통했던 진순이, 얼마 전 다시 보았을 땐
제 젖꼭지마다 포도 열매처럼
주렁주렁 매달린 여섯 마리 새끼들 덕에
갈비뼈를 드러내 가고 있었다

문득, 이런 것도 컴퓨터에 넣을 수 있느냐며
할머니는 올올이 풀린 스웨터에서
모서리부터 빛바래있는 흑백사진을 꺼냈다
스캐너에 사진을 넣고 뚜껑을 닫자
육 남매를 품은 젊은 시절의 할머니 모습이
모니터에 서서히 데생 된다
어색하게 마우스를 잡은 할머니의 손등을
나의 손바닥으로 감싸본다
육 남매에게 젖을 물리느라
야윌 대로 야위어버린 늙은 멀티탭의 손,
뼈만 앙상히 남아 딱딱한 그 손의 감촉은
온기만 있을 뿐, 플라스틱과 다르지 않았다
나의 눈시울이 붉어져 갈 때쯤
낡을 대로 낡아 접촉조차 불량한
멀티탭의 붉은 버튼이 깜박거린다.

가람이병기청년시·
최명희청년소설문학상

2009~2017

공포증(PHOBIC)

· 이솔 (서강대 국문 4학년) ·

나는 천천히 몸을 일으켜 주위를 둘러보았다. 잠에서 깨어나는 순간 언제나 그러하듯 나는 내가 누워있는 공간이 어디인지 파악하기 위해 벽과 침대를 비롯한 어떤 표지들을 찾았다. 그것은 온통 진창이 되어버린 방이었다. 어슴푸레 밝아온 새벽빛에 위치를 잃어버린 사무들이 무질서하게 흩어져 있는 것이 희미하게 보이기 시작했다. 나는 천천히 눈을 깜빡이며 어둠에 시야를 적응시키려 애를 썼다. 내가 있는 곳은 분명 일상적으로 먹고 자던 내 방이었다. 어슴푸레 밝아온 새벽빛에 위치를 잃어버린 사물들이 무질서하게 흩어져 있는 것이 희미하게 보이기 시작했다. 나는 천천히 눈을 깜빡이며 어둠에 시야를 적응시키려 애를 썼다. 내가 있는 곳은 분명 일상적으로 먹고 자던 내 방이었다. 그러나 사물들의 위치와 방 안의 분위기는 일상적이지 않았고, 나는 일상적이지 않은 것들에 혼란스러움을 느꼈다. 모든 것은 제자리에 있어야 했다. 깨진 채로 바닥에 나뒹굴고 있는 유리 조각들이 무엇이었는지 알아보기 위해서는 얼마간의 시간이 더 필요했다. 시야는 온통 어지럽고 잠에 취한 듯 몽롱했다. 그렇다, 이것은 그녀가 아끼던 유리컵이었다. 유리잔의 형상을 떠올린 순간, 베일 같은 장막이 걷히듯 모든 것이 떠오르기 시작했다. 그녀 손의 온기로 부옇게 김이 서리던 유리잔. 나는 그녀의 기다란 손가락이 감싸 쥐고 있었을 잔의 한 표면을 발끝으로 툭툭 굴렸다. 그러나 회상은 단지 이미지처럼 스쳐 지나갈 뿐 언제 그리고 어디서 그녀가 이 유리잔을 들었던 것인지는 기억나지 않았다. 기억은 그저 순간의 사진처럼 그녀의 흰 손가락과 그 온기에 의해 부옇게 김이 서리던 유리잔의 표면만을 보여줄 뿐이었다. 나는 잔상과 같은 이 기억 속 이미지가 잠든 새에 꾸었던 꿈이 한 파편인지 아니면 실재했던 과거의 희미한 떠오름인지 분간할 수 없었다. 좌표를 잃은 유리잔의 영상은 허공에 부유해 있었고 그 때문인지 나는 지금의 상황이 비현실적이라고 생각했다.

컵의 옆면을 이루고 있었을 깨진 유리 파편에는 까만 눈이 박힌 노란 병아리가 작게 그려져 있었다. 나는 고개를 숙여 유리 위에 그려진 노란 병아리 그림을 가만히 바라보았다. 그것이 일상적인 형태를 갖추지 못하고 있어서인지, 이전에 내 주의를 끌지 못했던 탓인지 나는 그 그림이 퍽 낯설게 느껴졌다. 나는 엉망인 방에서 비교적 성한 곳을 짚어가며 조심스럽게 발을 내려놓았다. 흩어진 잡지의 종이와 깨진 유리들 사이를 깨끔 발로 디디며 나는 먼저 지금의 시간을 확인하기 위해 시계가 걸려있는 벽으로 눈을 돌렸다. 그러나 시계가 무사히 걸려있음을 확인하는 순간, 나는 중심을 잃고 책 무더기 위로 주저앉고 말았다. 오른쪽 발목의 피부가 유리 조각에 스쳐 피가 났다. 꽤 깊은 상처가 났는지 피가 바닥까지 뚝뚝 흘러내렸다. 침대 옆 수납장 위의 휴지를 뽑아 바닥에 떨어진 피를 닦으며 나는 방이 왜 엉망이 되었는지 다시 한번 의문을 품었지만, 그에 대한 어떤 실마리도 떠오르지 않았다. 무언가를 떠올리려 하면 할수록 시간이 마구 뒤엉켜 있는 듯한 느낌만이 들뿐, 아무것도 생각나지 않았다.

아니, 그보다는 제대로 배열되지 않았다. 떠오르는 것들은 온통 잔상같이 희미한 이미지들뿐 이었다. 시곗바늘이 툭특 머리를 떨어트리며 움직여 나갔고, 그 움직임을 지켜보며 나는 조급함을 느꼈다. 시간이 흐름에 따라 내 기억도 점차 희미해질 것이기 때문이다. 어서 빨리 무언가를, 그 근거를 찾아내야 했다. 이 흐트러진 사물들에 의미를 부여해내어야 했다. 유리컵을 쥐고 있던 그 손, 그녀에 대해서 생각해내야 한다. 기억을 추궁하고 이류를 떠올려서 이미지에 붙여두어야만 한다. 그녀는 누구인가? 내 방을 엉망으로 만들어 놓은 것도 그녀일까? 어젯밤, 자고 있던 동안에 누군가가 내 방에 들어왔던 걸까?

방 안에는 쉬지 않고 고개를 움직이는 시계의 초침 소리만이 가득했다. 초침은 지나치게 빠르게 곤두박질치기도 하고, 걸음을 멈춘 듯 아주 더디게 움직이기도 했다. 우선 모든 상황을 정리하기 전에, 오늘 나를 규정해야만 한다. 나는 설정하는 것은 늘 내게 합당한 선택을 할 수 있는 조건을 마련해 준다. 어떤 일관적이고 의식적인 선택 말이다. 내 모든 선택은 곧 나를 구성하기 때문이다. 지금 내게 일어난 이 갑작스러운 상황을 잘 처리하기 위해서 나는 아주 섬세하고 깐깐한 사람이어야 한다. 빳빳하게 잘 다려진 셔츠를 입어야 한다. 걸음걸이의 폭은 좁게, 허리는 살짝 구부정한 자세가 좋을 것이다. 어느새 손톱이 부쩍 길었다. 네모난 각을 진 모양으로 깔끔하게 잘라야 한다. 습관, 습관은 무엇으로 해야 좋을까? 검지 끝으로 탁자를 톡톡 두드리는 것? 왼쪽 귓불을 매만지는 것도 나쁘지 않을 것 같다.

특히 넥타이의 색을 고르는 일은 아주 신중하게 이루어져야만 한다. 그것은 단순히 눈을 가리고 어떤 하나의 색을 골라내는 일이 아니기 때문이다. 나는 조심스럽게 발을 옮겨 옷장 앞에 섰다. 선택되어야 하는 색에는 진저리나도록 많은 이유가 필요했다. 넥타이의 색깔과 디자인은 내가 입을 셔츠와 구두의 색과 조화가 되는 것이어야 했고, 지금의 계절에 맞고 유행에 크게 벗어나지 않는 것이어야 했다. 또한, 만약 내가 진한 빨간색의 넥타이를 맨다면, 나는 적극적이고 열정적인 성격을 보일 것이었지만 한편으론 빨간색은 성적인 느낌을 포함하고 있으므로 선택은 신중히 이루어져야만 했다. 심지어는 넥타이를 매지 않은 것조차 의미를 가지고 있었다. 그것은 어떤 자유로움과 꾸미지 않는다는 이미지를 내게 보태주겠지만, 한편으로는 의도하지 않은 경박함과 가벼움을 보여줄 수도 있었다.

하루를 시작하면서 스스로에 대한 구체적인 규정을 하는 내 행동이 지나친 것은 아니라고 생각한다. 나는 사람들이 무언가를 결정할 때 의례 그렇듯이, 많은 보기를 고민하고 스스로의 선택에 맞추어 행동할 뿐이었다. 주어진 선택의 폭이 넓다는 것은 변화의 가능성이 그만큼 크다는 것을 가리켜 보여주는 동시에, 그만큼 깊은 고민을 요구하는 것이었고 정확히 그 선택지만큼의 다양한 이미지들을 가지게 된다는 것이다. 그렇기에 나는 나 자신에 대한 모든 선택에 있어서 결코 소홀하지 않다. 그래, 내 성격에 맞추어 조금 더 천천히 상황을 정리하는 편이 좋겠다. 나는 지금 지나치게 조급해하고 있다. 어디선가 그녀가 숨어서 날 지켜보며 웃고 있을지도 모르는 일이다. 나 자신을 추스르고 당황스럽지 않은 체해야만 한다. 물론 기억이 남아있는 동안에 그것을 재빨리 수습해야 한다. 어딘가에 차근차근 글로 쓰면서 정리하고 싶은데, 마침 저 책상 위에 이면지 몇 개인가가 있다. 나 자신에 대한 오늘의 선택에 따른다면 나는 대충 바닥에 엎드린 채 상황을 적어나가는 것보다는 의자 위에 곧은 자세로 앉아 차분하게 정리를 해야 한다. 그렇다면 그것을 쓸 펜은 어떤 것을 선택할까. 적당한 두께의 질감이 좋은 펜으로 쓰고 싶다. 저 유치한 노란색 플라스틱 펜은 쓰고 싶지 않다. 저건 너무 경박해 보일 수 있으니까. 그래 몇 주 전에 선물 받은 몽블랑 만년필이 있다. 내가 그 만년필에 잉크를 채워두었던가? 잉크가 나오지 않는다 해도 펜 심으로 종이에 자국을 내어 내가 알아볼 수 있게 하기만 하면 될 것이다. 멀리서는 내가 종이에 무엇을 어떻게 적는지까지 보지는 못할 것이다. 일단 무엇부터 정리해야 할까? 가장 최근의 기억부터 정리하는 것이 좋을까? 아니면 제일 처음 그녀와 만났던 날의 기억부터?

나는 흩어진 물건들 사이를 조심스럽게 지나 의자에 앉았다. 아주 침착한 자세로 펜을 들었으나 기억은 여전히 제 자리를 잃어버린 채 뒤죽박죽으로 솟아올랐다. 간헐적으로 튀어 오르는 것들은 온통 부분적인 것들뿐이라서 나는 그것들을 도무지 시간적인 순서대로 정리할 수 없었다. 일단 그녀에 대해 떠오르는 것들을 모조리 적어보는 편이 낫겠다. 그녀, 깨진 유리컵을 들고 있던 손. 방안에 흩어진 사물들 하나하나에 그녀의 기억이 그림자처럼 드리워져 있다. 나는 그녀를 아주 잘 알고 있는 것 같다. 어느 날인가 그녀가 저 벽에 등을 기대고 책을 읽기도 했을 것이다. 저 창문을 가리고 있는 커튼은 아마도 그녀가 손수 골라온 것이었다. 그녀가 좋아하던 붉은 색 커튼의 자락은 바닥까지 길게 늘어져 있었다.

잡동사니들이 흩어진 바닥은 온통 흙에 젖은 발자국들로 가득했다. 누군가가 신발을 신은 채로 걸어 들어온 것일까? 말라붙은 진흙은 꽤나 두텁게 층을 이루어 굳어 있어 바닥은 본래의 모습을 보이지 않았다. 그러나 그 발자국들이 아니었더라도 바닥은 아주 낡아 헤져 있었기 때문에 본래의 무늬를 보이지 못했을 것이었다. 나는 점점이 찍혀있는 작은 발자국들의 동선과 그 아래 낡은 바닥 장판의 무늬를 헤아려보다, 그것이 지 57

나온 시간을 가늠하기 위해 의자에서 내려와 바닥에 엉덩이를 대고 앉았다. 어젯밤에 비가 왔던가? 작은 발자국은 흩어진 사물들 사이로 자취를 남기고 있었다.

언젠가는 그녀가 이 자리에 나와 같은 모양으로 이 자리에 앉아 있었을지도 모른다. 나는 손가락을 세워 닳아 희미하게 남아있는 바닥의 무늬들을 따라 천천히 경계를 그려 나갔다. 그러나 어떤 특정한 무늬나 질감을 그려내는 것은 중요치 않았다. 이것은 단지 손가락이 바닥을 훑어 내림에 따라, 흙 알갱이가 몸을 일으켜 흩어지는 작은 소음으로 시계가 움직이는 소리를 가로막기 위해서였다. 난 무력했다. 내가 기억하지 못하는 시간은 내가 함부로 손을 내밀 수 없는 곳에 있었고, 심지어 나는 그것의 양이나 모습을 가늠할 수조차 없었다. 나는 바닥에 말라붙은 진흙과 먼지들이 어떤 흔적이라도 되는 양 가만히 바닥에 몸을 뉘고 온도 없이 냉랭한 감촉에 온 정신을 집중했다. 어디선가 분명히 그녀의 냄새가 날 것만 같았다. 혹시나 바닥에 그녀의 머리칼 하나가 떨어져 있지 않을까 하며 나는 주위를 두리번거렸다. 냉랭한 바닥을 짚고 있던 손바닥 아래로 검고 곱슬머리 거리는 머리카락이 잡혔다. 나는 커튼 사이로 번져오는 새벽빛에 그 머리카락을 비춰보았다. 그녀의 흰 손이 쓸어 넘기던 머리칼이다. 난 그녀의 하얀 손을 꼭 쥐고 있기를 좋아했다. 그 손은 부드럽고, 앙증맞게 작고, 분홍빛의 매끄러운 손톱이 있는 아름다운 손이었다. 그녀의 손가락은 유독 가늘고 길었다. 나는 그녀의 손을 물끄러미 바라보며 이런저런 상상을 이어나가길 좋아했다.

당신의 손이 나와 어느 정도 떨어진 거리에서 움직이고 있는 것을 보고 있을 때, 나는 그 손이 내 머리를 쓰다듬으면 어떤 느낌이 들까 상상했다. 그 거리는 내게 온갖 안타까운 상상들을 불러일으키기 충분했다. 나는 그 손을 꼭 부여잡는 상상을 했다. 희고 가느다란 그 손가락들은 내 손아귀에 눌려 더 하얗게 질리기도 했고, 내 손톱은 그녀의 손등을 세게 긁어 붉은 자국을 만들어내기도 했다. 견딜 수 없이 고통스러운 순간은 그 아름다운 손이 내손을 빠져나와 다른 누군가의 손에 쥐어지게 되는 상상을 할 때였다. 그것은 항상 종국에는 내게 상처를 주는 것들로, 그녀의 부분들은 이와 같은 방식으로 내게 온갖 강렬한 상상을 불러일으키는 어떤 동물들이었다. 그 상상들은 때로 너무나 현실감 있게 그려지는 통에 나는 내가 그녀의 손등을 실제로 핥았는지, 단지 상상이었는지 분간하기 어려웠다.

그녀에 대한 것들을 조심스럽게 떠올리는 중에 갑자기 어디선가 벨 소리가 들렸다. A의 노랫소리. 이건 내 핸드폰의 전화 수신 알림 벨 소리다. 난 A를 좋아하지 않는다. 그럼에도 A가 내 벨 소리인 것은 이것이 어느 정도 경쾌하고 사람들로 하여금 진지하고 현대적인 이미지를 떠올리게끔 하는 노래이기 때문이다. 전화벨을 침대 위에서 울리고 있었다. 어젯밤에 그녀와 통화를 하고 잠들었기 때문일 것이다. A의 노래가 15초 정도 울렸다. 지금이 전화를 받기에 적절한 시각이다. 너무 빨리 받는 것도, 지나치게 늦게 받는 것도 좋지 않다. 정확히 15초 정도의 시간이 적당하다. 나는 목소리를 한번 가다듬고 핸드폰의 폴더를 열었다. 혹시 회사에서 온 전화일지도 모른다는 생각에 우선 점잖은 목소리로 입을 열었다. 그러자 가느다란 여자의 목소리 들려왔다.

"안녕하십니까. 투투 텔레콤입니다. 고객님께서는 투투 텔레콤의 아프리카 서비스를 이용하고 계십니다. 본인 확인 절차를 거친 후에 고객님께 더 많은 혜택을 제공하기 위해 이렇게 전화를 드렸습니다. 지금 통화 가능하신가요?"

나는 중요한 시간을 방해받았다는 생각에 울컥 짜증이 밀려와 말없이 전화를 끊어버리고 싶었지만, 그런 행동은 오늘의 내 양식에 맞지 않는다. 나는 조금 더 정중한 태도를 선택해야만 한다.

"죄송합니다만 제가 지금 통화를 할 수 있는 상황이 아닙니다. 나중에 전화 주시기 바랍니다."

"네, 행복한 하루 보내시길 바랍니다. 고객님."

"네, 수고하십시오."

통화를 짧게 마친 후 나는 전화를 끊기 위해서 핸드폰의 통화종료 단추를 눌렀다. 폴더를 탁하고 닫는 소리는 상대방에서 불쾌감을 줄 수 있기 때문이다. 방금 통화한 여자는 나를 정중하고 예의 바른 사람이라고 생각할 것이다. 합당한 선택을 했다는 사실이 만족스러웠다.

그녀와 통화를 마치고 끊을 때도 난 항상 폴더를 닫는 대신 통화중지 단추를 누르곤 했다. 그녀가 그런 사소한 것에 신경을 기울지이 않는 사람이라 하더라도 나는 폴더를 무심코 닫지 않았을 것이다. 그것은 넥타이를 고르는 것과 같은 하나의 선택이었다.

나는 손에 들고 있는 핸드폰을 만지작거리며 이제 무엇을 해야 하는지를 고민했다. 그녀에게 전화해 볼까, 그건 아주 성급한 일일 수 있다. 하지만 그녀의 음성을 듣는다면 모든 것들이 다 기억날 것만 같은 생각이 들었다. 그렇다면 *23#을 누른 뒤에 그녀의 전화번호로 전화를 걸어야겠다. *23#은 발신자 번호 표시를 제한하는 기능이므로, 내가 그녀에게 아무 말도 하지 않는다면 그녀는 누가 자신에게 전화한 것인지 알 수 없을 것이다. 나는 그녀의 연락처를 찾기 위해 핸드폰에 저장되어 있을 번호를 찾았다. 그러나 전화번호부 목록은 '저장된 번호가 없습니다.'라는 문구만 반복해서 보여줄 뿐이었다. 모든 번호가 사라진 것이다. 이 상황을 어떻게 이해해야 하는 건지 알 수 없었다. 나는 한참을 망연히 핸드폰의 액정화면을 바라보고만 있었다. 내가 그녀의 전화번호를 지웠던 걸까? 마지막으로 그녀와 연락한 것은 언제였지? 그렇다면 어젯밤에 난 누구와 통화를 했던 걸까, 아니 내가 어젯밤에 통화했는지 아닌지도 확실히 기억나지 않는다. 그녀와 마지막으로 언제 통화를 했는지도 기억이 나지 않았다. 이건 이상하리만큼 확실한 망각이었다. 망각이 선명할 수도 있다는 사실에 나는 헛웃음이 나왔다. 이건 마치 애초부터 없었던 기억을 만들어내는 것 같지 않은가.

나는 핸드폰의 최근 통화 목록과 메시지의 수신함을 뒤져보았다. 그러나 그곳에도 텅 비어버린 내 기억과 마찬가지로 아무것도 없었다. 나는 누구와도 연락하지 않았던 것이다. 그게 아니면 내가 나 스스로 그 흔적들을 지운 것이다. 그녀에 대한 기억이 희미한 것을 보면, 그녀와 마지막으로 연락한 지 아주 오랜 시간이 흘렀던 것이 분명하다. 그러고 보니 내 몸이 조금 여위어 있다. 이것은 내가 그녀와 헤어지고 아주 오랜 시간을 힘들어했다는 사실의 표지이다. 그리고 내가 기억하지 못하는 고통스러운 기다림의 시간 동안 내내 그녀를 잊길 바랐기 때문에 지금 그녀에 대해 기억할 수 없는 것이다. 이것은 내 의문들에 대한 설명력 있는 근거이다. 이렇게 한순간에 기억이 소거될 수도 있는 것이다. 아주 확실한 망각. 나는 갑작스러운 이질감에 핸드폰을 쥐고 있던 내 손을 낯설게 바라보았다. 그 낯섦은 이유를 알 수 없는 그리움을 동반했다. 그리움은 어쩐지 내게 아주 익숙하게 느껴지는 감정이었다. 이것은 뿌듯하게 죄어오는 가슴의 통증이라거나, 손끝에서부터 온몸으로 퍼져나가는 미세한 떨림 같은 것들로 내게 감각되어 온 것이다. 그렇다. 아마도 이 감정은 내가 잃어버린 시간 동안에도 계속해서 내 주위를 맴돌고 있었을 것이다.

오늘 새벽이 그러한 것처럼, 잠에서 깬 새벽에 부스스 눈을 뜨고 푸르스름한 새벽빛에 한 차례 몸을 떨고 나면 내가 찾게 되는 것은 그녀의 자취였을 것이다. 내 시간의 가장 강렬한 표지가 그녀였기 때문이다. 그녀는 늘 내 곁에 있었다. 나는 눈을 비비며 그녀의 모습을 가만히 바라보고, 온기가 있는 그녀의 등허리와 목을 가만히 쓸어보곤 했다.

나는 그녀의 몸에 대해서는 어떤 욕망이나 충동 따위를 느끼지 않았다. 그것은 아주 보잘것없는 것처럼 느껴졌다. 그녀의 몸은 그저 그녀의 빈자리에 놓인 몇 개의 긴 머리카락 같은 것일 뿐이었다. 그녀가 일어나고 난 침대에 남아있는 아주 약한 체취 같은 것들 말이다. 내가 늘 그리움을 느꼈던 것도 바로 그 이유 때문이었다. 그녀가 나를 끌어안고 속삭이고 있을 때도 나는 그녀가 그곳에 있지 않다고 느꼈다. 그것은 아주 형편없는 도착증이었다. 내가 그녀를 품을 수 있고 가질 수 있는 방식이 마음에 들지 않았던 것이었기 때문이다. 나는 그 허술함이 마음에 들지 않았던 것이었기 때문이다. 나는 그 허술함이 마음에 들지 않았다. 그녀는 온전히 모든 것이 내 것이어야 했지만 내게 주어지는 그녀는 고작 어떤 환상 같은 희미한 것에 불과했다.

그녀는 나보다 출근 시간이 일렀기 때문에, 가끔 그녀가 일을 나가고 난 뒤 나는 그녀가 벗어둔 슬립의 잠옷 같은 것들을 붙들고 자위를 했다. 그것은 그녀와의 섹스와 하등 다를 것이 없는 행위였다. 아니, 오히려 그보다 더 자극적이고 선명한 행위임이 틀림없었다. 나는 그녀의 옷가지를 품고 자위를 할 때 그녀에 대한 더 많은 이미지가 내 몸을 자극한다는 것을 알고 있었다. 또각이는 그녀의 구두 소리, 그녀가 벗어둔 구두에 남은 땀 냄새, 그녀가 쓰던 티스푼에 남아있는 옅은 커피 향과 뒤섞인 시큼한 그 침 냄새, 슬립에 남은 그 살 냄새, 온기, 흩어진 머리칼들, 생리의 혈이라거나 그녀가 쓰고 휴지통에 버려둔 휴짓조각들. 나는 그녀가 휴지통에 버려둔 돌돌 말린 생리대를 찾기 위해 쓰레기 사이를 맨손으로 뒤지기도 했다. 그녀의 쓰레기들을 뒤지는 것은 묘한 만족감을 주었다. 내가 미처 보지 못하고 놓친 순간의 그녀의 행동들을 떠올릴 수 있었기 때문이다. 그녀가 스킨을 바를 때 썼던 화장 솜이라거나, 번진 마스카라 자국을 지우기 위해 썼던 면봉들 따위가 잃어버린 순간의 그녀들을, 그 조각난 시간의 그녀들을 다시 내게 돌려주었다. 나는 깔끔하게 말려 있는 그녀의 생리대를 다시 천천히 펴 보기도 했다. 말라붙은 비릿한 피 냄새와 함께 그녀의 음부 냄새가 코를 찔렀다. 나는 내 팬티의 밑면에 그 생리대를 다시 붙이고 천천히 걸어보았다. 차갑고 축축한 그녀의 피가 내 회음부에 맡 닿았지만 불결하다는 생각이 들지 않았다. 그녀가 느끼는 모든 감각을 나도 느끼고 싶었다. 그녀와의 어떤 일체감이 좋았다. 그런 일체감을 느낄 수 있는 것은 예를 들면 그녀가 내 이름을 부를 때 같은 순간들이었다. 그녀의 입이 천천히 열리고, 입 모양이 둥그렇게 변해 혀가 부드럽게 그녀의 아래쪽 치열에 맞닿았다가 떨어진다. 나를 부르는 그녀의 입 모양이 움직임과 동시에 감미로운 파장이 공기를 울려 그녀의 음성에 내 고막이 진동한다. 그것은 정말 동시적인 것이었다. 나는 어떤 틈새도 없을 만큼 직접적인 것을 갈구했다.

그러나 그리움에 가득 찼던 그 시간은 오늘 아침 눈을 뜨자 난데없이 모두가 조각나 있었던 것이다. 잠들기 전까지만 해도 완전하고 이상적이었던 것들은 어느샌가 뽀얗게 먼지를 뒤집어쓴 채 눈을 감고 있었다. 나는 아주 많은 시간을 한순간에 건너뛰어 온 듯한 느낌에 어지럼증을 느꼈다. 어제까지 날 집어삼키려 앞다투어 입을 벌리던 감정들은 이제 아주 본능적인 충동으로 남아 내 손끝을 맴돌았다. 내가 그녀와 헤어진 것이라면 나는 그녀와 연락을 시도해선 안 되는 것이었다. 난 그녀를 잊길 바래왔던 것이고, 또 그 바람의 결과로 지금 아무것도 기억하지 못한다. 무엇인가를 바라볼 때마다 그녀를 연상케 되는 것은 내가 감당해야만 하는 과제처럼 남아있는 것이다. 이와 같은 감정 또한 사라지게 된다면 나는 더 이상 힘들지 않게 될 것이다. 그러나 나는 그것을 바라지 않는다. 그녀가 더 이상 내게 어떤 기호로 작용하지 못할 때 나는 큰 상실감을 느낄 것이다. 상실감은 내게 있어 그 어떤 것보다 두려운 것이다. 그것은 다만 내가 선택할 선택지가 사라지는 것이 아니라, 모든 선택 자체의 의미가 사라지는 것이기 때문이다.

나는 천천히 몸을 일으켜 희미한 자국으로만 메모 된 종이를 들어 빛에 비쳐 보았다. 그러나 거기에는 내가 떠올린 이미지들이라곤 하나도 남아있지 않았다. 내가 적은 것이라고는 그녀에 대하여 내가 떠올린 것들과는 전혀 관련이 없는 그림이었다. 그것은 엉뚱하게도 미처 눈을 그리지 않은 병아리와 지나치게 갈기가 많은 사자의 그림이었다.

나는 오래된 습관처럼 귓바퀴를 매만지고 있었다. 한 번도 가져본 적 없는 그 버릇은 어느 순간엔가 나도 모르게 생겨났다. 나는 쓰지 않고 방치해둔 낡은 오디오의 머리에 쌓여있는 먼지를 털어내고서 어떤 음반이든 계속해서 그 오디오의 입안으로 밀어 넣었다. 아주 오랜 시간 동안 입을 다물고 거실 구석에 몸을 기대어 있던 오디오는 탐욕스럽게 음반들을 집어삼켰다. 오디오가 꾸역꾸역 게걸스럽게 음반들을 목구멍으로 쓸어 넘기는 소리가 들려왔다. 그것은 아주 감미로운 발라드이기도 했고, 난폭한 쇳소리가 나는 하드락이기도 했다. 사실 어떤 소리가 들리는가는 중요한 문제가 아니었다. 다만 어떤 소리든지 귀에 머물러야만 했다.

거실에 나온 나는 오디오의 음악을 듣기 위해 그녀의 무릎을 베고 눕

듯이 소파에 기대어 앉았다. 누워있는 허리께에서 무엇인가 딱딱한 것이 느껴졌다. 등 뒤로 손을 넣어 꺼내보니 리모컨이었다. 나는 작은 동물을 괴롭히기라도 하는 양, 리모컨을 탁탁 두드려보기도 하고 손 위로 빙글빙글 돌리기도 하다가 리모컨이 전원 버튼을 눌렀다. 지지직거리는 소리와 함께 핑하고 전기가 들어온 화면엔 코미디언이 진행하는 쇼 프로가 나타났다. 나는 오디오에 귀를 기울이다 말고 텔레비전을 보며 리모컨의 단추를 눌러 채널을 돌려댔다. 어떤 방송 프로그램을 선택해야 할까. 뉴스, 뉴스를 봐야 한다. 뉴스를 보는 것은 다른 오락 프로그램을 보는 것보다 현실적이고 진지한 엘리트적인 이미지를 나타내기 때문이다. 또한 '새로운 것'인 뉴스를 보는 것은 그녀에 대한 기억과의 접점이 없는 것을 받아들이는 것이다.

뉴스에선 연신 자극적인 기사의 내용이 흘러나왔다. 내가 그녀를 잊고 잠들어 있던 어젯밤에 또 한 명의 여대생이 살해당했다. 한 여성 국회의원이 눈가에 물기를 머금고 절규했다. 살해당한 여대생의 가족들이 땅바닥에 엎드려 연신 통곡을 했다. 나는 그들을 바라보며 연신 과자를 입으로 주워 담았다. 그것들이 나에겐 하나의 드라마처럼 느껴졌다. 유가족들은 그들이 지을 수 있는 가장 슬픈 표정을 짓고 있을 것이다. 눈물을 쥐어짜 내는 그들의 찡그려진 눈꺼풀을 보며 나는 그 눈물이 자신이 슬픔을 표현하기 위해 선택된 도구일지, 아니면 우연한 범죄로 인해 가족을 잃은 자신의 비운을 자위하기 위한 목적일지를 판단하려 애를 썼다. 그중 어떤 것이든 죽은 여자와는 아무런 관련이 없는 것이겠지만, 어차피 사실은 여대생의 죽음과 유가족들의 눈물과 이를 보도하는 뉴스앵커의 목소리와 무차별한 사회범죄의 증가율이란 아무 관련이 없는 사실 아닌가. 여대생의 오빠는 목에 핏대를 세우며 다시 이런 일이 일어나선 안 될 것이라고 소리쳤다. 그러나 곧 뉴스의 하단부에는 그 여대생의 오빠가 이전에 행했던 소아성 범죄의 목록들이 인터넷에 도배되었다. 여당 소속의 여성 국회의원은 유가족보다도 더 슬픈 표정으로 눈물 흘리며 흰 국화 한 송이를 여대생의 영정 사진 앞에 바쳤다. 아직 이름이 밝혀지지 않은 이 살인마가 첫 번째 살인을 저지르던 날의 뉴스를 나는 그녀와 함께 보았다. 살해당한 여대생이 살았던 마을의 한 중년여성이 인터뷰하는 모습이 방송되었다. 중년의 여자는 무서워 길거리를 다닐 수가 없다고 말했다. 그녀의 무릎에 머리를 올린 채로 누워 뉴스를 보던 나는 피식 헛웃음을 흘리며 저런 여자는 아무도 성폭행하고 싶지 않을 걸 하며 그녀를 올려다보았다. 내 말에 대한 평가를 구하기 위해서였다. 그녀는 고개를 숙여 내 눈을 마주 보며 아무 말 없이 미소를 건넸다. 나는 역시 그렇지라고 지껄이며 채널을 돌렸다. 그러나 그 순간 그녀의 양 손목을 앞으로 향한 채 고개를 숙이고 걸어가는 나의 모습을 상상했을지도 모른다. 분명히 나는 가끔 그녀를 범하는 상상을 했으니까 말이다.

나는 그녀에게 고통을 주고 상처를 입히고 싶었다. 충동이 일어난 모든 순간 도덕이 내게 눈을 부라리지 않았다면 나는 기꺼이 그녀를 상처 입혔을 것이다. 그것은 어떤 좌절감에서 비롯된 충동이었다. 그녀에 대한 내 감정이 언어로밖에 전달되지 않는다는 것에 나는 좌절했다. 말에는 아무것도 없었다. 찬란한 붉음의 색채에서와 같은 강렬함과 아름다움도, 굉음의 폭발적인 파장도 없었다. 언어에는 힘이 없었고 그 자체 의미를 갖지 않는 단순한 전달자에 불과했다. 그녀에 대한 내 감정은 익사하는 순간에 숨이 막히는 것과 같이, 가장 독한 술을 넘겨 혀뿌리가 마비될 것 같은 것과 같이 숭고하게까지 느껴지는 강도를 가지고 있었다. 그러나 그녀에게 아무리 많이, 그리고 아무리 가장 달콤한 목소리로 마음을 전한다

해도 내 마음의 강렬함은 흡족할 정도로 전해지지 않을 것이 분명했다.

거실에는 오디오의 음악과 텔레비전의 잡다한 소리가 한 데 뒤섞인 소음이 가득했다. 나는 다시 채널을 돌리기 위해 리모컨을 꾹꾹 눌러댔다. 지직거리는 소리를 내며 몇 번인가 채널이 돌아갔다. 고등학생을 위한 과학탐구영역의 강의를 하는 강사의 얼굴이 사라지고 탐욕스럽게 어린 병아리의 목을 물어뜯는 사자의 벌건 아가리가 나왔다. 누런 이빨과 묽은 침이 뚝뚝 떨어지는 커다란 입이 텔레비전 화면에 가득 차 있었다. 눈빛이 형형한 진짜 사자. 아니, 저게 진짜 사자가 맞을까? 화면의 좌측 상단에는 내셔널지오그래픽, '아프리카 사막 사자'라는 프로그램명이 검은 글씨로 박혀있다. 그런데 어째서 사막에 병아리가 있는 것일까? 아주 노랗게 보송보송한 병아리가 제 몸의 형태를 잃고 일그러진다. 입 주변에 온통 케첩 같은 피를 묻히고 병아리를 포식한 사자는 식사를 마쳤다는 듯 앞발을 들어 입가에 묻은 병아리의 피를 닦아낸다. 사자가 제 입가를 앞발로 닦아낸다? 재밌군, 재밌어. 사자의 갈기에는 병아리가 떨어트린 핏방울 몇 개가 맺혀있다. 나는 문득 발목의 생채기를 쓰다듬으며 여직 피가 나고 있는지 확인해보았다. 다행히 피가 굳어 암갈색의 기다란 상처가 되어 있었다. 입을 다문 피딱지를 툭툭 건드려보아도 쓰라리지 않았다. 상처는 지나치게 빨리 아물었다. 언젠가는 내가 발목을 베였다는 사실조차 기억나지 않는 날이 올 것이다. 그렇다면 쓰라림을 느꼈던 순간은 어디로 가는 것일까.

오래된 습관처럼 귓바퀴를 매만지며 리모컨의 버튼을 꾹꾹 누르다가 나는 소스라치게 놀라 다시 이전 채널을 돌렸다. 화면이 지직이는 것처럼 잠깐 지나갔지만, 그것은 아주 익숙한 얼굴이었다. 사막의 모래에 드러누운 사자의 엉덩이가 일그러지며 하나의 얼굴로 변했다. 흰 피부와

도드라진 광대, 곱슬머리 거리는 풍성한 머릿결, 사자의 그것처럼 흐트러짐 없는 눈을 가진 얼굴이다. 그녀의 얼굴이다. 나는 나도 모르게 텔레비전 앞으로 천천히 다가가 볼록한 화면에 손을 대고 그녀를 바라보았다. 오랜 시간 켜 둔 텔레비전의 화면은 그녀의 체온만큼 따뜻했다. 그녀가 입을 열어 무엇인가를 말하고 있었다. 하지만 오디오의 소음에 그녀의 목소리는 들리지 않았다. 이상하게도 그녀는 계속 나를 뚫어지게 바라보고 있었다. 아니다, 그녀는 단지 정면을 바라보고 있는 것이다. 하지만 그녀의 눈동자에 내가 비치고 있는 것 같았다. 나는 그녀의 눈빛이 두려웠다. 숨기지 않고, 감추지도 않고 정직하게 날 바라보는 곧은 시선에 식은땀이 났다. 나는 리모컨을 쥔 손가락을 꼼지락대며 채널을 돌릴까 고민했지만, 내가 이 시선을 피한다 하더라도 그녀는 아무런 선택도 없이 날 바라보며 이야기하고 있을 것이다. 내가 다른 것을 보고 있는 순간에도 내 등 뒤에서 여전히 내 얼굴을 바라보면서.

화면 속의 그녀의 움직임은 멈추어 있던 내 시간을 쥐었다가 천천히 풀어내길 반복했다. 나는 그때에서야 비단 지금의 영상뿐만이 아닌 모든 것이 그러했다는 것을 깨달았다. 내 일상의 시간은 과거에서 출발해 미래로 향하지 않았다 그녀의 흔적이 남아있는 모든 것들을 마주치는 순간 나는 그때로 돌아가 있는 듯한 환상에 사로잡혔고, 집에 흩어진 그녀의 물건들과 자취들은 내 일상을 늘 과거인 것으로 회귀하게끔 하여놓았다. 그 이상은 생각할 수 없었다. 내가 있어 지금 그녀의 행방이라든가 미래 그녀의 얼굴은 전혀 중요하지 않았다. 내 기억 속에 그저 그녀가 선명하게 남겨져 있다면 그것만이 만족스러웠다.

그녀에 대한 기억들은 조각난 채로 어느 것도 이어져 있지 않았고, 나는 굳이 그것을 전체적인 것으로 보고 싶지 않았다. 오히려 떨어져 나간

부분들이 내게 소중했고, 그 조각들을 상상을 통해 섣불리 연결짓는다면 기억에 어떠한 왜곡을 불러일으킬 수도 있을 것이기 때문에 나는 전체를 위해 내 빛나는 순간들을 함부로 훼손하고 싶지 않았다. 한편으로 그것은 부분들에 불과했기 때문에 내게 만족감을 주기도 했다. 기억 속에서 그녀는 어떤 인격적인 존재가 아니었다. 나는 그녀의 인간적인 어떤 반응과 삶을 감히 상상할 수 없었다. 점묘화법으로 그려진 그림을 지나치게 가까이에서 관찰하는 것처럼 그녀는 내게 있어서 그 선명하고 눈부신 노란색, 어떤 머릿결의 곱슬거림 같은 것으로 받아들여졌다. 나는 그녀의 검은 눈동자에 비친 내 얼굴을 보았고, 그녀의 손을 잡고 있는 내 손의 도드라진 핏줄을 보았을 뿐이었다.

나는 그녀가 무엇을 말하고 있는 건지 궁금했지만, 오디오의 볼륨을 줄일 수는 없었다. 그녀가 무슨 말을 하고 있는 것인지 아는 것이 두려웠다. 내 곁에서 떠나 텔레비전 속에 나를 보며 이야기하는 이유가 궁금한 만큼, 그것이 내게 가져다 줄 고통이 두려웠다. 나는 나 자신이 이별의 고통이라거나, 지나친 사랑의 감정으로 인한 집착을 오히려 스스로 종용하고 있다는 것을 이미 알고 있었다. 나는 그 두려움만큼의 거리를 유지한 채로 그녀를 바라보았다. 형형한 그녀의 눈빛은 이미 내가 가진 이와 같은 생각들을 알고 있다는 듯 조금의 웃음기도 없는 얼굴을 하고 입을 다물었다. 나는 그녀의 영상 앞에서 완전한 대상이 된 채 관찰당할 뿐, 그 밖의 무엇도 할 수 없었다.

늘 화면 속의 그녀와 같은 위치에 있는 것은 나였기에, 반대의 상황이 된 지금 나는 박탈감과 함께 알 수 없는 공포를 느꼈다. 난 언제나 내 스스로를 위장하고, 선택을 통해 내 삶과 시간을 재단해왔다. 그것은 잡을 수도 좌지우지할 수도 없는 시간과 세상에 대해 눈을 가린 권력이었다.

내가 선택할 수 있는 것이 아무것도 없다는 사실을 잊기 위해 나는 지나칠 정도로 어떤 표지를 찾고, 기억에 얽매이고, 내 스스로의 지금의 위치와 상황을 하나의 의미 속에 고정해왔다. 그러나 고정할 수 있는 것은 아무것도 없었다. 화면 속의 그녀는 허리를 곧게 펴고 날 똑바로 바로 보고 있었지만 나는 지금 그녀에게 어떤 것도 보여줄 수 없었다. 내 거짓 표정과 거짓 행동과 거짓된 말을 할 수 없었기에 나는 무력했다. 거짓말을 해야 한다. 그러나 난 당나귀처럼 귀를 늘어뜨린 채 그저 그녀의 선택을 바라볼 수밖에 없었다. 그 견딜 수 없는 공포에 내 입에서는 의미 없는 말들이 흘러나왔다. 나는 그녀를 향해 악을 쓰고 소리를 질렀다. 거짓말을 해야 한다. 내가 지르는 음성들이 거짓말이 되길 간절히 바라면서 나는 소리를 질렀다. 이 절규는 아주 고통에 가득 찬 절규이다. 의미가 있다. 여기에는 끔찍한 분노와 고통이 있다. 더 크게 소리를 지르는 것은 더 큰 감정의 고양을 담아낼 것이다. 그러해야만 한다. 의미가 멈추어선 안 된다. 크게 벌린 입으로 비명을 지르자 얼굴은 온통 눈물과 침으로 범벅이 되었다. 땀으로 흥건해진 몸에 옷들이 축축하게 달라붙어 왔다. 절규가 흐느낌이 되지 않도록 의식해가며 나는 내가 낼 수 있는 가장 큰 소리를 질렀다. 목이 말라 아파져 왔다. 그러나 그녀는 여전히 무표정한 얼굴로 날 응시하고 있었다. 나는 결국 어떤 행동도 하지 못하고 있었던 것이다.

그 순간 툭 하는 소리와 함께 텔레비전 속 그녀의 얼굴이 일그러지더니 까맣게 사라졌다. 정전이 일어난 것일까, 오디오에서 나오던 여가수의 목소리도 더 이상 들리지 않았다. 오디도 소리까지 멎자, 문득 아무 소리도 들리지 않았다. 남은 것 거친 내 숨소리뿐이었다.

깨진 유리 조각에 긁힌 발목의 상처가 아려왔다.

당선

제1339호 10월 11일 월요일

2010 가람이병기청년시문학상·최명희청년소설문학상 : 대학부 시

신거미인간

· 이서령 (서울예전 1학년) ·

재건축현장, 나는 오늘도 공중의 길을 아슬히 밟는다
나는 발이 아닌 손으로 철근과 철근 사이를 누빈다
빨간 장갑 속에는 끈끈한 거미줄이 숨겨져 있을 터,
하루종일 공중에 바리케이드를 치듯이
나는 『삼성 건설』 로고에 불이 켜질 때까지 내려오지 않는다
나는 철근으로 건물들이 입을 속옷을 짜는 거미인간
펌프카 돌아가는 소리와 레미콘이 지르는 비명소리와
한 조가 되어 하늘을 팽팽히 잡아당기며 집을 짓는다
나는 허공에 숨어 있는 별자리를 생각하며
잠시 과일박쥐가 되어 세상을 거꾸로 바라보기도 한다
그때마다 바람이 내가 내딛는 길을 슬며시 지우지만
내 눈 속에 걸려든 풍경들은 하나도 지우지 못했다
어제는 보험금 때문에 이곳에서 한 사내가 떨어졌다지,
쿵! 하고 머리통이 수박처럼 갈라졌다는데
그러나 그 사건은 이곳의 사소한 일상일 뿐이다

나는 건물의 척수를 생각하며 바람의 틈새를 엮는다
나는 강철 거미, 신거미인간으로 진화를 꿈꾼다
공중의 건축술은 나를 삶으로부터 지탱하는 힘이다
나는 날개가 없어도 새떼들보다 공중을 잘 걷는다
그물 무늬를 짓지 못하는 대신 쇠파이프로 강철 집을 짓는다
오늘도 등허리를 적시는 땀 냄새는 나의 영역을 표시하는 지도가 된다

바닥

· 정선아 (전남여고 3학년) ·

제 갈 길 찾는 발걸음들이 분주한 사거리
신호등 옆에 멈춰있는 구두수선 집
그 속에 하루종일 벤치처럼 앉아있는 김 씨가
손바닥만 한 여름을 내다본다
고층 건물처럼 이어지는 가로수들
제 잎들끼리 부딪쳐 여린 이파리들을 떨궈낸다
바닥을 아는 사람들은
제 밑창이 헐 때까지 바닥을 밟는다
사람들의 밑창을 갈아주는 김 씨는
다 닳아빠졌던 제 밑창을 기억할까
잦은 회식 자리에서 부장의 바닥이 되고
아이들의 웃음소리에 가장의 바닥이 되던
느지막이 풍경을 바라본 김 씨는
가만히 눈을 감아본다
떨어진 이파리들을 한 번 휘감고 온 바람이

선풍기 바람보다 한결 낫다
퇴근길로 붐비는 사거리
희미한 낮달이 비추는 바닥을
아무도 쳐다보지 않았다

가람이병기청년시·
최명희청년소설문학상

•

2009~2017

침

· 이은선 (중앙대 문예창작학과 1년) ·

후텁지근한 바람이 마당을 가로지른다. 숨을 들이쉴 때마다 더운 숨이 가득 차 머릿속이 아찔하게 울려 퍼진다. 프라이팬에 달궈진 것처럼 모래알갱이들이 튀어 오른다. 부러져 나뒹구는 나뭇가지들이 뜨거운 햇볕에 금방이라도 바스러질 것 같은 날씨다. 감각이 무딘 왼쪽 다리를 질질 끌며 걸어보려 애쓴다. 운동화 자국이 힘없이 주저앉는다. 문간에 매어놓은 흙투성이 똥개가 혀를 한 뼘이나 내밀고 헉헉거리며 나를 지켜보고 있다.

오른쪽 다리로 땅을 단단히 딛고 손으로 왼쪽 다리를 받친다. 나는 몸을 지렁이처럼 흔들며 꿈틀꿈틀 마당을 가로지른다. 녹이 슬고 칠이 벗겨진 대문 손잡이를 힘겹게 밀친다. 쉰 발짝쯤 떨어진 길모퉁이는 내가 아는 세상의 끝이다. 나는 지금껏 모퉁이를 벗어나 본 적이 없다. 어느새 다가온 똥개가 긴 혀로 내 다리를 핥는다.

"손님 배웅해 드려라."

방울 종이 울리고 이어 아버지의 묵직한 저음이 마당을 가른다. 나는 다리를 끌며 다시 안마당으로 돌아온다. 양복을 깔끔하게 차려입은 남자가 방 안에서 나온다. 스물 대여섯 살쯤 되었을까. 남자는 넥타이로 꽉 조인 목을 좌우로 몇 번 움직인다. 남자가 목을 움직일 때마다 두둑 거리는 소리가 들려온다. 문간의 개가 남자를 향해 짖는다. 컹컹거리는 소리를 듣고 있자니 목 뒷부분이 빳빳하게 굳어지는 것 같다.

“저기, 골목을 돌아서 쭉 걸어나가시면 역이 나와요.”

다리에 와 꽂히는 남자의 시선을 외면하며 늘 하던 말을 주절거린다. 남자는 알고 있다는 듯이 고개를 끄덕이며 웃는다. 남자가 웃을 때 보이는 여덟 개의 치아가 정갈해 보인다. 남자는 무슨 생각을 했는지 지폐 몇 장을 꺼내 내 손에 쥐여준다. 땀에 전 지폐의 눅눅한 느낌이 남자의 눈길 같다. 남자의 눈길에 온몸에 있는 털끝이 바짝 선다. 남자는 서류가방을 고쳐들며 대문을 나선다. 남자의 와이셔츠 사이로 언뜻 보이는 시계가 햇빛에 반사된다. 나가는 남자의 뒷모습, 특히 남자의 다리를 한참이나 바라본다. 남자의 걸음은 경쾌하고 가볍다.

남자가 대문을 나섬과 동시에 개의 컹컹대던 소리도 잦아든다. 주머니에 넣어놨던 초콜릿을 꺼내 개에게 던진다. 개는 자신에게 독이 되는지도 모르고 열심히 초콜릿을 핥는다. 더운 열기에 초콜릿이 녹아 모래알과 엉킨다. 개의 입속으로 진득한 초콜릿과 함께 모래알도 섞여 들어간다. 바라보는 것만으로도 목구멍이 텁텁하게 막혀온다. 오늘따라 오른쪽 다리가 묵직한 게 저녁쯤이면 날이 흐려질 것 같다.

몇 주 전, 개 한 마리가 대문 앞에 서성거리고 있었다. 누런 털에 잿빛 무늬가 섞인 종류조차 알 수 없는 잡종이었다. 먹다 남은 밥을 몇 덩이 던져주고 문을 닫으려는데 개가 앞발로 대문 사이를 긁어댔다. 자세히 보니 개의 앞발톱이 모조리 빠져있었다. 병에 걸렸거나, 아니면 개 주인에게 학대를 받은 것 같았다. 발톱이 빠진 자리에는 진득한 딱지가 붙어 있었다. 개의 딱지 부분을 살살 만지자, 개는 혀를 내밀어 손등을 핥았다.

아버지는 개가 집안으로 들어오자 좋아하는 눈치였다.

"저 녀석 키우자. 내가 눈이 안 보이니 밥은 네가 챙겨주고 나는 놀아주면 어떻겠니. 마침 적적하던 참이었는데 잘 됐구나."

개는 아버지와 나를 잘 따랐다. 가끔 아버지와 대문 앞을 산책하기도 했다.

개가 가는 곳은 딱 모퉁이 까지다. 무슨 이유에서인지 모퉁이가 다가오면 더 이상 벗어나지 않는다. 아버지 또한 모퉁이를 벗어나지는 않는다. 개는 밥값을 하겠다는 듯 손님들이 침을 맞으러 오면 크게 짖으며 존재를 알린다. 개 짖는 소리는 아버지가 나를 부를 때 흔드는 방울 소리처럼 우리에게 손님을 알리는 역할을 한다. 개가 심하게 짖을 때마다 이웃집 파마머리 여자가 찾아와 잔소리를 늘어놓고 가는 것도 개가 생긴 이후 바뀐 모습이다.

딸랑. 아버지가 방울을 흔든다.

좁은 마루에 엉덩이를 올려놓은 뒤 왼쪽 다리를 끌어 올린다. 3센티미터가 될까 말까 한 문턱인데도 왼쪽 다리는 늘 이곳에서 길을 잃는다. 오른쪽 다리로 몸의 중심을 이동한 뒤에 왼쪽 다리를 끌어당긴다. 힘겹게 문턱을 넘자 형광등 불빛을 등지고 앉은 아버지의 구부정한 등이 보인다. 아버지가 침통을 건네며 입을 연다.

"미안하다."

손님이 가면 침통을 정리하는 것도 내 몫이다. 날카로운 침 끝이 형광등 불빛에 빛난다. 나는 눈을 가늘게 뜨고 머뭇거린다. 하얀 수건 위에 놓인 침들이 금방이라도 내 눈으로 날아와 박힐 것만 같다. 내가 한참이나 침을 바라보고만 있자 아버지는 미안하다, 라며 입버릇처럼 하던 말을 반복한다. 괜찮아요. 나 또한 기계적으로 대답한다.

아버지는 침을 놓기 위해서는 모퉁이가 필요하다고 했다. 기와 기가 충돌하는 부분에 모퉁이가 생기는데 그 부분에 침을 놓는 것이라고. 눈이 보이지 않는 아버지는 오직 손끝의 감각에만 의존해 침을 놓았다. 뭉툭하고 거친 손으로 환자의 몸 구석구석을 짚어가며 혈을 찾았다. 입소문을 듣고 멀리서 찾아오는 손님도 간혹 있었다.

아버지의 손이 환자의 몸을 누빌 때마다, 내 왼쪽 다리는 간질 환자처럼 시도 때도 없이 발작했다. 앙상한 왼쪽 다리가 의지와 무관하게 떨릴 때면 나는 겁에 질려 아버지를 찾았다. 아버지, 다리가 이상해요. 다리가 또……. 아버지는 그럴 때면 날카로운 침을 다리에 찔렀다. 순간의 따끔함이 다리에 와 닿고 나면 다리는 이상할 정도로 잠잠해졌다. 침은 깊숙이 들어가지 않았다. 늘 피부 겉에서만 맴도는 느낌이었다.

아버지, 왜 침을 깊숙이 놔주지 않으세요? 깊숙이 놓으면 다리가 계속 떨리지 않을 것 같은데. 내 말에 아버지는 또다시 모퉁이 얘기를 꺼냈다. 혈을 찾아야 한다. 사람 몸속에 돌고 도는 기의 모퉁이를 찾아야 침을 놓을 수 있는데, 네 다리는 모퉁이를 찾을 수 없다. 아버지는 언제나 고개를 가로저었다. 아버지, 그건 아버지가 모퉁이를 본 적이 없어서 그래요. 아버지에게 소리쳐 말하고 싶었다. 평생을 할아버지가 물려준 구옥에서 살아온 아버지는 대문 밖, 모퉁이 밖 세상을 알지 못했다.

아버지가 내게 침을 놓을 수 없다고 말했던 날, 나는 아버지의 침으로 있는 힘껏 내 다리를 찔렀다. 가늘어서 휘어질 것만 같았던 침은 올곧게 살갗을 파고들었다. 휘어지지도 않은 채 깊숙이 살에 박힌 침 끝이, 살짝 열어 둔 창문으로 들어온 바람에 휘청거렸다. 어릴 적 가지고 놀던 장난감처럼 이리저리 휘어지며 균형을 잡는 침을 보며, 아픔보단 눈에 보이는 것에 대한 두려움이 더 컸다. 난생처음 느껴보는 고통에 몇 초간은 비명조차 내지를 생각도 하지 못했다. 한참 후에야 온몸이 닭살이 돋는 것을 느끼며, 발가락 끝이 의지와는 상관없이 말려 들어가는 것을 보았다. 식은땀이 흐르는 등위로 달라붙는 공기조차 거슬렸다. 고통이 가시고 가쁜 숨을 몰아쉴 때쯤이야, 목구멍으로 비명이 터졌다.

내 옆에서 하얀 내의를 입고 잠자던 아버지는, 내 비명에 보이지도 않는 눈을 크게 뜨며 무슨 일이냐고 다급하게 물었다. 아버지처럼 눈을 감고 몸속의 모퉁이를 찾았어요. 혈관이 흐르는 부분을 짚고, 그것이 꺾이는 부분에 침을 꽂았어요. 아버지, 그런데 다리가 이상해요, 아버지. 식은땀을 흘리며 소리를 질렀다.

컹컹 짖는 개 때문에 정신이 번쩍 든다. 옆집 여자가 치마를 펄럭이며 대문으로 들어선다. 여자는 항상 싸구려 파마머리를 손가락 끝으로 꼬며, 하찮은 생물을 보듯이 나를 훑어본다. 내게 잔소리를 늘어놓음으로써 제 존재 이유를 찾으려는 것처럼. 여자의 눈빛을 온몸으로 받자면 왠지 모를 수치심이 든다.

"이봐, 어째 말을 해도 못 알아들어. 개가 짖게 내버려 두면 어쩌자는 거야. 내가 저번에도 말했지? 딱 보니까 학생 같은데 학교도 안 가? 이 동네가 조용하다고 해서 이사 왔더니 이게 뭐야. 개 관리 좀 똑바로 해. 한두 번도 아니고 시끄러워 죽겠어. 아주"

여자가 따발총처럼 쏘아붙인다. 나는 버릇처럼 몸을 웅크린다. 여자는 퍼부어댄 것으로도 부족해서 한참이나 집을 둘러보며 나갈 생각을 하지 않는다. 여자의 눈이 집 구석구석에 닿는 것을 보니, 아버지와 나의 살림살이를 가늠하는 것이 분명하다. 아무튼, 조심하라고. 알겠어? 안 그러면 나도 가만 안 있어. 뭐 이웃 사이에 똥개 하나로 다투진 않았으면 좋겠네.

여자의 치켜 올라간 눈꼬리에 침을 놔주고 싶다는 생각이 든다. 그러면 여자의 눈도 부드러워지지 않을까. 아버지가 환자의 눈 근처에 침을 놓던 것을 본 적이 있다. 눈 옆의 얇은 살점을 살짝 집어, 가장 작은 침으로 겉 피부에 사선으로 침을 꽂았다. 주머니 속에 아버지 몰래 숨겨둔 침을 만지작거린다. 내가 만약 여자에게 침을 놓더라도 여자는 늘 그랬듯이 불쾌한 눈으로 나를 바라볼 것이다.

내 손으로 침을 깊숙이 찔러 넣던 날을 기억한다. 얇은 침이 살갗을 천천히 뚫고 들어올 때. 다리 안에서 무언가 탁 터지는 느낌이 들었다. 나는 아버지를 부르며 쓰러졌다. 쓰러지기 전 본 것은 창문 너머로 희미하게 새어 들어오는 불빛이었다. 불빛은 다리에 꽂힌 은침을 반사했다. 의식을 잃기 전 마지막으로 본 아버지는 허공에서 손을 저으며 나를 찾고 있었다.

다음 날 눈을 뜨자, 왼쪽 다리는 감각이 없었다. 아버지의 눈 대신 발달한 귀는 내 작은 뒤척임을 눈치채고 손을 잡아 왔다. 미안하다. 뜻밖의 말이었다. 도대체 뭐가 미안하다는 건지 어린 나는 알 수 없었다. 몸을 일으키려 했지만, 묵직한 것에 눌린 듯 쉽게 일어날 수 없었다. 전날의 통증을 비웃기라도 하듯 왼쪽 다리는 아무 감각이 없었다.

바지를 걷어 올리자 붉은 반점들이 다리 곳곳에 퍼져있었다. 모래알갱이처럼 자잘한 반점들이 붉게 터진 곳마다 푸른 점도 생겨났다. 괜찮아요, 아버지. 오른쪽 다리에 힘을 주며 자리에서 일어났다. 한쪽 다리에만 힘을 주니, 갑자기 놀란 근육들이 경련을 일으켰다. 빳빳하게 굳어지는 허벅지 근육을 무시하고 앞으로 걸어나갔다.

문턱에 왼쪽 다리가 부딪쳐도 아무런 느낌이 들지 않았다. 아버지에게 괜찮다는 걸 보여주기 위해, 나는 걷고 또 걸었다. 바닥에 쓸린 발등이 터져 피가 맺히고, 찢어져도 걸었다. 아버지는 아무것도 볼 수 없었다.

밥통을 열어 남아있는 밥을 확인한다. 누렇게 뜬하고 마른 밥알들이 밥통 주위에 지저분하게 붙어 있다. 엄마가 어느 날 갑자기 사라진 후로 끼니때마다 밥상을 차리는 것은 자연스럽게 내 몫이 되었다. 다리가 휘어진 소반 위로 반찬들을 하나씩 얹는다. 무말랭이가 제멋대로 그릇 안에서 휘어져 있다. 숨죽은 나물들을 뒤적여 대충 접시에 옮겨 담는다. 소반은 몇 개 되지도 않는 그릇을 버티는 것도 힘든지 몇 번 휘청인다. 수저를 놓으려 할 때, 누군가 대문을 두드리는 소리가 들린다.

몸을 이끌어 대문 가까이 가기도 전에, 나이 든 여자와 휠체어를 탄 노인이 마당으로 들어온다. 중년의 늙은 여자는 내가 무슨 일이냐고 묻기도 전에 손을 들어 내 볼을 내려친다. 다리가 마비된 이후로 오랜만에 느껴 보는 고통에 숨이 순간 막힌다. 볼이 팽팽하게 부풀어 오르는 것이 느껴진다. 거칠게 숨을 몰아쉬자, 여자는 벌레 보는 듯한 시선을 보내더니 아버지를 찾는다. 여기, 이 양반 침놔준 새끼가 누구야? 당장 나오라 그래.

낯선 여자의 날카로운 목소리가 온 집안을 갈라놓을 듯이 울린다. 개가 미친 듯이 짖기 시작한다. 아버지는 뱀이 기듯이 방바닥을 더듬는다. 뒤뚱거리는 다리를 좀 더 빨리 움직여 아버지를 부축한다. 아버지의 늘어진 팔 사이로 내 어깨를 밀어 넣고, 아버지를 문턱 사이로 끌어내린다. 여자는 기가 찬 듯이 아버지를 위아래로 훑는다.

"뭐야, 이거 앞도 안 보이는 병신 아냐? 앞이 안 보이면 침을 놓지 말던가. 도대체 어떤 새끼가 환자를 이따위로 만들었나 싶어서 왔더니만, 이건 웬 병신 둘밖에 없네. 이 새끼야. 너 자격증은 있어? 너 내가 신고하면 어떻게 되는 줄 알아?"

아버지는 죄송하다고 말하며 손을 모아 싹싹 빈다. 아버지의 맞붙은 손 사이에도 침이 있을 것만 같다. 여자의 가지런히 정리된 손톱이 보인다. 굳은살은 하나도 없는 매끈한 여자의 손과 내 손을 비교해본다. 나는 옷소매를 길게 잡아당겨 내 손을 감춘다. 여자는 긴 손톱 끝으로 아버지를 툭툭 밀며 어떻게 할 거냐고 묻는다. 아버지의 고개 숙인 목덜미 사이로 잔주름들이 보인다. 아버지가 고개를 조아릴수록, 잔주름들은 서서히 펴진다.

"우, 우, 우……."

노인은 양 끝이 비뚤어진 입으로 말을 하기 위해 노력한다. 노인의 주름 사이로 잔뜩 핀 검버섯들이 입을 씰룩일 때마다 모습을 감춘다. 색이 죽은 검은 손톱을 이리저리로 움직여가며 무엇인가를 가리킨다. 노인의 손끝은 아버지의 옷자락을 가리키고 있다. 옷자락에 아버지가 자주 쓰는 은빛 침이 잘못 꽂혀 있다. 잡는 부분이 두툼하게 되어있는 중지 손가락 길이의 얇고 가는 은침.

팔소매에 꽂힌 침이 아버지의 살을 찌를 듯이 위태롭게 흔들거린다. 침을 뽑자, 제법 따뜻한 온기가 느껴진다. 아버지의 옷에 꽂힌 시간이 꽤 오래된 것 같다. 아버지가 이런 실수를 할 리가 없는데. 뭔가 이상하다는 생각을 하며 주머니에서 흰 모시 수건을 꺼낸다. 침을 닦거나 보관하는 수건 끝부분이 누렇다. 아버지가 눈이 보인다면 분명 잔소리를 했을 거로 생각하며 침을 모시 수건 중간 부분에 꽂는다. 질기게 얽힌 모시 수건 가운데를 침으로 뚫자, 핏줄을 끊는 것 같은 느낌이 든다.

"죄송하면 다야? 이런 병신 같은 새끼들은 다 없어져야 돼."

여자가 한바탕 소리를 지르더니 제멋대로 방으로 들어간다. 들어가면 안 돼요. 여자를 말리려 하지만 막을 수가 없다. 휠체어를 탄 노인이 내 손을 잡는다. 노인은 잔뜩 썩은 이를 보이며 웃는다. 비뚤어진 입에서 악취가 새어 나온다. 휠체어에 앉은 모습과는 대비되게 기름을 발라 얌전히 쪽 진 머리를 한 노인은 여자의 행동을 멍하니 웃으며 바라보고 있다.

모시 수건에서 침을 뽑는다. 나는 침으로 가만히 여자가 사라진 방안을 겨눠본다. 침을 거둬낸 모시 수건 자리는 올이 늘어나 구멍이 조금 커져 있다. 그 부분을 손끝으로 살살 문지른다. 수건의 구멍은 손끝이 닿을 때마다 서서히 돌아온다. 내 다리도 아버지가 다시 만진다면 예전처럼 돌아올 수 있지 않을까.

아버지 몰래 몸에 늘 지닌 긴 침은 약간만 힘을 줘도 휘어지는 약한 것이지만 사람의 살 속에 닿는 순간 그 어떤 것보다 단단해진다. 그래서 침을 배우고 싶었다. 다리 병신이라고 놀림 받는 나를 지켜줄 수 있는 유일한 것. 하지만 번번이 아버지는 내게 침을 놓는 방법을 알려줄 수 없다고 했다. 정확한 이유조차 알려주지 않은 채 무조건 아버지는 안 된다고만 말했다.

눈 병신보다 다리 병신이 낫지 않겠냐고 말해도 아버지는 말없이 소독약품으로 침을 닦아냈다. 흰 수건에 소독약을 묻혀 침 끝으로 닦아내는 아버지의 모습은 마치 검을 닦아내는 무사 같았다. 그날 저녁, 아버지 몰래 서랍 속에서 침통을 꺼냈다. 침 중에서 가장 길고 날카로운 침. 침을 갖고 있는 것만으로도 강해지는 기분이었다.

모시 수건에서 뽑아낸 침 끝을 살살 문지른다. 검지로 침 끝을 툭 쳐내자 빙그르르 돌다 멈춘다. 바라보는 것만으로도 아찔해져 금방이라도 침을 떨어트릴 것만 같다. 몸 안으로 돌고 있는 피가 온통 머리로 쏠린 기분이다.

방안을 휘젓던 여자가 마당으로 나선다.

"이 양반 어쩔 거야, 어? 얼마 전까지만 해도 멀쩡했는데 여기서 침 잘못 맞고 난 뒤로 다리가 병신 됐잖아. 경찰 부르기 전에 원래대로 해 놔."

죄송합니다. 보상은 어떻게든……. 여자는 아버지의 말을 다 듣지도 않은 채, 건물 뒤로 돌아간다. 무엇을 찾기보다는 한바탕 시위를 하고 있다. 여자의 무게를 앙상하게 버티고 있는 하이힐의 굽이 마당 흙 사이사이로 깊숙이 들어간다. 정장스커트를 입은 여자의 다리는 주사라도 맞았는지 곳곳이 울퉁불퉁하다. 여자의 다리를 본 뒤 자연스럽게 내 다리를 보게 된다. 멀쩡한 오른쪽 다리와는 달리, 뼈만 앙상하게 남아있는 왼쪽 다리는 시간이 지날수록 더 야위어 가는 것 같다.

아버지가 주머니에서 구깃구깃한 지폐를 되는대로 꺼낸다. 아침에 젊은 남자가 쥐여주고 간 돈이다. 돈을 낚아채더니 여자는 황소처럼 숨을 씩씩 내쉰다. 오늘은 일단 이 정도로 하고 내일 남편이랑 다시 올 거야. 불쌍한 노인네 치료해준답시고 눈도 안 보이는 병신이 이리저리 찌르기나 하고. 당신 이게 얼마나 잘못된 일인지 알아? 신고는 안 할 테니까 고마운 줄 알아.

아버지는 여자의 목소리가 들리는 쪽으로 몸을 향해 고개를 숙인다. 여자는 아버지의 깔끔하지 못한 옷차림을 비웃기라도 하듯 훑어보고는 노인이 앉아 있는 휠체어를 민다. 노인은 밖으로 나가기 전 고개를 돌려 나를 바라본다. 노인의 손이 허공을 향해 뻗다 내 다리와 아버지의 눈을 차례로 가리킨다. 그러고선 다시 한번 입술 끝을 살짝 말아 올려 치아를 보인다. 잔주름들이 노인의 썩은 이를 삼킬 것 같다.

아버지는 여전히 두 손을 가지런히 모은 채로 여자와 노인이 있는 곳을 향해 서 있다. 노인은 여자에게서 등을 돌려 아버지에게 무엇을 말하려는 듯이 입을 벙싯거린다. 아버지의 반쯤 감은 두 눈이 노인을 향하고 있는 것만 같은 착각이 든다. 여자가 대문을 빠져나갈 때 개는 더욱 발작적으로 짖는다. 이웃집 파마머리 여자가 빼꼼 고개를 들이밀며 대문에 모습을 드러낸다. 여자는 개에게 발길질을 해대며 모퉁이를 돌아간다.

이웃집 여자가 개에게 먹을 것을 던지는 게 보인다.

아버지를 방으로 부축한 뒤 주방으로 향한다. 마당과 바로 이어진 주방에 햇볕이 스며든다. 햇볕이 강해지는 걸 보니 정오가 가까워져 오는 듯하다. 늦은 아침을 마저 준비하려 반찬을 뒤적인다. 며칠 동안 아버지가 매번 끼니를 거른 게 생각난다. 탁, 무언가에 걸리는 소리가 나고 아버지가 더듬거리는 손으로 바닥을 짚으며 주방과 연결된 방문을 열고 나온다. 아버지의 다리가 조금씩 떨리는 것이 보인다.

"아버지, 종을 울리지 그러셨어요. 어디 가시게요?"

"밖에를 좀 다녀와야겠다."

"식사는요?"

아버지가 힘없이 대꾸한다.

"밥맛이 없구나. 개에 목줄을 씌워 내 손목에 묶어줘."

아버지가 오늘은 모퉁일 벗어날 수 있을까. 다리를 끌며 천천히 마당으로 나선다. 닳아진 운동화 뒤축 때문에 모래들이 아버지의 양말 사이로 들어간다. 방금 전까지 사납게 짖던 개가 얌전히 내 손을 핥는다. 개의 주둥이에서 썩은 냄새가 진동한다. 나는 혼자 웅얼거린다. 아버지, 이 개는 안내견도 아닌 걸요. 그냥 지나가는 똥개에요.

주춤거리며 다가온 아버지가 내게 무언가를 건넨다. 아버지가 머리맡에 두고 쓰는 한 뼘쯤 되는 침통이다. 할아버지가 남긴 유품이라고 했다. 앞도 못 보는 자식이 침은 배워 무엇 하냐며 한사코 말리다가 죽기 직전 아버지에게 주었다던 나무로 된 상자는 네 귀퉁이가 다 닳아있다. 상자를 벌리자 긴 침들이 오순도순 키 재기를 하고 있다.

아버지가 무겁게 입을 연다.

"침 중에서 나는 치 육 푼을 제일로 친다. 침 중에서 두 번째로 긴 침인데, 가장 효과도 크고 길이도 적당하다. 침을 놓을 때 가장 중요한 것이 기의 교감임을 잊지 말아라. 환자의 기와 내 기가 맞닿았을 때 비로소 침에 생명이 깃든다."

그래요. 그렇게 제 다리에 침을 놓아주시지 그랬어요. 왜 제 다리를 펴주지 못했나요. 목소리만 목구멍에서 맴돌 뿐 말은 입 밖으로 나오지 않는다. 엄지손가락으로 침통을 몇 번 문지른다. 침통은 나무 코팅이 벗겨져 미끄럽다. 나무의 결이 손끝으로 고스란히 느껴진다. 내가 침에 손을 대는 것을 싫어했던 아버지가 왜 나에게 침을 넘겨주는 건지 이해할 수가 없다.

아버지는 주로 한 침을 이용했다. 한침은 침 한 개만으로 적합한 혈 자리에 침을 놓아 마비나 통증을 치료하는 일침 법이다. 아버지는 굵은 침을 이용하여 투침법으로 자침을 하고 싶어 했다. 한 번에 자극을 가해서 신경을 소통시키는 투침법은 효과가 가장 크지만, 그만큼 위험한 침법이었다. 아버지는 투침법을 완전히 익히기 위해 주로 나에게 침을 놨다. 처음 몇 번은 아무 일 없이 지나갔다. 하지만 몇 번쯤 놨을까. 갑자기 시큰한 감이 다리 전체에 퍼지더니, 뼈가 시려 왔다. 아마도 투침법의 특성상 장기가 있는 쪽으로 잘 휘어지는 침 때문인 듯했다. 시린 증상은 잘 개선이 되지 않았다. 아버지가 보지 않을 때면, 나는 은빛 침들을 꺼내 내 다리에 마구 찔렀다. 그때마다 왼쪽 다리의 신경은 더 무뎌졌다. 그걸 안 아버지는 내 손에서 침을 빼앗았다.

"어디 다녀오게요?"

나는 하나 마나 한 질문을 던진다. 그래봤자, 아버지의 세계는 언제나 모퉁이까지다. 아버지는 걱정 어린 내 말을 무시한 채 개를 데리고 대문을 연다. 개가 네 다리로 아버지를 지탱한 채로 대문 밖을 나선다. 따라가볼까, 하다가 방으로 돌아와 티브이를 켠다. 티브이 속 연예인들은 모두 가지런한 여덟 개의 치아를 보인 채로 무엇이 그렇게 즐거운지 연신 웃는다. 나도 그들을 따라서 입꼬리를 바짝 당겨본다. 이불을 깔아놨던 바닥이 뜨겁다. 내 다리 때문에 늘 같은 온도를 유지하는 방 안이 이제는 지겹다.

티브이 속 여자들은 하나같이 긴 다리에 짧은 치마를 입고 네모난 칸 속에서 돌아다닌다. 쭉 뻗은 다리를 보여주고 있는 여자들을 보며 몸을 일으킨다. 머리가 아플 정도로 울리는 나프탈렌 냄새가 가득 밴 장롱 속을 연다. 귀퉁이가 닳은 장롱 맨 구석을 헤집자, 엄마의 옷가지들이 보인다. 잘 포개진 속옷부터 시작해서, 스커트까지. 무릎 정도 길이에 오는 스커트를 꺼낸다. 나프탈렌 냄새가 스커트에 배어 기분 나쁜 냄새를 풍긴다.

엄마에게선 로션 냄새가 났다. 남들 엄마처럼 짙은 화장품 냄새가 아닌. 은은하고 연한 로션 냄새. 방 안에 앉아 바느질하는 엄마의 품을 파고들 때면 늘 푹신한 이불에 들어가 있는 것 같았다. 엄마는 바느질을 수준급으로 잘했고, 동네에서 나름대로 유명한 한복집에서 바느질을 했다.

그리고 그대로 한복집 아저씨와 사라졌다. 모든 짐은 집에 놔둔 채로. 엄마는 늘 깨끗한 한복을 입고 싶어 했다. 자신이 입는 것이 아닌 남의 한복을 바느질하면서도 엄마는 늘 자신의 몸에 한복을 대봤다. 장담하건대, 한복집 아저씨와 사라졌을 때 엄마는 꽃분홍색 한복을 곱게 차려 입고 있었을 것이다. 엄마가 시집올 때조차 입지 못했던 그 한복을 길게 늘어뜨리고 길을 걸었을 것이다.

스커트를 들자, 오전에 찾아왔던 여자가 떠오른다. 여자가 입고 있던 검은 스커트도 이와 비슷한 디자인이었다. 여자의 스커트엔 나프탈렌 냄새 대신 향수 냄새가 배어 있었지만. 단추를 열고 서서히 스커트 사이로 다리를 집어넣는다. 처음 입어보는 옷에 낯선 흥분감이 든다. 옷은 맞춤이라도 한 듯 꼭 맞는다. 다리를 서서히 끌고 거울이 있는 곳으로 향한다. 묵직한 다리가 걸음을 옮길 때마다 듣기 싫은 소리를 낸다.

거울 속 스커트를 입은 내 모습이 낯설다. 왼쪽 다리는 가늘고 오른쪽 다리는 살갗이 다 터진 모습은 낯설지 않다. 왼쪽 다리는 아직도 붉은 반점들이 사라지지 않고 곳곳에 퍼져있다. 이리저리 몸을 돌려 거울 속에서 반점들을 없애본다. 아무리 몸을 돌려도 거울 속의 반점은 평생의 흉터처럼 사라지지 않는다.

스커트를 벗어 내리며 거울 밑을 보자, 침이 이리저리 흩어져있다. 손바닥만 한 길이부터 새끼손가락 길이까지. 아버지가 이런 실수를 하실 분이 아닌데. 열댓 개의 침을 차례로 침통 안에 넣는다. 어두운 침통 속에서 침만 빛을 모조리 반사한다. 깜짝 놀라 시계를 본다. 두 시간도 더 지났는데 아버지는 돌아오지 않는다.

컹컹, 개가 고통스럽게 짖는다.

모래알갱이를 밟는 소리에, 아버지인가 싶어 나간다. 돌아온 것은 아버지가 아니라 개다. 개는 목줄은 끊어버린 채로, 헥헥거리며 집 안으로 들어선다. 마당을 반쯤 오기도 전에 개는 자리에서 쓰러진다. 길게 내민 혀가 검은빛이다. 이상하다 싶어 왼쪽 다리를 끌며 걸음을 빨리한다. 아버지는 어디로 간 걸까. 왼쪽 다리의 묵직함이 더욱 심해진다. 마침 대문 열리는 소리가 들린다. 쇠끼리 마찰하는 소리가 썩 좋지만은 않다.

"선생님 안 계십니까"

아침에 보았던 남자다. 남자는 아버지를 찾으며 집안을 이리저리 훑어본다. 남자의 눈이 집 안을 차례로 훑고, 마지막으로 내게 다가왔을 때. 남자를 향해 고개를 끄덕인다. 네, 아버지 나가셨어요. 남자는 알았다며 등을 보인다. 달려가 멀쩡한 그의 두 다리를 감싸 안고 싶은 충동이 든다. 남자는 씩씩한 걸음걸이로, 그토록 멀게 느껴지는 모퉁이를 지나 서서히 작아지고 있다. 남자의 점은 점점 작아져 내 다리에 맺힌다.

개가 캐갱거리며 발작을 계속한다. 개는 다리를 떨며, 거품을 물고 혀를 길게 빼내고 있다. 혀가 축 늘어져 모래에 닿는다. 가까이 다가가자 잘게 돋아난 혓바늘이 개의 혀를 온통 감싸고 있는 것이 보인다. 개를 툭 건드리자 개는 무언가를 토해내는 듯 짖는다. 개의 입에 초콜릿을 갖다 댄다. 개는 의식을 잃어가는 와중에서도 천천히 초콜릿을 핥는다. 초콜릿의 달큰한 냄새가 내 콧속으로도 깊숙이 스며든다.

"어머 이 집 개 왜 이래? 죽었나 봐. 만날 시끄럽게 짖어서 경찰에 항의할 참이었는데 차라리 잘됐네 뭐."

옆집 파마머리 여자가 성큼성큼 다가온다. 여자는 나는 안중에도 없다는 듯 개 근처로 와 발끝으로 개를 툭 건드린다. 제법 자란 개의 까만 털이 여자의 발을 중심으로 뭉쳤다가 흩어진다. 개는 죽어가면서도 여전히 초콜릿을 핥는다. 여자가 떠든다.

"참 그거 들었어? 요즘에 경찰이 불법 의료시술 단속을 강화한다던데. 학생 아버지도 그런 일 하는 거 아냐? 조심해. 조심해서 나쁠 건 없지. 안 그래?"

여자는 말을 마치자마자 엉덩이를 신나게 흔들며 나간다. 여자의 치마 밑단이 뜯어져 있다. 다음에 우리 집에 다시 오게 된다면 바느질을 해주고 싶다. 주머니에 넣었던 수건을 꺼낸다. 하얀 모시 수건의 느낌이 까칠하게 다가온다. 나는 어느새 세 개의 침을 갖췄다. 아버지 몰래 가지고 있던 가장 긴 침. 아버지의 소매에서 뽑아낸 침. 그리고, 아버지가 주로 쓰는 치 육 푼.

세 가지의 침 중 치 육 푼을 꺼내, 개의 털끝에 가져간다. 치 육 푼은 가장 효과가 좋은 침이기도 하다. 검은 털을 헤집고 혈을 찾는다. 모퉁이가 생기는 그곳. 아버지처럼 눈을 감는다. 개의 앙상한 다리를 더 깊게 만질수록 맥박이 느껴진다. 무언가 딱딱하게 마주하는 부분이 느껴진다. 그곳에 힘껏 침을 꽂는다.

천천히 침을 집어넣을수록, 개는 잠잠해진다. 무언가 탁 걸리는 느낌이 들고, 개는 잠시 경련을 일으키다 움직임을 멈춘다. 마당에는 개가 토해낸 거품들로 인해 모래색이 조금 짙어져 있다. 침에 엉켜 헤집어진 모래가 잔뜩 뭉쳐있다. 개가 몸을 늘어뜨리면 트릴수록 나는 더 깊이, 깊고 은밀한 안쪽을 향해 침을 밀어 넣는다.

대문을 활짝 연다. 여전히 보이는 세상은 모퉁이가 전부다. 누군가 심어 놓은 호박 넝쿨이 담장을 따라 몸을 뒤척이고 있다. 비가 오려는지 먹장구름이 모퉁이 끝으로 음산하게 피어오른다. 때맞춰 왼쪽 다리가 신호를 보내듯 시큰시큰 울린다.

아버지는 어디로 갔을까. 대문에 걸터앉아, 아버지를 기다린다. 모시 수건을 꺼내 침을 빼낸다. 아버지 몰래 숨겨 다니던 침으로 손을 살짝 찔러본다. 빨간 피가 꽃처럼 손끝을 따라 피어난다. 핏방울은 모랫바닥에 떨어져 붉게 번진다. 지문 사이로 묻어나오는 작은 핏방울을 대충 모랫바닥에 문지른다.

모퉁이 너머로 그림자가 늘어진다. 지팡이도 없이 누군가 두 손을 허우적거리며 걸어오는 착각이 든다. 나는 모시 수건을 단단히 말아 주머니에 넣은 뒤, 오른쪽 다리에 힘을 준다. 두 손으로 왼쪽 다리를 잡아당기며, 있는 힘을 다해 모퉁이를 넘어선다. 검버섯 같은 구름이 모퉁이 근처까지 내려와 길을 지워버린다. 나는 걷는 것을 멈추지 않는다.

망원경

· 최은하 (고양예고 3학년) ·

아이는 커튼 사이로 망원경을 집어넣는다. 한쪽 눈을 찌푸리며 접안렌즈에 다른 쪽 눈을 갖다 댄다. 네모나게 잘 빠진 창문들이 즐비하게 들어차 있는 모습이 보인다. 창문을 통해 보이는 거실들 대부분은 불이 꺼져 있고, 불이 켜져 있어도 사람은 보이지 않는다. 그중 9층의 맨 끝에 있는 창문이 아이의 눈에 들어온다. 그 창문은 흔하디흔한 커튼도 블라인드도 달지 않은 집이다. 아이는 망원경을 좀 더 길게 뽑는다. 창문 속 풍경은 오래전 아이가 잃어버린 퍼즐 조각처럼 다른 창문들과는 동떨어져 보인다. 아이는 아, 탄식을 내뱉는다. 퍼즐 조각 속에는 벌거벗은 여자가 축 늘어진 가슴을 흔들며 방바닥을 닦고 있다.

형이 난데없이 망원경을 들고 온 것은 형이 사라지기 삼개월 전이었다. 형의 이름 앞으로 나무상자 하나가 배달되어왔다. 아이와 형은 조심스럽게 상자를 열어보았다. 그 속에는 후크선장의 것과 같은 망원경이 들어 있었다. 아이는 우와 소리를 질렀다. 금방이라도 만화영화 속에서 튀어나온 것처럼 망원경은 무척이나 근사했다. 대물렌즈를 두르고 있는 테두리는 번쩍이는 금테였고, 망원경 본체를 감싸고 있는 것은 커다란 용 무니였다. 형은 망원경을 들어 접안렌즈에 눈을 가까이 대었다. 주먹만 했던 방문의 손잡이가 달덩이처럼 크게 보였다.

"와, 짱인데."

형이 말했다. 아이는 침을 꼴깍 삼켰다. 아이는 형에게 망원경을 만져보고 싶다고 했다. 그러나 형은 들은 체도 하지 않았다. 망원경을 내려놓으면 잽싸게 들고튀어야지, 아이는 생각했다. 그러나 형은 망원경과 함께 사라진 지 오래였다. 아이는 우왕 울음을 터뜨렸다. 형이 망원경을 가져간 것이 약 올라서가 아니었다. 만져보고 싶다는 말 한마디 못해본 것이 허탈해 자꾸 눈물이 났다. 안방에 있던 엄마가 거실을 향해 소리쳤다.

"누구 있니!"

아이의 울음소리는 계속되었지만, 엄마는 거실로 나오지 않았다. 아이는 이제 울다 못해 악을 쓰기 시작했다. 거실에는 아이 혼자뿐이었다.

방에 들어간 형은 망원경으로 자신의 방을 둘러보았다. 벽지 속 꽃잎 하나는 활짝 펼친 우산처럼, 책상 위에 올려두었던 연필은 긴 장대 우산처럼 보였다. 그때, 누군가의 얼굴이 확대되어 렌즈 안을 가득 채웠다. 자신의 얼굴이었다. 어릴 적 자신은 카메라를 향해, 엄마와 아빠를 향해 활짝 웃고 있었다. 당장에라도 웃음소리가 날 것 같은 생생하고 커다란 미소였다. 무척이나 행복해 보였다. 형은 사진 속 아이를 따라 씁쓸하게 웃어보았다. 마음 한구석이 휑해졌다. 저 때가 좋았지……. 형은 생각했다. 그리고 한참이나 사진을 물끄러미 바라보았다.

아이가 망원경을 길게 뽑자 건너편 아파트의 803호에 사는 가족들의 모습이 보인다. 그들은 소파에 앉아 다 함께 TV를 보고 있다. 그리고 뭔가에 홀리기라도 한 듯 정신없이 웃고 있다. 아이의 입꼬리도 조금씩 올라간다. 그들의 모습이 무척이나 우스꽝스럽다. 그때, 어디선가 까르르 웃음소리가 들린다. 아이는 서둘러 방문을 열고 거실을 살핀다. 엄마가 소파 위에 앉아 발톱에 매니큐어를 바르고 있다. 엄마는 무언가에 집중할 때마다 혓바닥을 입술 사이로 내민다. 지금도 혓바닥을 내밀고 있다. 그런 엄마가 경쾌한 웃음소리를 냈을 리가 없다. 아이는 다시 방으로 들어간다.

형이 유치원에 다닐 때, 형은 엄마의 입술을 보기만 하면 까르르 웃었다. 엄마의 입술이 사람 똥구멍을 닮았다고 말이다. 그러면 엄마는 입술을 더 동그랗게 모아 내밀었다. 형은 숨넘어가게 웃어대었고 엄마는 형의 볼 위에 뽀뽀 했다. 형은 드러, 라고 소리쳤지만 계속해서 흘러나오는 웃음을 참지는 못했다. 옆에서 심각한 얼굴로 서류를 정리하던 아빠도 피식피식 웃었다.

형은 엄마의 무릎 위에 앉아 텔레비전을 보고 있었다. 텔레비전에서는 어떤 여배우가 명품 구두를 쓰레기 더미 속에 던지고 있었다. 우울한 배경음악이 집 안 가득 울려 퍼졌다. 엄마가 말했다.

"아무리 헤어졌어도 그렇지, 저 비싼걸."

식탁에서 영수증을 정리하던 아빠가 뒤를 돌아보았다.

"죽기 전에 저런 거 한 번이라도 신고 죽어야 할 텐데."

엄마의 시무룩한 말에 아빠의 인상이 팍 구겨졌다. 형은 엄마에게 똥구멍 입술을 보여 달라고 졸랐다. 엄마는 입술을 삐죽 내밀었다. 그러나 아빠의 표정은 여전히 어두웠다. 형은 부러 까르르 소리 내어 웃었다. 그러나 엄마도 아빠도, 따라 웃지 않았다. 아빠는 다시 고개를 돌려 영수증을 세었고 엄마는 계속해서 텔레비전을 보고 있었지만, 형은 어딘가 불편한 감정을 느꼈다. 형은 조용히 엄마의 무릎 위에서 일어나 자기의 방으로 들어갔다. 거실에는 여배우의 목소리만이 윙윙 울리고 있었다.

아이는 망원경을 이불 사이에 숨겨두고 거실로 나간다. 탁자에는 음식이 한가득 차려져 있다. 그러나 아이는 이것을 엄마가 차렸으리라고는 생각하지 않는다. 음식은 단골 가게인 한식 식당에서 배달해온 것일 터였다. 엄마는 많은 반찬 중 일주일 전 한 건강프로그램에서 그 효능을 소개했던 오이만을 골라 먹고 있다. 프로그램은 오이가 이뇨의 효과가 있어 다이어트에 좋다고 했다. 오이가 엄마의 입안에서 오도독오도독 잘게 부서진다. 저절로 인상이 찌푸려진다. 엄마의 입안에는 오이가 미어터질 정도로 가득 차 있다. 오이소박이가 놓여 있던 그릇은 새것처럼 깨끗해져 있다. 아이는 아, 탄식을 내뱉는다. 엄마는 음식을 먹는 것이 아니라 쓰레받기에 쓰레기를 담듯 그저 음식을 입안으로 쓸어 담고 있다. 아이는 자신의 앞에 놓여 있어야 할 밥그릇이 없는 것을 발견한다. 엄마의 빵빵한 볼때기는 금방이라도 터질 것 같다. 할 수만 있다면 검지의 손톱을 길게 길러 그 볼을 빵 터뜨려주고 싶다. 오도독, 오도독. 엄마는 열심히 입을 놀린다. 아이는 힘없이 의자에서 일어선다.

방에 들어온 아이는 잠시 자신의 방안을 둘러본다. 열권도 안 되는 동화책들이 커다란 팔 단짜리 책꽂이에 덩그러니 꽂혀있다. 그것도 아이의 키보다 높은 곳에 말이다. 세 번째 칸에 올려두었던 파워레인저 로봇들도 이제는 없다. 반년 전에 엄마가 몽땅 쓰레기통에 쑤셔 넣어버렸다.

볼펜을 가지러 잠시 아이의 방에 들어온 엄마는 형이 로봇을 만지작거리는 모습을 보며 질겁했다. 엄마는 형의 머리를 쥐어박았다.

"네가 아직도 이딴 거 갖고 놀 나이야!"

순간 형의 표정이 일그러졌다. 그러나 엄마는 끝내 흥분을 가라앉히지 못한 채 로봇을 그 자리에서 발로 밟아 부수었다. 그리고 조각 하나 남기지 않고 모두 쓰레기통에 버렸다. 물론 로봇은 형의 것이 아니라 아이의 것이었다. 더 이상 갖고 놀 것이 아무것도 없다고 생각하자 아이는 아찔해졌다. 목구멍까지 차오르는 서러움을 애써 누르며 아이는 꺼억꺼억 울었다. 형은 무어라 중얼거리더니 문을 세차게 닫고는 방에서 나갔다.

방 안을 둘러본 아이는 역시, 라고 말하며 이불 사이에 숨겨두었던 망원경을 꺼낸다. 방안에서 아이가 갖고 놀 수 있는 것은 역시, 망원경뿐인 거다. 그리고 아이는 문득 형이 왜 네 달 치 용돈을 모아 망원경을 샀는지 알 것 같다. 형의 방에도 아이처럼 장난감 하나 없다. 아이는 망원경을 들고 창문 앞으로 간다. 커튼 사이에 망원경을 집어넣어 앞을 바라본다. 절반 정도의 집은 불이 꺼져있고 불이 꺼지지 않은 나머지 절반 집은 텔레비전을 보고 있다. 드물게 러닝머신을 타거나 책을 읽는 사람들도 보인다. 그러나 특별히 아이의 눈에 쏙 들어오는 장면은 없다. 아이는 망원경을 아래로 내린다. 사람들의 정수리가 썩은 콩나물처럼 새까맣다. 그때, 한 남자가 아이네 집 주차 칸에 주차를 한 뒤, 차에서 내린다. 아이는 가슴부터 덜컹 내려앉는다. 아빠다. 아이는 서둘러 스위치가 있는 곳으로 간다.

망원경이 배달된 다음날, 형은 컴퓨터 모니터에 얼굴을 바투 내밀며 게임을 하고 있었다. 금테를 두른 망원경이 형광등 불빛에 반사되어 번뜩였다. 망원경은 모니터 바로 옆에 놓여 있었다. 아이는 침을 꼴깍 삼켰다. 이때야. 아이는 생각했다. 뒤꿈치를 들어 슬금슬금 방 안으로 들어갔다. 형은 자판기를 타닥타닥 정신없이 두드리고 있었다. 이제 아이는 바로 형의 등 뒤에까지 다가갔다. 조심스럽게 손을 뻗었다. 딱딱한 무언가가 만져졌다. 따뜻했다. 앗싸! 아이는 금방이라도 튀어나올 것 같은 함성을 참기 위해 아랫입술을 꽉 깨물었다. 그때, 형이 화들짝 놀라며 의자를 뒤로 뺐다. 아이는 넘어졌다. 형은 얼떨떨한 표정으로 아이를 내려다보았다. 아이는 바닥에 부딪힌 팔꿈치가 아려와 금방이라도 눈물이 날 것 같았다. 형은 아직도 당황한 듯 자신의 손을 매만졌다. 아이의 손에 만져진 것은 망원경이 아니었다. 형은 고개를 갸웃거리더니 다시 게임을 하기 시작했다. 아이는 뒤늦게 우왕, 울음을 터뜨렸다.

스위치를 눌러 불을 끈다. 어두컴컴한 것이 무서운 아이는 이불로 자신의 몸을 둘둘 감는다. 따뜻하다. 어둠 속으로 꼼꼼 잘도 숨은 것 같다. 망원경을 들어 접안렌즈에 눈을 가까이 댄다. 아빠는 이미 집으로 올라오고 있는 것인지 보이지 않는다. 아이는 망원경의 각도를 조절해서 시선을 정면으로 올린다. 한 창문에서 키 작은 소녀가 젊은 여자와 남자의 앞에서 노래를 부르고 있는 모습이 비쳐 보인다. 아이는 망원경을 길게 뽑는다. 소녀가 입술을 뻐금뻐금 거릴 때마다 젊은 여자와 남자는 박수를 치며 활짝 웃는다. 짝짝짝. 어디선가 박수 소리가 들린다. 아이는 설마하다 혹시나 하여 방문을 살짝 열어 거실을 살펴본다. 아빠가 엄마의 두꺼운 목을 때리고 있다. 아니, 목까지 길게 처진 볼살이다. 엄마의 뺨이 순식간에 자두처럼 시뻘겋게 부어오른다. 아빠의 언성이 높아진다. 아이는 역시, 라고 말한다.

"삼백만 원이 비잖아. 또 언놈한테 빼돌린 거야."

엄마는 입을 다물고 인상만 잔뜩 찌푸리고 있다. 아빠의 언성이 높아지자 엄마의 입술도 조금씩 들썩거린다. 아이는 엄마가 돈을 훔치지 않았다는 것을, 그리고 그런 사실을 누구보다 아빠가 가장 잘 알고 있을 거라는 것을 안다. 결국, 참다 참다 못한 엄마가 꽥, 소리를 지른다. 옆에 있던 리모컨을 아빠의 면상을 향해 정통으로 날린다. 퍽. 아이는 조심스럽게 방문을 닫는다. 짝 퍽 짝 퍽. 집안 가득 경쾌한 반주 소리가 들린다. 아이는 투둑투둑 떨어지는 눈물과 콧물을 훔쳐내느라 바쁘다. 아이의 팔소매가 잔뜩 늘어져 축축이 젖어있다. 다시 창문 앞으로 간다. 망원경을 통해 건너편 소녀를 바라본다. 소녀는 집 안에 흐르는 아이의 엄마, 아빠 반주에 맞춰 노래를 부르는 듯하다. 아이는 가슴 속 깊은 곳에서부터 뜨거운 무언가가 올라오는 것을 느낀다. 그리고 문득 그 소녀를 창문 밖으로 밀어버리는 상상을 한다. 가슴이 답답하다.

"그래서 그놈 새끼가 집 나간 게 나 때문이라는 거야!"

아빠의 목소리다. 그놈은 아마 형을 말하는 걸 거다.

"그럼 내 탓이라는 거니? 당신이 지금처럼 아무나 도둑 취급하니까 걔도 결국 이 꼴 난 거 아니야."

"애를 그딴 식으로 키운 건, 누군데! 네가 걔 어렸을 때 젖 한번 제대로 물린 적이나 있어."

엄마, 아빠의 싸움이 쉽게 끝나지 않을 것으로 보이자, 아이는 이불을 들고 침대 위로 올라간다. 잠을 자기 위해 눈을 감는다. 그러나 졸리지 않은 아이는 이불 위로 손가락을 꺼내놓고 꼼지락거리기만 한다. 문밖에서는 여전히 투덕거리는 소리와 함께 엄마와 아빠의 격앙된 목소리가 들린다. 엄마와 아빠는 형의 가출이 서로의 탓이라고 잘못을 미루는 중이다. 이 둘의 싸움은 늘 처음에는 돈 이야기로 시작했다가 나중에는 꼭 형의 이야기로 끝난다. 엄마는 아빠에게 돈에 미쳐 자식도 안 돌보는 파렴치한 새끼라고 하고 아빠는 엄마에게 자기 자신 말고는 자식새끼도 눈에 안 보이는 매정한 년이라고 한다. 둘 다 맞는 말이다. 아이는 엄마, 아빠가 함께 형의 이야기를 한다는 것 자체가 낯설다. 형이 가출한 보람이 있긴 있구나, 라는 생각이 든다. 아이의 젖은 소매가 서늘하게 굳어간다.

무슨 일을 하는지는 몰라도 아빠는 언제나 바빴다. 집에서까지 일거리를 놓은 적이 없었다. 그러다 일이 잘 풀리지 않으면 아빠는 습관적으로 형을 걸고넘어졌다. 형이 어렸을 때는 왜 엄마, 아빠를 귀찮게 하냐며 혼을 냈고 형에게 사춘기가 오면서부터는 왜 아빠 돈에 손대냐며 형을 혼냈다. 아빠에게 혼이 날 때면 어린 형은 일부러 거실에 가 큰 소리로 울었다고 했다. 그러나 안방에 있는 엄마, 아빠는 나와 보지 않았다. 거실에는 언제나 어린 형 혼자뿐이었다.

"너 지갑에 손댔어? 왜 십만 원이나 비어!"

아빠가 망원경을 들고 창밖으로 바라보던 형의 뒤통수에 대고 말했다. 아빠에게 돈은 밑 빠진 독 같은 것이었다. 채워도, 채워도 늘 부족했다. 평소 말 수도 없고 컴퓨터 게임만 해대는 형을 아빠는 예전부터 탐탁지 않아 했다. 형은 강하게 고개를 가로저었다. 그러나 처음엔 크게 부정하던 형도 나중엔 아무 말도 하지 않았다. 묵묵히 아빠의 말을 듣고 거친 손찌검을 당했다. 그러던 형이 갑자기 아빠에게 대들기 시작한 것은 형이 사라지기 일주일 전부터였다.

"너 혹시 친구들한테 아빠 돈 퍼다 줘, 아님 삥이라도 뜯기고 다녀?"

아빠의 말이 끝나자 형은 망원경을 쥐고 있던 손에 더욱 힘을 주었다. 형의 눈동자가 흔들렸다. 생각해보니 형이 친구들을 집에 데려오거나 친구들과 함께 어울리는 모습을 한 번도 보지 못했던 것 같다. 그러나 아이는 형이 아빠의 돈을 훔치지 않았다는 것을 누구보다 잘 알고 있었다. 아이는 문 뒤에 숨어 그런 형의 모습을 안타깝게 지켜보았다. 그리고 차라리 형이 아빠에게 대들기를 바랐다. 잠시 후, 형은 정말 아빠를 향해 고개를 돌려 째려보았다. 그러자 아빠는 형의 머리를 주먹으로 내려쳤다. 툭, 경쾌했다.

엄마와 아빠는 조금씩, 하지만 부지런하게 서로에 대해 비난했다. 아빠가 일에 빠져있는 동안, 엄마는 텔레비전을 보거나 잠을 잤다. 엄마는 아빠와 결혼을 하고 형을 낳은 이후로 단 한 번도 자신이 무언가 하고 있다는 생각을 하지 못했다. 청소를 해도 청소를 하는 것 같지 않았고 잠을 자도 자는 것 같지 않았다. 엄마는 스스로를 아무것도 하지 않는, 아무것도 아닌 거로 생각했다. 그런 아무것도 아닌 엄마 옆에서 아빠는 늘 바빴다. 아빠는 늘 무언가 하고 있었다. 아내도 자식도 돌보지 않는 사람이지만 적어도 무언가를 하는 그 정도는 되는 사람이었다. 그리고 엄마가 처음으로 장사든 보험 일이든 무언가를 해보겠다고 말했을 때, 아빠는 이렇게 말했다.

"네가?"

엄마는 옆에 있던 리모컨을 아빠의 뒤통수에 던졌다. 탁, 경쾌했다.

늦은 밤까지 계속되었던 엄마와 아빠의 다툼 소리를 듣다 깜박 잠이 든 아이가, 막 잠에서 깨어난다. 커튼 사이로 비춰 들어오는 햇빛이 꽤나 강렬하다. 아이는 방문을 조금 열어 거실을 살핀다. 아무도 없다.

아이는 훌렁훌렁 옷을 벗는 아줌마가 사는 907호 창문을 망원경으로 살펴본다. 지금 아줌마는 청소기로 바닥의 먼지를 훔쳐내고 있다. 망원경을 좀 더 길게 뺀다. 그러자 아줌마의 표정이 보인다. 입술은 앙다물고 미간은 잔뜩 찌푸리고 있다. 집중하는 모습이 엄마의 표정과 어딘가 닮아 보인다. 아줌마는 검은색 브래지어와 파자마만 입고 있다. 이미 늘어질 때로 축 늘어진 가슴이지만 아이는 그 가슴을 보기 위해 예전보다 더 자주 망원경을 커튼 사이로 집어넣곤 했다. 늘어졌지만 따뜻해 보이는 가슴이다. 아이는 아줌마의 가슴을 보며 종종 그 품에 안기도 싶은 충동을 느낀다. 거실은 조용하다.

형이 사라지기 전날 밤, 그러니까 형이 아버지의 지갑에 손을 대기 두 시간 전, 형은 망원경으로 창밖을 내다보고 있었다. 몇 분 동안 그 자리에서 꼼짝도 안 하고 말이다. 아이도 그런 형의 모습을 뒤에서 남몰래 훔쳐보고 있었다. 아이는 망원경도 갖고 싶었고 형이 무얼 보고 있는지는 몰라도 형이 보고 있는 그것도 보고 싶었다. 어떤 사람이 춤을 추나, 벌거벗고 있나, 형이 보고 있는 게 과연 무엇일까 궁금했다. 그러나 그것이 무엇인지 알 수 없었다. 아이는 조심스럽게 형에게 다가갔다. 창밖을 내다보았다. 그러나 건너편 아파트들의 차곡차곡 쌓인 네모난 창문들만 보일 뿐, 그 안은 보이지 않았다. 아이는 망원경이 필요했다. 그때, 형이 아이의 인기척을 느꼈다. 아이는 움찔했으나 형은 조용히 뒤돌아 허공을 바라볼 뿐이었다. 아이는 조심스럽게 형의 손에 쥐어져 있는 망원경을 건드려보았다. 바닥으로 망원경이 툭 떨어졌다. 형이 인상을 팍 구기며 망원경을 주웠다. 아이는 순간적으로 팔로 자신의 머리를 감쌌다. 그러나 형은 아이를 때리지 않았다. 대신 망원경을 눈에 갖다 대어 아이를 바라보고 있었다. 아이는 풋, 소리 내어 웃었다. 형이 망원경을 거꾸로 들고 있었다. 접안렌즈가 아닌 대물렌즈에 눈을 대고 있던 거였다. 고등학생인 형도 실수하는구나. 아이는 이런 형이 새삼 낯설게 느껴졌다. 그때, 형이 화들짝 놀라며 망원경에서 눈을 뗐다. 그러더니 허공에 손을 휘이휘이 내젓기 시작했다. 아이는 한 발짝 뒤로 물러섰다. 차라리 맞는 게 낫겠다. 아이는 이상한 행동을 하는 형을 보며 생각했다. 형이 다시 망원경에 눈을 대었다. 그리고 그 상태로 아이와 눈을 맞추기 위해 허리 숙여 말했다. 오랫동안 까먹고 잊고 있던 것이 갑자기 생각난 사람처럼 큰 소리로 말이다.

"똥구멍 입술!"

아이는 당황했다. 갑자기 똥구멍 입술이라니. 그러나 잠시 후 입술을 동그랗게 말아 형에게 내밀어 보였다. 형이 푸하하, 웃기 시작했다. 아이도 피식 웃음이 새어 나왔다. 형은 그렇게 오랫동안 아이를 뚫어지라 바라만 보았다. 생각에 잠겨있는 것 같기도 했다. 형은 끝까지 망원경을 놓지 않고 있었다. 망원경이 아니면 아이가 보이지 않기라도 하는 것처럼.

"너도 갈래?"

형이 다짜고짜 물었다. 아이는 평소와 같았으면 쉽사리 응, 이라고 대답했겠지만 그러지 않았다. 어디를 언제 어떻게 가는지는 몰라도 형을 따라나서고 싶지 않았다. 그저 한시라도 빨리 망원경을 갖고 놀고 싶었다. 아이는 대답했다.

"싫어."

"그래……. 너라도 남아있어라."

형이 실망한 듯 말했다. 형이 아이에게 다가가자 아이는 움찔했다. 그러나 형은 아이를 그냥 지나치고 책상 쪽으로 갔다. 그리고 책상 위에 올려있던 액자를 뒤집어엎었다. 액자 안에는 어린 형이 해맑게 웃고 있는 사진이 들어있었다. 순간 아이의 눈도 함께 새까매지는 것 같았다. 잠시 후, 형은 무언가에 쫓기듯 서둘러 짐을 싸기 시작했다. 아이는 서둘러 망원경을 들고 자신의 방으로 달려갔다. 형이 무얼 하던 그때 아이에게 망원경보다 중요한 것은 없었다. 아이는 접안렌즈 쪽과 대물렌즈 쪽 모두에 눈을 갖다 대며 망원경을 갖고 놀았다. 접안렌즈 쪽에 눈을 갖다 대면 손톱만 한 글씨도 손바닥 크기만큼 커져 보였고 대물렌즈 쪽에 눈을 갖다 대면 곰같이 덩치 큰 형도 손바닥만 하게 작아져 보였다. 아이는 자신의 방문 틈 사이로 망원경을 집어넣고 거실에 있는 형을 바라보았다. 손바닥만 해진 형은 소파에 놓여 있던 아빠의 가방에서 무언가를 꺼내고 있었다. 그리고 몇 시간 후 홀연히 사라졌다.

아이는 망원경을 뽑는다. 건너편 아파트 창문에서 한 여자가 밖을 내다보고 있다. 정확하게 말하자면 여자가 아이를 노려보고 있다. 입은 앙다물고, 미간은 잔뜩 찌푸리고. 아이는 설마 하고 계속 여자의 주변을 살펴보지만, 그러면 그럴수록 여자가 자신을 노려보고 있다는 것이 사실처럼 느껴진다. 그러나 있을 수 없는 일이다. 어떻게 망원경도 없이 그 먼 거리에서 이곳까지 볼 수 있단 말인가. 아이는 여자의 눈을 피해 커튼 뒤로 숨을까도 하는 생각을 하지만, 그러지 않는다. 대신 똑바로 여자와 눈을 맞춘다. 그렇게 꽤 시간이 흐르고 다리가 저릴 때쯤 아이는 결국 커튼 뒤로 숨는다. 그리고 거실로 나가 와락, 울음을 터뜨린다. 아빠보다도 형보다도 지독한 여자다. 아이는 다시는 그쪽 창문을 보지 않아야지, 다짐한다. 그것이 옷 공장을 하는 가족이 가져온 마네킹이었다는 것을 아이는 나중에야 알게 되었다. 그때, 안방에서 엄마가 나온다. 머리카락이 잔뜩 헝클어져 있다. 우아앙, 아이는 있는 힘껏 서러움을 짜내 더 큰소리를 내어 운다. 엄마는 그런 아이를 지나친다. 그리고 현관문에 붙어있던 중국집 메

뉴판을 떼어내며 말한다.

"오늘은 또 뭐 먹지."

아이는 딸각, 울음을 멈춘다.

한참이나 창밖만을 바라보고 있던 아이는 고개가 뻐근하다. 몇 달 동안 이렇게 창밖만을 바라보고 있는데도 도대체 알 수가 없다. 형이 도대체 무얼 보고 있었는지, 무얼 보고 그렇게 갑작스럽게 가출을 결심했는지 말이다. 혹시, 나처럼 홀랑 옷 벗는 아줌마를 본 다음 아줌마에게 안기러 간 걸까. 아니면 노래를 부르는 소녀를 정말 창밖으로 밀쳐버리러 간 걸까. 아니다. 형이 그 많은 창문 중 콕 집어 아줌마와 소녀가 있는 창문만을 봤다는 것은 있을 수 없는 일이다. 아무리 생각해도 잘 모르겠다. 아이는 집에 아무도 없는 것을 확인하고는 망원경을 들고 부엌으로 간다. 냉장고에서 물을 꺼내 마신 뒤, 다시 방으로 되돌아가려 한다. 그때, 아빠가 잠가두었던 형의 방문이 살짝 열려있는 것을 발견한다. 아이는 조심스럽게 방으로 들어간다. 장난감 하나 없는 방이다. 침대를 지나 창문 쪽으로 다가간다. 그리고 정면을 향해 망원경을 든 후 접안렌즈에 눈을 갖다 댄다. 그러자, 창문에 반사된 아이 자신과 텅 빈 방의 모습이 보인다. 커다란 책꽂이에 채 열권도 안 되는 책들이 꽂혀 있는, 그런 텅 빈 방이다. 그렇게 아이는 형의 덩치만큼 확대되어 보이는 자신의 모습을 물끄러미 바라본다. 그리고 문득 자신이 형과 무척이나 닮았다는 사실을 깨닫는다. 낯설다. 아이는 입꼬리를 조금 올려 미소 지어 본다. 책상 위에 올려있는 사진 속 어린 형의 모습과 너무나도 닮은 모습이다. 하루 종일 그 자리 그대로 딱딱하게 굳어있을 것 같던 아이가 갑자기 망원경을 침대 위로 툭, 던진다. 아이는 말한다.

"형을 찾아야 해."

아이는 텅 빈 방을 나가, 아무도 없는 거실을 지나, 현관문 앞에 선다. 아이는 문을 열기 전 뒤를 돌아 휑한 거실을 향해 다시 한번 말한다.

"날, 데려올게……. 엄마."

아이는 딸깍, 문을 연다.

당선

제1358호 10월 10일 월요일
2011 가람이병기청년시문학상·최명희청년소설문학상 : 대학부 시

늙은 기관사의 집

· 이동한 (우석대 문예창작학과 4학년) ·

늙은 기관사의 집은 역에서 멀지 않다
오늘도 기차 소리가 파란 페인트칠한 대문을 열고
하루에도 몇 번씩 지붕을 뚫고 지나가지만
그는 신발을 벗듯 기차에서 내렸다

마당의 복숭아나무 그림자가 철길 쪽으로 뻗어 있다
그림자의 발뒤꿈치가 철컹철컹 쇳소리를 내며
매일 역사驛舍로 출근하고 싶어 하는 눈치다
머물고 싶은 곳이 정작 떠나는 싶은 곳이라니,
그는 중얼거리며 처마 끝을 바라본다

구름 한 점 점멸등처럼 처마 끝에 대롱대롱 매달려 있다
그는 철길 위의 구름이었다, 집 밖에서 잠들던 날들이 더 많았다
누구 하나 내리던 이가 없던 적막한 신발에서
그는 빈 바구니를 들고 내렸던 것이다

그에게 잠깐 멈춤의 건널목은 없었다, 속도가
그의 집이었고 길이었고 평생의 월급이었다
멀리서 오는 기차 소리를 듣고 미리부터
마당귀에 일렁거리는 복숭아나무 우듬지

늙은 기관사는 천천히, 처음으로
복사꽃 붉은 꽃잎 속을 들여다본다
침목처럼 단단하던 무릎이 시큰거리는 봄이다

유목민이 살고 있다

· 김보라 (살레시오여고 3학년) ·

중랑구 망우동, 한 평짜리 원룸촌엔
오랜 이동 생활의 습성을 나눠 가진 사람들이 산다
텅 빈 벽마다 떠나간 사람들의
족적 같은 못 자국이 별자리로 이어지고
주인집 여자의 쾅쾅 방문을 치는 목소리,
나는 그 속에서 그들이 숨겨놓은 하늘을 보았다
얼룩진 벽지 위로 모르는 얼굴이 오고 간다
추위보다도 밀린 월세보다도
금가지 않는 하루를 기도하는 나에게
불빛은 쉽게 잠들지 못하는 하루를 조명하고
거룩한 밤은 오랜 유랑의 여독을 풀며
못 자국의 성좌에 얽힌 저마다의 전설을 쏟아냈다
칼데아인들이 양떼를 부리며 보았던 지도와는 다르게
길은 갈수록 온통 캄캄할 뿐,
푸른 초원은 어디에도 존재하지 않았다

끄트머리 내가 새겨놓은 못 자국이 길을 잇고
녹슨 흔적들로 길잡이 되는 그들의 역사에서
떠나간 아버지의 뒷모습을 마주하기도 한 오늘,
제 몸을 헌 짐짝처럼 트럭에 꽁꽁 묶은 채
잠시 동안 방목에 대해 생각해 본다
유리창을 기웃거리던 바람은
황급히 떠나는 발자국처럼 빠져나가고
아무도 찾지 못한 바빌로니아의 하늘을 꿈꾸며 나는
유필처럼 새겨진 마지막 별자리를 읽어 본다

가람이병기청년시·
최명희청년소설문학상

•

2009~2017

당선

1380호 10월 15일 월요일

2012 가람이병기청년시문학상·최명희청년소설문학상 : 대학부 소설

몽타주

· 양이석 (동국대 문창 4학년) ·

머릿속에서 떠나지 않는 얼굴이 있다. 그 얼굴은 죄악이다. 눈과 코, 입, 턱의 생김새, 눈썹, 미간, 모든 것이 그를 죄인이라고 말하고 있다.

관식은 형사다. 몽타주를 그리는 형사다. 관식은 언제나 사람들의 얼굴을 유심히 보고 다닌다. 사람의 인상을 결정하는 것은 눈, 코, 그리고 입이다. 그것들의 생김새에 따라 사람은 구별된다. 세상에 똑같이 생긴 사람은 있을 수 없다. 모든 이목구비는 조금씩 다르게 생겼다. 크거나 작거나 높거나 낮거나 처지거나 치켜 올라가거나 튀어나오거나 들어가 있다. 관식은 얼굴을 그린다. 범죄자의 얼굴을 그린다. 진술을 듣고 나서 그린다. 상상하고 나서 그린다. 관식의 머릿속에는 놀라울 만큼 다양한 유형의 눈, 코, 입이 각인되어 있다. 진술을 바탕으로 머릿속에서 적당한 눈코입을 골라낸다. 그린다. 비율을 조정해 간다. 머리털 한 올 한 올까지 같은 박자로 그려내는 관식의 모습은 자칫 기계적으로 보인다. 관식의 머릿속에는 이미 용의자의 얼굴이 떠올라 있다. 그것을 손으로 그려내는 데 열중할 뿐이다. 용의자의 얼굴이 완성된다. 관식은 좀 더 정확히 그리겠다는 듯 얼굴의 명암을 계속해서 매만진다. 음흉한 눈매, 꿍꿍이

속이 있는 입. 관식은 이 얼굴의 주인이 어떤 범죄를 저질렀는지 알고 있다. 끊임없이 되새기며 명암을 넣는다. 이 얼굴이 어떤 표정을 지으며 절도, 강간, 살인을 저질렀을지 상상한다. 무심코 험악한 표정을 짓게 하는 실수는 더 이상 하지 않는다. 관식은 프로다. 20년간 몽타주만을 그려온 형사다.

관식은 그것들 사이에서 어떤 법칙을 찾아낸다. 범죄에는 생김새가 있다. 강간범이라고밖에 할 수 없는 눈매가 있다. 살인을 저지를 인간의 입매는 어떨까. 있다.

"오셨슴까."

몽타주 실로 들어가는 길목에 후배가 인사해 왔다. 목에 수건을 두른 채로 화장실에서 나오고 있었다. 관식이 눈썹을 슬쩍 들어 보였다.

"잠복했습다."

"어디?"

"약수동요. 노인 변사사건 있었잖습니까."

후배가 한 손으로 연신 눈을 비벼가며 말했다. 충혈되어 있었다.

"뭐가 좀 있어?"

"혈연이나 금전 관계로 알아보는 중인데 아직 이렇다 할 건 없습다."

관식이 고개를 끄덕이곤 몽타주 실로 들어갔다. 스위치를 올리자 형광등이 더디게 켜진다. 가방을 내려놓고 책상 밑의 전기난로에 불을 붙인다. 관식은 요즘 들어 발이 시리다고 느낀다. 데스크탑의 전원을 켜고 의자에 앉아 난로 앞에 손을 가져간다. 양손을 비비고, 깍지를 껴보고, 공들여 손을 푼다. 이 사무실에 들어앉은 날부터 하루도 빼놓지 않고 하는 일이다. 그사이 부팅이 완료된다. 연결된 대형 모니터를 켜고 노트북의 전원까지 켠다. 몽타주실 안의 관식은 세 개의 모니터 사이에 둘러싸인 모양이다. 관식은 태블릿 마우스를 쥐고 프로그램을 켠다.

몽타주 전문 프로그램은 매년 갱신되고 있다. 기능이 업그레이드되고, 새로운 데이터가 추가된다. 그렇다고 해서 지금껏 세상에 없었던 새로운 눈이나 코가 생겨나는 것은 아니다. 다만 요즘은 국내 체류 외국인이나 불법체류자들의 범죄가 늘어나고 있어 데이터를 적극적으로 수집 중이다. 관식은 기동대가 구역을 순찰하듯이 얼굴의 일부를, 그것을 표현한 그림들을 하나하나씩 둘러본다. 이것이 그의 일과 중 맨 첫 번 째다. 관식의 머릿속에도 데이터베이스가 존재한다. 매일같이 다시금 각인시킨다. 필요할 때 가장 적합한 데이터를 끄집어내는 훈련이 꾸준히 필요하기 때문이다. 프로그램에 등재된 천 삼백 개의 눈 데이터 중 관식이 그릴 수 없는 모양은 없다.

아침을 거르고 출근한 지도 몇 개월째다. 가능하면 식사를 하고 출근하는 습관을 들였지만 요즘 들어 여의치 않았다. 어머니가 직접 싸 오신 밑반찬과 얼려놓은 국이 냉장고에 그대로 있다. 왜인지 손이 가질 않았다. 주로 아침과 점심 사이 어정쩡한 시간에 컵라면 등으로 끼니를 때우고 있다. 저녁까지 구내식당에서 해결하기 때문에 집에서는 거의 밥을 먹지 않는다. 관식은 책상 한켠에 쌓아둔 컵라면 중 하나를 집어 든다. 정수기를 찾아가 강력반으로 가는 중에 핸드폰을 꺼내 전화를 걸었다. 연결음이 길어진다. 그러다 연결된다. 어, 왜. 건너편에서 목소리가 들려온다. 관식은 걸음을 멈추고 복도에 설치된 의자에 잠시 앉기로 한다.

"주말에 전화를 못 했네. 바빠서."

정확히는 나흘간이다. 관식은 나무젓가락 끝으로 머리를 긁었다.

"엄마는?"

"잘 지내."

수영은 부쩍 말수가 줄었다. 원래도 가까운 부녀간은 아니었지만, 부부가 갈라선 이후에 더욱 그렇게 됐다. 어쩌면 아빠를 원망하는지도 모른다. 일이 이 지경까지 온 것은 모두 관식의 탓이라고 생각하는지도 모른다. 어쨌거나 모녀는 친했으니까. 중학교 3학년인 수영은 관식과 아내의 이혼절차가 진행되는 내내 그들과 대화를 하려 하지 않았다. 아내와 어떻게든 설득하려고 했으나 딸은 좀처럼 맘을 열지 않았다. 부모가 법적으로 남남이 되고 나서야 수영은 마지못해 수긍하는 듯했다. 아이는 부인과 함께 살게 되었다. 관식은 이따금 전화를 하고 있지만, 수영이 전화를 받는 횟수는 점점 줄어간다. 학원이다 뭐 다 바빠서 그렇다고 말한다. 그러나 부재중 통화기록을 보고도 다시 걸어오지는 않는다. 사춘기잖아. 너무 귀찮게 하지 말고 내버려 둬. 아내는 그렇게 말했다. 귀찮다니. 화가 치밀어 올랐으나 내색은 하지 않았다. 이혼 이후 오히려 수영과 대화를 자주 시도한 건 사실이다. 딴 속셈을 품고 친한 척하는 친구처럼 느낄지도 모르는 일이다.

"필요한 것 있으면 얘기하고."

"응."

"무슨 일 있으면…… 아빠 일하는 데로 와."

어. 짧게 대답하는 수영의 목소리가 무감했다. 이내 전화가 끊겼다. 이혼 후 관식은 오피스텔을 얻었다. 경찰청에서 멀지 않은 작은 곳이다. 원래 살던 집에서는 아내와 딸이 살기로 했다. 관식의 짐 일부는 아직도 그 집에 있다. 아내는 천천히 가져가라고 선심 쓰듯 말했지만, 관식은 앞으로도 그 짐들을 가져올 생각이 없었다. 앞으로 아내와의 관계가 바뀌지 않더라도 짐들은 거기 있어야 한다. 거기서 낡아가는 것이 옳다는 생각이 들었다. 물건의 주인 대신 말이다.

티브이 채널을 돌리던 관식의 손이 멈췄다. 케이블 방송사의 심야 프로그램에서는 미해결 살인사건을 다루고 있었다 시골 마을의 인적이 드문 장소에서 일어난 부녀자 강간 살인이었다. 금방 지나친 화면에는 누군가의 얼굴이 크게 클로즈업되어 있었다. 관식은 거의 화면 속의 그와 시선이 마주쳤다고 느꼈고, 그 눈매는 분명히 어디에선가 본 기억이 있었다. 남들의 생김새를 관찰하고 자신만의 데이터를 수집해놓는 습관이 있는 관식이다. 어쩌면 어디선가 만난 사람일지도 모른다. 혹은 자신이 그린 적이 있는 눈일지도 모른다. 관식은 그렇게 생각했다. 그러나 사건이 일어난 지역은 근 10년 동안에는 관식이 지나치지도 않은 곳이었다. 먼 지방의 생소한 마을. 혹시 내가 아는 사람이나 유명인을 닮았을지도 모른다. 그렇게 생각하면서도 채널을 돌리지 않았다. 스쳐 지나간 그 얼굴에서 관식은 무언가를 발견했다. 무엇인지 깨닫기 전에 놓쳤다. 가슴이 울렁거림을 느꼈고, 목이 조금 말랐으나 언제 다시 화면에 그 얼굴이 비칠지 몰라 자리에서 일어나지 못했다.

다음날 프로그램을 다시 보기 위해 관식은 방송국 홈페이지에 접속했다. 자료는 올라와 있었다. 근무 중 틈틈이 재생시켜보다가 관식은 문제의 장면에서 화면을 일시 정지 시켰다. 금방 알아볼 수 있었다. 그 얼굴이다. 천천히 뜯어보니 아는 사람은 아니었다. 이름도 생소했다. 마을주민이라고 소개된 중년의 남자는 피해 여성이 평소 조용한 성격이었으며, 마을의 대소사에도 잘 참여하지 않는 사람이었다고 증언했다. 관식은 그의 불그레한 볼과 이마, 꼬리가 위로 치켜 올라간 눈의 모양, 한쪽 끝이 처진 입매와 광대뼈를 자세히 보았다. 찝찝한 기분이었지만 어디가 시선을 끌었는지 찾아낼 수 없었다. 노트를 꺼내 그의 얼굴을 자기 손으로 재현하기 전까지는.

광식은 지금까지 어림잡아 수백 명의 강간범, 강간 살인범들을 그려왔다. 법 최면으로 피해 당시의 기억을 복원하고 관식의 앞에서 진술하는 동안 여자들은 괴로워했다. 비명을 지르거나 흐느끼는 여자들이 있었다. 부모와 함께 입회하는 경우 공포와 분노는 가족들에게도 옮겨갔다. 딸을 껴안거나 맥없이 때리는 어머니, 주먹을 무릎 위에 놓고 부들부들 떠는 아버지의 모습을 한두 번 보아온 것이 아니다. 관식은 그럴 때마다 쥐고 있던 연필을 놓고 그녀들 앞에서 고개를 숙였다. 인이 박인 일이라 새삼 가슴이 아프지는 않았다. 그렇게 하는 것이 흐느낌을 수습하는 데 별 도움이 되지도 않았다. 달리할 수 있는 일이 없었기 때문이다. 피해자가 진정될 때까지 손을 풀며 기다렸다가 다시 대화를 시작한다. 오기억이나 타인에 의한 기억의 왜곡 없이 얼굴을 그리기 위해서는 피해자와의 대화가 중요하다. 편견 없이 그리려고 노력하지만, 관식은 안다. 알아버린 것이다. 여자들이 떠올리며 몸서리치는 눈과 코, 입과 턱이 어떻게 생겼는지. 가끔은 몽타주뿐이지만 누범으로 확신할 때도 있었다. 붙잡히지 않고 똑같은 짓을 몇 번이나 반복하는 인간들도 있는 것이다.

관식은 그 남자의 얼굴에서 발견했다. 집요하고도 반복적인 범죄의 징후를.

인상이 안 좋아. 박 씨에 대한 관식의 감상은 그랬다. 박씨가 보험설계사로 그들의 집을 드나들 때의 일이다. 첫인상이 좋지 않았다. 박씨가 관식에게 특별히 잘못한 일은 없었다. 남의 이목구비를 뜯어보고 그의 성정을 짐작하는 것이 관식의 버릇일 뿐이었다. 아내는 그런 식으로 속단하지 말라며 충고했다. 좋지 않은 느낌은 들어맞았다. 부인과 사별해 혼자 살고 있던 박 씨와 아내는 곧 살림을 합치기로 했으니까. 관식에게 두 사람의 소식을 전하는 수영의 목소리는 무덤덤했다. 자기와 상관없는, 또한 관식과도 상관없는 일이란 것처럼. 그들의 관계가 시작된 것은 언제부터였을까. 간통이었을까. 아내는 아니라고 했지만, 관식에게 확신은 없다. 알 수 없는 일이다. 내가 몽타주 실에 틀어박혀 데이터를 뒤지고, 조합하고, 흐느끼는 피해자를 달래가며 용의자의 얼굴을 그리는 동안 박씨는 얼마나 자주 집에 드나들었을까. 관식은 그렇게 생각했다. 얼마든지 나쁜 쪽으로 상상할 수 있다.

아내는 미루나무를 좋아했다. 바람에 흔들리는 미루나무를 보는 것을 좋아했다. 수영이 태어나기 전까지는 둘이서 여행을 다니기도 했다. 숲이 울창한 곳을 주로 찾아다녔다. 그즈음 인적 드문 어디쯤의 여관에서 아내는 수영을 했을지 모른다. 교대근무에 지쳐 여행 따위는 꿈도 꾸지 않게 되었을 무렵, 아내는 어디론가 훌쩍 떠나곤 했다. 딸아이를 데리고 갈 때도 있었지만 대부분 혼자였다. 못마땅하지 않았다면 거짓말이다. 그러나 데려가진 못할망정 훼방을 놓지는 말라는 아내에게 대꾸할 말은 없었다. 관식은 차라리 관심을 끊기로 했다. 어디를 다녀왔는지 묻는 것도 잊어버리는 밤이 있었다. 이따금 아내와 함께 찾았던 숲이 그리워질 때도 있었지만 표현한 적은 한 번도 없었다.

수사관에게 이르든 늦든 언젠가는 찾아오는 것이 있다. 무력감이다. 수사하던 사건이 미해결로 남고 말 때, 피해자에게 아무런 도움이 될 수 없을 때 온다. 수사를 진행함에 점점 몽타주의 입지는 줄어들고 있다. 한 해에 의뢰 건수는 이제 10건 내외로 줄어들었다. 그나마도 전단으로 제작되어 관할서에 뿌려지는 경우는 한두 건에 불과하다. 관식도 과학수사팀에 들어가 있지만 몽타주실 밖의 무리와는 성격이 조금 다르다. 그렇게 느끼고 있다. 연초에 상부에 몽타주 스케치 수업을 창설해 주라고 요청했으나, 아직 응답이 없다. 효과를 기대할 수 없다고 생각하는지도 모른다.

고참수사관들이 후배에게 종종 하는 말을 들어왔다. 몽타주를 너무 믿지 말라는 것이다. 자칫 수사망이 엉뚱한 쪽으로 좁혀질 수 있다는 요지였다. 그럼 무엇을 믿을까. 형사의 감? 관식은 코웃음을 치웠다. 많은 범죄가 CCTV가 촬영할 수 없는 사각지대에서 벌어진다. 용의자의 신변파악이 불가능한 상황에서 부표처럼 방랑하는 수사의 방향을 어떻게 붙잡는단 말인가? 관식이 생각하는 답은 몽타주였다. 그렇게 믿고 20년의 세월을 바쳤다.

부녀자 살인사건의 수사가 급물살을 탔다. 유력한 용의자가 나타났다. 수사에 혼선을 주기 위해 케이블 프로그램의 인터뷰를 자처한 이웃 남자였다. 목격자인 체했던 그를 목격한 진짜 목격자가 나타난 것이다. 경미한 우울증을 앓고 있었던 이웃 여자의 집을 자주 드나들었다는 증언이 나왔다. 남자 소유의 밭을 파헤친 결과 시신이 발견됐다. 시신은 부검을 거치게 되었고 도중에 남자는 범행을 자백했다. 우발적인 범행이라고 말했지만, 정황상 계획범죄의 냄새가 짙었다.

말하자면 관식은 누구보다도 먼저 범인을 알아챈 것이다. 그것도 현장 한 번 가보지 않은 상태에서, 화면으로 보이는 누군가의 얼굴로만 말이다. 떠들어봤자 누가 믿어주기나 할까. 기분 탓이라고 웃어넘길 일이다. 관식은 수사결과 발표를 시청 중인 과학수사팀을 빠져나왔다. 뒷목이 당기고 어깨가 뭉친 느낌이다. 한 손으로 어깨를 주무르며 흡연실 문을 열었다. 담배를 입에 물며 관식은 허탈하게 웃었다. 이런 일도 있네. 연달아 두 대의 담배를 피우고 나서 관식은 생각을 환기했다.

이 발견은 수사에 새로운 전환점을 가져다줄 수도 있다. 얼굴이다. 범죄는 얼굴이 있다. 그 얼굴을 그려낼 수 있다면 나는 범죄를 뒤쫓아가는 것이 아니라, 앞에서 기다리고 있을 수도 있다. 손 놓고 기다리는 것이 아니라 먼저 찾아낼 수도 있다. 관식은 찬물을 뒤집어쓴 것처럼 멈춰있었다. 누구에게나 얼굴은 있다. 관식은 그 안에 진짜 무엇이 있는지 알아내는 사람이 된 것이다.

스케치북을 꺼낸다. 뾰족한 연필 한 자루와 뭉툭한 연필 한 자루를 준비한다. 한쪽 팔로 스케치북을 끌어안듯 쥐고 그려나가기 시작한다. 눈이다. 곡선이긴 하나 아주 둥글지 않은 눈꺼풀이다. 눈꼬리는 조금 아래로 처졌다. 눈동자. 둥그런 눈동자를 몇 번이나 고쳐 그린다. 눈썹. 반절을 조금 지난 지점까지 위를 향하다 아래로 급히 꺾여 내려온다. 아내와는 중매로 만났다. 어머니의 고향 친구분이 다리를 놓아주었었다. 아내의 첫인상은 희미했다. 결혼은 해도 그만 안 해도 그만이라고 생각했다. 다만 아버지가 돌아가신 후 아들 하나만을 바라보고 사는 어머니에게 손주를 안겨드리고 싶은 마음만은 있었다. 코. 드드러진 눈썹뼈의 정 중앙에서 굵직하게 내려온다. 콧방울이 조금 도드라진다. 아내의 똑 부러지는 면이 마음에 들었다. 아이가 태어나면 잘 키울 것 같았다. 어머니를 잘 모시기로 약속했다. 수월하게 결혼까지 갔다. 딸아이가 태어났다. 수영이라고 이름짓기로 했다. 탈 없이 잘 자라주어서 오히려 신경 쓰지 못한 것일 수도 있다. 콧방울 끝에서 퍼져나가는 모양으로 인중이 길고 또렷하다. 윗입술은 아랫입술의 2/3 정도로 얇다. 아랫입술의 중앙부에 희미하게 한 줄짜리 주름이 가 있다. 입꼬리는 보일 듯 말 듯 올라가 있다. 형사 초년생이었을 때다. 보도방 수사를 하던 무렵이었다. 갓 스무 살이 된 도우미가 눈에 띄었다. 어쩌다 보니 배가 맞았다. 여자애는 직업여성답지 않게 나에게 순정을 바치려고 했다. 서안에 소문이 돌았다. 아내의 귀에까지 들어갔다. 수영이가 돌 때였다. 다 때려치우자는 아내를 어머니가 말리고 빌었다. 그런 난관도 헤쳐나온 적이 있었다. 아내 앞에서 고개를 숙이긴 했지만 미안하다는 말은 하지 못했다. 얼굴형은 전체적으로 팔각형의 모양이 된다. 광대뼈는 콧등의 중앙부 높이에서 가장 튀어나와 있다. 턱의 가운데는 엄지손가락으로 짓눌러놓은 것처럼 살짝 들어가 있다. 아랫입술과 튀어나온 턱뼈 사이에 음영을 채워 넣는다. 손가락으로 번지게 한다. 아내의 마음이 어느 순간을 기점으로 완전히 떠났다는 것을 알고 있었다. 할 수 있는 일도 없었고, 하고픈 마음도 없었다. 그저 하루하루를 이어갔다. 상관없이 아내는 살아가고, 어머니는 늙어가고, 수영은 자라났다. 그렇게 인생의 끝을 맞아도 상관없다고 생각했다. 어떻게 했어야 파국을 막을 수 있었을까. 이마의 선, 머리털, 귀 끝까지 그리고서 관식은 연필을 내려놓았다.

관식은 고개를 들어 벽시계를 보았다. 두 시간이 지나갔다. 눈높이로 스케치북을 들어올려 그림을 보았다. 몽타주가 완성됐다. 추하다고 할 만한 얼굴은 아니다. 그러나 이 얼굴은 죄악이다. 신도 구제할 수 없는 죄의 얼굴이다.

"이게 뭡니까?"

"일단 가지고 있어 보라고."

"예?"

후배는 몽타주를 들여다보고 고개를 갸웃거렸다. 자다 깨서 몽롱한 눈빛이었다.

"누군데요?"

"나도 몰라."

관식의 말에 후배가 헛웃음을 지었다. 누군데 그리신 겁니까? 아무래도 이해가 되지 않는다는 후배에게 관식은 앞으로 어디선가 보게 될 얼굴이라고 말했다. 원본인 그림 위에 안경을 씌우거나 모자를 씌우거나 수염을 붙이거나 흉터를 새긴 각기 다른 몽타주를 얹어주었다. A4용지의 각을 맞추는 소리를 들으며 관식은 다시 몽타주 실로 들어간다.

새해에 들어 폭설이 이어지고 있다. 근무를 마친 관식이 가방을 챙겨서를 빠져나온다. 차는 그대로 두고 걸음을 옮긴다. 눈발이 제법 굵어 머리가 젖기 시작한다. 한동안 그치지 않을 것 같은 눈이다. 얼마 뒤에 수영의 졸업식이 있다. 핸드폰은 얼마 전에 최신형으로 바꾸었다고 한다. 유행에 민감한 요즘 아이이다. 관식은 아이가 어렸을 때를 떠올린다. 서에서 쓰는 무전기를 실수로 집까지 가져온 날이었다. 관식의 핸드폰과 무전기를 양손에 들고 아빠는 왜 두 개나 있어? 하나만 줘, 떼를 쓰는 아이 덕에 웃었던 것을 기억한다. 아빠를 하늘처럼 생각했던 시절이다. 이런 기억이 있다면 좀 더 늙을 때까진 괜찮을 것이다. 곧 고등학교에 입학하는 수영을 위해 겨울용 코트를 사주어야겠다고 생각한다. 관식은 근처 시장과 이어진 로데오거리로 들어선다.

아빠는 왜 색칠을 안 해? 내가 색연필 빌려줄게.

관식이 그린 몽타주를 보며 수영이 했던 말이다. 기억에 혼란이 오는 것을 막기 위해 흑백으로 그려야만 하는 몽타주를 보며 어린 딸아이는 의아했던 것이다. 아이의 볼을 살갑게 만지며 관식이 말했다.

아빠는 정확하게 그리기 위해서 그런 거야. 진짜 모습을 정확하게.

그 뒤로 수영이 그리는 아빠의 모습은 언제나 흑백이었다. 진짜 그림을 그리려면 색칠을 하면 안 된대. 우리 아빠가 그랬어. 친구들에게 훈수를 두기도 했다. 아이의 그림은 관식을 비추는 거울이었다. 머리를 짧게 깎았을 땐 머리털이 한 올도 없는 꼴이 되고, 살이 쪘을 땐 그림 속의 관식도 거대하게 불어났다. 젊은 시절 사진을 갖다 주며 멋지게 그려달라고 해도 아이는 그리지 않았다. 나는 진짜 모습을 그릴 거야. 이건 옛날 거잖아. 사람들은 나이가 들며 자연스레 자신의 모습에 흥미를 잃어간다. 그러나 딸아이가 보는 자신이 궁금하지 않은 아버지는 없다. 수영이 아버지 그리기를 멈추었을 때, 관식은 하나뿐인 거울을 잃은 것이다.

오피스텔에 처음 들른 날부터 어머니는 늘 같은 걱정을 했다.

"우예 묵고 사노."

"서에서 먹지요 뭐."

혼자서 우예 묵고 살라카노. 내 이따 갈꾸마. 분명 또 먹을거리를 해다가 나를 뜻이다. 다 늙은 양반이 아들자식의 이혼 때문에 고생이다. 관식은 조만간 오피스텔을 정리하고 어머니를 모셔야겠다는 생각을 한다. 거의 손도 대지 않은 어머니의 반찬을 떠올리곤 민망스러워진다. 관식은 퇴근길에 대형마트에 들러 법주 한 병과 안줏거리를 사고, 모둠회를 한 접시 산다. 빵집을 지나치다가 어머니가 좋아하는 밤만주를 눈으로 찾고 있었다. 관식이 한 손으로 잡고 있던 카트를 누군가 치고 지나간다.

"죄송합니다."

반사적으로 고개를 들었다. 그리고 다음 순간 관식은 얼음을 통째 삼킨 것처럼 속이 시렸다. 등골이 오싹해지는 느낌이었다. 그것이다. 그 얼굴이다. 시선을 떼지 않는 관식을 힐끗 돌아본 뒤 남자는 성큼성큼 걸어갔다. 주머니에 한 손을 꽂아넣은 채였다. 마트 천장에 매달린 상품 분류표를 보며 매대 사이로 들어갔다. 말이 안 되는 일이라고 생각하면서도 관식은 홀린 듯이 따라갔다. 착각이 아니다. 핸드폰으로 다운 받아놓은 몽타주의 이미지를 불러냈다. 사실 확인하지 않아도 안다. 자기 손으로 그려낸 얼굴이 틀림없다는 것을. 관식은 카트를 카트 어딘가에 내버려 둔 채로 남자를 찾아다녔다. 퇴근 무렵의 대형마트는 사람들로 북적였다. 어디서 길이 어긋났는지 쉽게 찾을 수가 없었다. 관식은 계산대가 일렬로 늘어선 곳으로 뛰어갔다. 계산대의 끝부터 끝까지를 빠르게 걸어 다니며 남자를 찾았다. 남자는 캔맥주와 마른안주 몇 개를 계산대 위에 올려놓는다. 다시 확인해도 그 얼굴이 맞다. 관식은 머리를 거칠게 쓸었다. 계산을 마친 남자가 비닐봉지를 들고 걸어나간다.

남자는 마트 앞 정류장에서 버스를 기다린다. 근처에 사는 주민이라 생각했는데 아닐 수도 있어 보인다. 관식은 멀찍이 떨어져서 남자의 행동거지를 주시한다. 몇 대의 버스가 지나간다. 파란색 간선버스가 정류장에 도착한다. 남자는 정류장 팻말에 기대고 있던 몸을 움직인다. 관식도 따라 움직인다. 남자는 빈 좌석에 앉는다. 관식은 시선을 주지 않고 뒷좌석으로 간다. 버스는 계속해서 달린다. 도심으로 들어선다. 캄캄한 밤이 되었고 눈은 여전히 내리고 있다. 남자는 내릴 기미가 보이지 않는다. 남자가 산 것은 가는 길이 아니라면 딱히 대형마트에서 사지 않아도 될법한 물건들이다. 맥주캔을 따는 소리가 들린다. 관식의 옆에 앉은 여자가 그 소리에 앞 좌석을 쳐다본다. 남자는 맥주를 마시며 차창 밖을 바라본다. 어딜 가고 있는 걸까. 왜 그곳에서 출발한 걸까. 모든 것이 수상하게 느껴진다. 버스는 도심을 빠져나와 주택가로 들어선다. 남자가 내린 곳은 한 아파트단지 앞이었다. 관식은 거리를 두고 뒤를 밟았다. 이곳이 그의 집일 거라는 관식의 예상은 또 빗나갔다. 남자가 향한 곳은 작은 족발집이었다. 남자는 그곳에서 족발을 샀다. 봉지를 달랑거리며 걸어간다.

아파트 단지에서 조금 떨어진 곳에 빌라단지가 보였다. 골목길로 들어간 남자는 오래된 빌라들을 올려다보며 천천히 걸어 다녔다. 불이 꺼진 빌라 한군데 앞에서는 꽤 오래 멈춰 서있기도 했다. 관식은 건물 이름을 기억해둔다. 지나다니는 사람이 많지 않은 골목에는 함박눈이 쌓이고 있었다. 그렇게 한참을 방황하던 남자는 아까 내린 정류장의 건너편으로 간다. 그리고 다시 버스를 기다린다. 버스는 금방 도착한다. 남자의 눈에 띄지 않게 조심하며 관식도 버스에 올라탄다. 버스 안에 설치된 내부 거울로 관식은 남자를 살핀다. 시간은 이제 한밤중으로 접어들고 있다. 추위에 손이 곱은 느낌이다. 관식은 힘주어 손가락을 풀며 생각을 정리한다. 상식적으로 이해가 되지 않는 동선이다. 이번에는 버스가 출발한 지 얼마 되지 않아 남자가 자리에서 일어난다. 관식은 따라 내린다. 남자는 정류장서 내려 오르막길을 가기 시작한다. 쌓인 눈 때문에 길이 미끄럽다. 골목골목으로 빠지는 남자를 관식은 요령 있게 따라붙었다. 고시텔 건물 안으로 들어가는 것을 확인한 뒤 관식은 핸드폰을 꺼냈다.

"예. 강력반 오상식입니다."

후배는 금방 전화를 받는다.

"야, 너. 지금 어디냐."

"저요? 서인데요."

"부탁 하나만 하자. 요즘 서대문, 약수, 금호에서 일어난 미해결 강도, 강간, 살인 추려서 나한테 좀 갖다 줘. 아니, 좀 예전 것까지 해도 돼. 최대한 빨리."

관식은 잠바의 어깻죽지에서 눈을 털어낸다. 이미 흠뻑 젖어있다. 주위의 건물들을 살펴보던 관식은 이내 언덕을 뛰듯이 내려간다. 큰길에서 택시를 잡아탄다. 어머니가 기다리고 계실 터였다. 관식은 집에 가기 전

오피스텔 앞 상가에 들렀으나 빵집은 이미 문을 닫은 시간이다. 통닭을 한 마리 포장해가기로 한다.

무릎 아래까지 내려오는 까만 울코트는 종이가방에 포장되어 관식의 책상 밑에 놓여있다. 같이 산 머플러는 다홍빛이 도는 붉은 색이다. 옷가게의 여직원에게 묻고 또 물어 겨우 결정한 것이다. 애가 유행에 민감해서, 관식이 말하자 여직원은 유행을 타지 않는 기본적인 아이템이라며 이 코트를 골라주었다. 이만큼 비싼 옷을 아내에게도 딸에게도 선물해본 적 없다. 관식은 괜스레 발등으로 툭툭 쳐 종이가방을 확인해본다. 수영에게 전화를 건다. 아이는 졸린 목소리로 전화를 받는다. 통화하는 동안에도 연신 하품이다.

"졸업식 몇 시랬지?"

"안 와도 돼. 엄마 있으니까."

"……"

"아저씨랑 오기로 했대."

아, 그래. 관식은 고개를 끄덕였다. 수영은 걸끄럽다는 듯 한숨을 쉬곤 말을 이었다. 어차피 바쁘잖아. 응. 그렇지. 관식이 어깨를 움츠리며 몸을 앞으로 숙였다. 핸드폰을 쥐지 않은 손으로 짧은 머리를 연신 쓸어넘기며 말했다. 졸업 선물은? 왜. 필요 없어? 에이. 그래도. 관식이 생각나는 대로 물으면 수영은 건성으로 대답했다. 다른 웃음을 섞어 대화하는 동안 관식의 눈은 담뱃갑을 찾았다. 책상 위에 놓인 담뱃갑과 라이터를 챙겨 몸을 일으키는데 몽타주 실의 문이 열렸다.

"선배님. 부탁하신 거요."

"어. 거기다 놔."

"시효 지난 건 뺐습니다."

"그래."

아빠. 나 끊을게. 관식이 대답도 하기 전에 전화가 끊겼다. 핸드폰 액정을 들여다보다 황망히 고개를 드는 관식에게 후배는 어깨를 으쓱해 보였다. 손에 든 담뱃갑과 책상 끝에 놓인 파일 철을 번갈아 보다가 관식은 다시 자리에 앉았다. 파일은 꽤 두꺼워서 끝이 벌어져 있다.

"나이는 30대 초중반으로 보이고."

"누구 말씀이십니까?"

"저번에 너한테 준 그림 있잖아. 그놈 찾아냈다. 확실해."

누구의 증언도 없이 관식의 상상 속에서 만들어진 몽타주다. 아니 그게 순서가 맞는 겁니까? 후배는 영 미심쩍다는 반응이었다. 관식이 사건일지를 뒤진다. 자료는 중구난방으로 섞여 있어 관식이 분류해야 했다. 그러고 보니.

"너 저번에 약수동 갔다고 안 그랬어?"

"아. 노인 변사사건이요. 잠복은 채무관계 있는 사무실 앞에서 했는데요. 왕십리 쪽에."

"파일 좀 가져와 봐."

"예? 그거는, 자살로 거의 다 갔는데요."

"자살이라고?"

"거의 확실하다고 봅니다. 현장에 강도흔적인지 뭔지 분간이 안 간 게 있었는데 일단 지문 검출 안 됐고. 침입 흔적 없어요. 부검결과 나와 봐야 알겠지만, 지금은 일단."

"이상한 데 없어?"

"주위 진술은 뭐 그럴 양반 아니라고 하죠. 곧 있을 팔순 잔치 얘기하던 사람이 그럴 리가 없다고요. 근데 남이야 모르는 문제 아닙니까."

"일단 파일부터 가져와 봐."

노인이 숨진 장소는 자기 집이다. 미래 빌라. 201호. 관식은 눈을 감고 고개를 뒤로 젖혔다. 관식의 깊은 한숨을 들은 후배가 왜 그러냐고 묻는다. 그곳이다. 그날 밤 남자가 가던 길을 멈춰 잠시 올려다보던 낡은 빌라.

"이거 잡아야 한다."

후배는 고개를 설레설레 저었다. 관식의 얘기만 들어서는 상식적으로 납득할 수 없었다.

"영장 안 나와요. 선배"

"다른 거로라도 일단 잡아보자. 카메라 좀 빌려오고."

관식은 다른 업무를 뒤로 제쳐놓고 후배와 함께 잠복을 시작했다. 사흘째 되던 날 남자는 미래 빌라 앞에 나타났다. 관식은 정신없이 사진을 찍었다. 빌라의 불 꺼진 창을 올려다본다. 관식과 후배가 시선을 교환했다.

아내는 수영이 초등학교를 졸업하던 해, 아이를 필리핀으로 보내자고 했었다. 필리핀은 왜. 연고는커녕 사돈의 팔촌까지 뒤져도 아는 사람 하나도 없는 낯선 땅이었다. 아내는 결심이 확고해 보였고, 수영도 내심 원하는 눈치였다. 두 사람에게 이미 필리핀은 미래였다. 최종적인 목표가 뭔지는 잘 몰라도 아무튼 반드시 거쳐야 하는 관문처럼 보였다. 관식이 일에 몰두하며 가족과 서서히 멀어지는 동안 그렇게 되어버렸다. 그게 분했던 것인지도 모른다. 자기를 이 땅에 남겨두고, 어쩌면 꾸준히 돈을 보내줄 방편으로서 남겨두고 먼 땅으로 날라버리겠다는 얘기였기 때문이다. 관식은 침묵하며 두 사람을 거의 한심하게 바라보았다. 아내는 뭘 봐, 라고 말했다. 관식의 싸늘한 시선에 자존심이 상한 눈치였다. 그럼 내가 지금 어딜 볼까? 비꼬는 기색이 역력한 관식의 말투에 아내는 코웃음을 쳤다. 수영은 앉아있던 소파를 박차고 일어나 제 방으로 들어갔다. 큰 소리를 내며 방문이 닫혔고, 그것을 신호로 부부싸움이 시작되었다.

여러 차례의 싸움이 있었고, 관식과 시어머니의 만류로 아내는 필리핀행을 포기했다. 애초에 상대할 가치가 없다고 생각했다. 여편네가 어디서 헛바람이 들어와서 그러지. 상관 마세요. 관식은 어머니에게 그렇게 말했었다.

엄마! 큰 소리로 부르는 수영의 모습이 보였다. 수영의 시선이 향한 곳에는 아내와 박씨가 서 있었다. 커다란 꽃다발을 들고 손을 흔들고 있다. 박 씨는 사진을 찍는다. 꽃을 든 아내와 수영을 번갈아 찍는다. 졸업식 노래가 장내에 울려 퍼진다. 여학생들은 삼삼오오 모여 핸드폰을 높이 들고 자기들끼리 사진을 찍고 있다. 수영의 주위엔 모두 처음 보는 아이들이다. 친구들과 함께 있는 수영이를 보는 것은 초등학교 입학식 이후로 처음이다. 아이를 부르느라 소란스러운 학부모들, 들떠서 재잘거리는 아이들, 마이크의 잡음, 뭔가가 진행되고 있는 단상 위. 관식은 서서히 그것들 속에서 자신이 사라지고 있음을 느꼈다. 홀로 무빙워크에 올라타고 사람들에게서 멀어지고 있었다. 담임선생으로 보이는 사람이 일렬로 선 반 아이들에게 졸업장을 하나씩 나눠주고 있었다. 수영이 받아들고 선생님에게 꾸벅 고개를 숙였다.

보내줄걸. 멀리서도 알아볼 수 있는 딸의 뒷모습을 바라보며 박수를 쳤다. 보내줄 걸 그랬다.

"선배. 얼른 오셔야겠습니다."

후배에게서 전화가 왔다. 관식은 손에 든 종이가방을 내려다보았다. 오늘의 아버지 역할은 끝났다. 지켜보는 이 아무도 없이 관식은 그 역할을 해냈다.

“살지도 않는 동네를 왜 빙빙 돌아?”

“나는 그냥 구경하던 거라고요. 몇 번을 말해요. 왜냐니요. 이사 갈 집이니까 그렇죠. 그 집 알아봤다고요. 복덕방에 전화해보시든가. 아 씨팔. 사람 말 이렇게 무시해도 됩니까? 증거도 없이 잡아놓고? 고시원 산다고 무시하는 거 아니냐고요?”

관식은 취조실 바깥에서 남자가 언성을 높이는 것을 잠자코 듣고 있다. 손을 쥐었다 폈다 한다. 후배가 취조실 밖으로 나와 관식을 잡고 끈다. 씨근대며 말한다.

“사람 죽고 집이 그렇게 나왔으니까 싸겠죠. 이사하려고 둘러봤다는데. 아, 지가 그런 걸 즐긴다는데 어쩌겠어요.”

“그날 뭐했대? 죽은 날.”

“방에서 공부했답니다.”

더 이상 왜냐고 물을 수도 없었다. 후배는 답답하다는 듯이 발을 굴렀다.

“이거 이대로 끌고 가다간 우리만 뭐 되는 거 아시잖습니까.”

“아냐. 끝내면 안 돼. 뭔가가 있다고 분명히.”

후배는 거의 탄식하고 있었다. 뚜둑 뚜둑, 뼈가디를 눌러 소리를 낸다.

“일단 보내겠습니다. 더 잡아둘 증거도 없고.”

잔뜩 성질이 난 남자가 취조실 문을 발로 치며 나왔다. 관식은 남자에게 시선을 똑바로 맞췄다.

씨발 진짜. 좆도 모르는 새끼들이. 관식을 힐긋 보며 남자가 욕을 지껄였다. 무엇 때문인지 눈이 충혈되어 있다. 뭔가 잘못됐다. 내가 발견한 것은 이런 단순한 문제가 아니다. 그 얼굴이 맞다. 관식은 혼란스러움을 느끼며 남자의 뒤를 쫓아간다. 서의 현관을 열자 찬바람이 끼쳐온다. 다시 눈이 내리고 있다. 신경질적으로 계단을 밟아 내려가던 남자가 미끄러질 뻔 한다. 분통이 터진다는 듯 땅을 걷어차며 욕을 한다. 저기요. 이보십시오. 관식이 남자를 불러세운다.

"뭐에요, 또?"

"그날. 당신이 방으로 들어가는 거 본 사람 없습니까?"

"뭐라고?"

"오후 일곱 시에서 아홉 시 사이에 고시원에서 당신을 목격한 사람이 있냐고요."

"뭐라고 하는 거야 이 자식이?"

관식은 마음이 다급해졌다. 문득 도주할 가능성이 있다는 생각이 들어 남자의 잠바 자락을 움켜쥐었다. 남자는 더 이상 참을 수 없다는 듯 관식을 뿌리쳤다.

"내가 댁들 고소합니다. 이따위로 수사하다가 밥줄 끊겨봐야지."

관식은 남자의 옷자락을 놓지 않았다. 놓을 수가 없었다. 이거 놔. 안 놔? 밀쳐내고 붙잡다 둘 사이에 몸싸움이 시작되었다. 남자가 관식의 어깨를 밀어내다 악에 받쳐 소리를 질렀다. 주먹이 관식의 턱에 꽂혔다. 관식은 비틀거렸지만, 손을 놓지는 않았다. 주먹질이 오갔다. 관식이 바닥에 쓰러졌다. 경찰서 현관에서 시작된 싸움은 오래가지 않았다. 경비와 형사들이 몰려와 두 사람을 뜯어말렸다. 남자가 발길질하며 관식에게서 떨어져나왔다. 잡아야 되는데. 관식은 허공에 손을 뻗어 허우적댔다.

“정신 차려요. 왜 이러십니까 정말.”

후배는 뒤에서 관식을 끌어안듯 붙잡고 경찰서 안으로 더리고 들어갔다. 질질 끌려가다시피 하던 관식이 정신을 차리고 걸을 때쯤 후배가 화장실 안으로 관식을 밀어 넣는다.

“여기서 머리 좀 식히고 계세요. 제가 알아서 할 테니까. 예?”

철제문이 시끄러운 소리를 내며 닫혔다. 화장실 안에 다른 사람은 없다. 관식은 끝이 빨갛게 된 자신의 손을 내려다본다. 쥐었다 폈다 하며 피를 통하게 한다. 내게 남은 하나뿐인 자산이다. 지킬 것이 있다면 이것뿐이다. 상하게 해서는 안 된다. 벽에 붙은 방향제가 분사되는 소리가 고요를 깬다. 관식은 힘이 풀린 다리로 몇 걸음 옮긴다. 화장실 창으로 밖이 내다보인다. 잠시간의 소란스러움을 잠재우듯 눈이 내린다. 계속해서 내린다.

관식은 얼굴을 돌려 정면의 대형거울을 본다. 그리고 낯섦을 느낀다. 내가 이렇게 생겼던가.

똥개들의 왕

· 정유진 (고양예고 3학년) ·

아빠는 더 이상 혼자가 아니었다.

아빠의 뒤로 똥개들의 행렬이 펼쳐졌다. 아빠는 골목대장이라도 된 것처럼 당당히 앞으로 걸어갔다. 뒷발이 땅에 질질 끌리고 있는 절름발이 개, 하 을 털이 흙먼지와 뭉쳐 몸의 곳곳이 얼룩덜룩해진 개, 커다란 덩치와는 달리 슬금슬금 주위를 살피는 개. 수많은 개가 아빠를 뒤따르며 발걸음에 맞춰 짖어댔다. 개들의 목소리가 커질 때마다 아빠의 표정도 밝아졌다. 그럼에도 이따금 걸음을 멈춰 헥헥 거리는 개들에게 물을 마시게 하거나 행렬에서 이탈된 개들을 살폈다. 절름발이 개는 매번 행렬에서 뒤로 처졌다. 하지만 절름발이 개는 힘겹게 걸음을 옮기면서도 아빠를 뒤좇았다. 다른 개들보다 더디고 느린 발걸음이었다. 그랬기에 대열의 가장 뒤에서 아빠를 힘겹게 쫓아갔다. 다리를 절며 힘겹게 몸을 움직이는 그 개의 모습이 나처럼 느껴졌다. 어쩌면 나도 그 개처럼 아빠를 힘겹게 뒤따르고 있는지도 몰랐다. 햇볕에 쬔 땅은 발을 대기 싫을 정도로 뜨거웠지만, 아빠는 그 행렬을 멈추지 않았다. 그저 바람이 약하게 불어올 때 가만히 서서 개들을 바라볼 뿐이었다. 개들을 이끄는 아빠의 얼굴은 조금 상기 되어 있었다. 바람이 멈추면 다시 아빠는 바쁘게 동네를 휘적휘적 걸어 다녔다. 그리고 똥개들의 흔적을 치워 나갔다. 왼손엔 쓰레기봉투, 오른손엔 집게가 들린 채였다. 가는 곳마다 개들의 흔적이 있었다. 아빠는 개들이 싸놓은 똥을 집게로 집어 쓰레기봉투에 넣었다. 쓰레기봉투가 묵직해지는 동안 아빠를 따르는 개들도 점점 늘어났다. 기차놀이라도 하는 것처럼 기다란 대열이 이어졌다. 구부정하던 아빠의 어깨가 꼿꼿해졌다. 내 방 조그만 창문 사이로 본 아빠는 똥개들의 왕이었다.

아빠는 충견 같았다. 회사가 부르면 낮이든 밤이든 언제든지 달려갔다. 주인이 자신에게 아무리 무심하게 굴어도 상관하지 않았다. 주인이 다른 개들에게 더 관심을 둬 줄 때도 아빠는 오로지 한 주인만을 섬겼다. 아빠는 자신이 있는 자리를 지키며 주인을 위해서 움직였다. 내가 본 아빠는 회사에 모든 충성을 다하는 충견이었다.

친구들이 아프다는 핑계를 대며 학교에 나오지 않을 때도 나는 학교에 있었다. 학교가 집보다 편했다. 책상 하나와 의자 하나만이 내게 주어진 전부였지만 나는 내 자리에서 비로소 마음을 가라앉힐 수 있었다. 적어도 학교엔 누군가가 있었다. 언제나 회사를 지키는 아빠 때문에 홀로 집을 지키기 일쑤이던 내겐 그게 가장 중요한 사실이었다. 어렸을 적부터 나는 아무도 없는 집을 견딜 수 없었고, 그 시간을 견디는 것보다 학교에서 누군가의 말소리라도 듣는 게 좋았다. 0교시가 시작되는 8시부터 자습이 끝나는 10시까지, 개들이 제집을 지키듯이 나 또한 내 자리를 지켰다.

근근이 버텨오던 회사에선 더 이상 아빠와 일할 수 없다고 통보해왔다. 아빠는 이십 년이 다 되도록 일한 회사의 배신에 한참 동안 어리둥절한 표정을 지어 보였다. 늙고 병든 개가 10년 가까이 자신을 키워줬던 주인에게 버림받는 것처럼 아빠도 그랬다. 아빠의 자리는 더 젊고 유능한 사람으로 채워졌을 것이다. 오랫동안 일한 회사였음에도 아빠의 짐은 상자 하나에 충분히 담겼다. 상자를 들고 집까지 오던 날은 눈이 펑펑 내리던, 그해의 가장 추운 날이었다. 어쩌면 아빠는 꽁꽁 언 바닥에 쿵 하고 미끄러졌을지도 모른다.

그 겨울, 나는 수능을 끝낸 고3이었다. 나는 새롭게 정착할 곳을 찾아 떠도는 중이었다. 하지만 내 길도 꽤나 미끄러웠던 모양이다. 어떤 대학에서도 나를 불러주지 않았다. 합격통보 전화가 울리길 기다렸지만, 전화벨은 입을 다물었다. 그러는 동안 하나둘 친구들의 합격 소식이 들려왔다. 아프다는 핑계를 대며 학교에 나오지 않았던 아이들도 있었고, 좋아하는 아이돌의 스케줄에 정신을 쏟던 아이들도 있었다. 이상하게 그 아이들은 뚜벅뚜벅 빙판길을 잘만 걸어갔다. 그때 나는 아빠가 술을 마시고 자주 말했던 것처럼 '왜 하필 나야!' 라고 소리 질렀던 것 같다.

아빠는 한 번도 내 입학식과 졸업식을 본 적이 없었다. 그랬기에 나 또한 굳이 졸업식에 갈 이유가 없었다. 아무도 오지 않는 졸업식에 홀로 멀뚱멀뚱 서 있고 싶지 않았다. 하지만 아빠의 입에서 졸업식이 언제냐는 물음이 튀어나왔을 때, 그것만으로도 졸업식에 갈 이유는 충분해졌다.

겨울의 끝 무렵 아빠는 처음으로 졸업식을 찾았다. 그때 나는 빙판길을 뚜벅뚜벅 잘만 걸어간 아이들 사이에 끼어 있었다. 벌써 대학생의 모습을 하는 아이들과 달리 나는 고등학생으로 멈춰 서 있었다. 나는 그 사이에서 계속 움츠러들었다. 졸업식이 시작되고 나는 어떤 표정을 지어야 할지 몰라 어색하게 입꼬리만 올렸다. 아빠가 올지도 모른다는 기대에 흘끔흘끔 학부모 석을 훔쳐봤던 예전처럼 고개를 돌려 학부모 석을 봤다. 한 번도 모습을 드러낸 적이 없었던 아빠가 그곳에 있었다. 어깨를 빳빳이 펴고 웃고 있는 다른 학부모들과는 달리 어깨를 한껏 움츠린 채로 서 있었다. 하지만 이상하게 아빠가 내 뒤편 어딘가에 있다는 것만으로도 마음이 편안해졌다. 비로소 나는 조금 더 자연스럽게 웃을 수 있게 되었다.

인기 있는 견종도, 비싸고 화려한 개들도. 낙오되는 순간부터 똥개라는 꼬리표를 달게 된다. 아빠와 나도 그랬다. 아빠는 더 이상 회사원이 아니었고, 나는 더 이상 학생이 아니었다. 우리는 선과 선 사이에 무엇이라고 설명할 수 없는 빈 여백처럼 아무것도 아니었다. 아빠와 나는 각자의 방에서 한 달 동안 생각에 잠겼다. 방문은 오랫동안 입을 다물었다. 그 시간 속에서 집 안은 아무도 살지 않는 빈집처럼 고요했다. 아빠와 나는 깊은 바닷속에 잠겨버린 것처럼 아무런 움직임이 없었다. 우리는 생각을 정리하며 시간을 보냈다. 밥을 먹다가도 생각에 잠겼고 고3을 보내는 동안 풀었던 수많은 문제집을 정리하다가도 생각에 잠겼다. 앞으로 어떻게 해야 할지 또 우리는 무엇을 위해 살고 어디에 속해야 할지. 생각은 많아졌지만, 답은 쉽게 나오지 않았다. 분명 집 안엔 아빠와 나 두 사람이 존재했지만 정작 우리는 그 시간 속의 혼자였다.

이사 가자.

아빠가 정적을 깨고 말했다. 아빠가 빌빌대는 모습이 입시에 패배한 내 모습과 비슷하다고 느껴졌다. 그렇게 아빠와 나는 서울을 떠나 이곳으로 왔다. 서울의 흔적이 하나도 느껴지지 않는 곳이었다. 동네로 발을 내밀 때, 아빠와 나는 어디에도 속하지 못하는 상태였다.

동네로 처음 발을 내디뎠을 때, 아빠와 나는 한참을 마을 어귀에 멈춰 서 있었다. 시끄러운 소리로 가득 차 있던 서울과 달리 동네는 고요했다.

평생을 소음 속에서 살아온 아빠와 나에게 그 고요함은 낯설기만 했다. 키 작은 집들이 동네를 채웠고 바쁘게 거리를 활보하는 사람도 없었다. 쉽게 발을 들여놓지 못하는 우리 앞으로 똥개 한 마리가 다가왔다. 그제야 우리는 동네로 들어설 수 있었다.

동네는 미지근한 물을 끼얹은 것처럼 나른했다. 아저씨들은 집 앞에서 담배를 뻑뻑 피워댔고 아줌마들은 슈퍼 앞 평상에 앉아 화투를 쳤다. 더 나이 든 이들은 의미 없이 마을을 거닐었다. 그 모습을 보며 혹시 동네 사람들도 우리처럼 낙오되어 이곳에 온 건 아닐까 하고 생각했다.

어딜 가나 개들이 있었다. 사람들이 서울로 몰려드는 것처럼 똥개들도 이 동네로 몰려들었다. 사람들이 개들 사이에 끼어 사는 것처럼 보일 정도였다. 똥개 중엔 잡견들뿐만 아니라 잘 팔리고 값이 꽤 나가는 개들도 있었다. 뭐라도 사기 위해 집을 나서면 길거리마다 개들이 어슬렁거리고 있거나 쓰레기를 뒤지고 있었다. 왜 이렇게 이곳에 똥개들이 많은지 알 수 없었다. 어쩌면 아빠와 내가 이곳을 찾은 것처럼 똥개들도 버림받고 이곳을 찾은 걸지도 모른다. 나는 이곳을 '똥개 동네'라고 불렀다.

동네 사람들은 개들에게 누구보다 냉정했다. 굶주린 개들에게 조금의 음식도 내주지 않았고 마당으로 개가 들어오기라도 하면 욕설을 내뱉으며 개들을 걷어찼다. 개들은 사람들이 내놓은 쓰레기봉투를 찢어 밥을 먹어야 했고 복수라도 하듯이 그들의 집 앞에 똥을 쌌다. 똥개들과 동네 사람들의 대결 구도는 치열하게 계속됐다. 사람들은 어떻게든 개들을 쫓아내고 싶어 했지만, 개들은 자신의 집을 떠나지 않겠다는 듯이 꿈쩍도 하지 않았다. 똥개들은 동네 사람들로 인해 위태로운 곡예생활을 이어나가야 했다. 그래서인지 똥개들은 사람에 대한 경계를 늦추지 않았다. 사람이 보이면 슬금슬금 피하거나 이를 세웠다. 똥개 때문에 다친 사람도,

사람 때문에 다친 똥개도 있었다.

어쩌면 아빠는 똥개들에게서 어떠한 동질감을 느꼈을지도 모른다.

아빠는 개들에게 밥을 주고 개들이 싼 똥과 개들이 만들어낸 쓰레기들을 손수 치우기 시작했다. 아무도 하라고 하지 않았음에도 아빠는 개들의 흔적을 치워 나갔다. 대학에 대한 압박감 때문에 먹는 것마다 체하기 일쑤였던 겨울의 끝자락이었다. 나는 개들 말고 우리나 신경 쓰라고 짜증을 냈지만, 아빠는 못 들은 척 똥개들에게로 갔다.

봄바람이 마을에 슬쩍 불기 시작했을 때, 똥개들은 아빠에게 마음을 열었다. 아빠에게 가장 먼저 마음을 연 건 한쪽 뒷다리를 저는 절름발이 개였다. 절름발이 개가 처음으로 아빠를 뒤따르기 시작했다. 그 개가 뒤따르기 시작하자 아빠를 뒤따르는 개들은 빠르게 늘어났다. 똥개들의 기차놀이는 그렇게 시작됐다. 자신들을 향한 애정을 알아주기라도 한 것처럼 똥개들이 아빠의 뒤를 지켰다. 힘없이 축 늘어져 있던 아빠의 어깨에 힘이 들어가는 순간이었다. 어쩌면 아빠는 처음으로 누군가의 앞에 서 보았을지도 모른다.

누군가 문을 퍽퍽 두드리는 소리가 들린다. 바로 앞에 달린 초인종을 두고 문을 두드리는 사람은 한 명뿐이다. 책상에서 현관까지 가는 그 짧은 사이 문이 한 번 더 두드려진다. 얼른 문을 열자 부녀회장 아줌마가 떡하니 서 있다. 남자 못지않은 커다란 키와 허리도 굽히지 못할 것 같은 뚱뚱한 몸을 가진 아줌마는 매번 사람을 움츠리게 한다. 특히 아줌마를 따라다니는 싸구려 향수 냄새는 머리가 지끈거릴 정도로 지독하다. 아줌마가 팔짱을 끼고 나를 내려다본다.

"아빠 안 계신 데…."

나는 아줌마가 묻기 전에 쫓기듯이 먼저 대답한다. 아빠가 집에 있는 시간보다 똥개들을 데리고 동네를 휘젓고 다니는 시간이 더 길다는 것을 누구보다 잘 알고 있을 텐데도 아줌마는 매번 집을 찾아온다.

아줌마는 양치기 소년을 보듯 나를 바라본다. 그리곤 나를 옆으로 밀치며 집 안으로 들어간다. 이 방, 저 방의 문을 모두 열어 아빠가 없다는 것을 확인했을 때야 아줌마는 큼큼하고 헛기침하며 다시 내 앞으로 온다. 싸구려 향수 냄새에 머리가 지끈거린다.

"어떻게 된 양반이 집에 붙어 있질 못한대?"

아줌마는 당당하다. 그에 비해 나는 제대로 된 말 하나 붙이지 못한다. 아줌마는 추궁이라도 하려는 듯 실눈을 뜬 채로 나를 바라본다.

"너희 아빠한테 그 짓거리 그만하라고 전하긴 했니?"

"전했어요."

"눈 하나 끔뻑 안 하고 개새끼들을 감싸고도는 이유가 뭐야? 답답해서 정말."

똥개들에 대한 불평불만을 늘어놓으면서도 그 뒤치다꺼리는 아무도 하지 않던 반년 전, 아빠는 동네 사람들 중 처음으로 똥개들의 뒤치다꺼리를 시작했다. 아무도 하지 않는, 귀찮고 불편한 일을 아빠가 해주자 동네 사람들은 허구한 날 아빠를 칭찬했다. 서울에서 와서 그런지 사람이 참 부지런하고 싹싹하다며 지나갈 때마다 한 마디씩 건네 왔다. 하지만 끓어 넘치던 물이 시간이 지나 찬찬히 식어가는 것처럼 아빠를 향한 사람들의 시선도 식어갔다.

사람들은 똥개들을 개장수에게 팔겠다고 했고 아빠는 절대 그럴 수 없다고 막아섰다. 두 의견이 극명하게 대립하였다. 아빠에게 칭찬을 아끼지 않던 사람들이 이젠 아빠에게 사람이 왜 그렇게 고지식하냐며 짜증을 냈다.

"죄송합니다."

나는 아빠의 잘못을 대신 사과한다. 이번이 처음은 아니다. 동네 사람들은 우리 집 현관을 자주 이용한다. 그리고 내게 미안하다는 말을 듣는다. 아빠의 잘못을 내가 사과해야 한다고만 생각하는지 내게 사과를 요구하는 눈빛을 보내온다. 그래야 속이 풀리는 모양이다. 내가 사과를 하기 전까진 발을 떼지 않는다. 따지고 보면 내가 잘못한 것은 하나도 없었다.

"너희 아빠 집에 잠시 들렀다 나가지?"

"네."

아줌마는 아빠가 언제 나가고, 들어오는지도 알고 있다. 아줌마뿐만 아니라 동네 사람들 모두가 알고 있을 것이다. 아빠는 아홉 시에 일찌감치 집을 나선다. 새벽 세 시까지 수능 기출문제집을 풀다 잠든 내가 일어나는 시간이다. 이상하게 아빠가 집을 나서는 시간과 내가 눈을 뜨는 시간은 오차 없이 겹쳐온다. 아빠가 집을 나가고 나면 나는 홀로 집안에 남아 고요한 시간을 보냈다.

가끔 베란다에서 똥개들과 동네를 휘젓는 아빠를 보았다. 아빠는 큼지막한 가방을 메고 오른손엔 집게, 왼손에는 쓰레기봉투를 든 채로 당당하게 앞으로 걸어가고 있었다. 똥개들을 향해 누구보다 행복하게 웃고 있는 아빠를 보면 어쩐지 웃기가 힘들어졌다.

"얘?"

아줌마의 목소리가 나를 닦달한다.

"너희 아빠 오면 두 시간 정도만 잡아두라고. 딸인데, 그 정도는 할 수 있지?"

"네?"

"얘는 내 말을 어디로 들은 거야. 오늘 개장수 불렀다니까? 5시쯤에 개장수 올 거야. 그 정도쯤에 너희 아빠도 집에 들어오니까 잘 됐지, 뭐. 이제 진짜 못 참아. 동네 사람들이 착해서 너희 아빠 의견도 들어 주고 그런 거지."

똥개 새끼들이 뭐가 좋다고 그러나 몰라. 네 아빠 집에 오면 좀 붙잡아 둬. 알았지? 다다다 말을 쏘아붙이던 아줌마가 재촉하듯이 되물어온다. 나는 얼른 이 상황을 벗어나고자 대충 고개를 끄덕인다. 에어컨 하나 없는 찜통 같은 집안과 등 뒤로 따갑게 맞닿는 태양 때문인지 아줌마는 처음 집에 찾아왔을 때보다 훨씬 지쳐 있다. 연신, 이마 위로 흘러내리는 땀을 식힐 요량으로 두꺼운 손으로 부채질을 시작하지만, 땀방울은 얼굴을 타고 목주름으로 스며들었다.

"너도 가만히 보고만 있지 말고 좀 적극적으로 말리고 그래. 어떻게 된 애가 아빠 하나 못 말리니."

날은 또 왜 이렇게 더워. 아줌마는 부채질하며 우리 집으로부터 빠르게 멀어진다. 나는 아줌마의 등을 보고 다시 한번 고개를 숙인다. 아빠가 똥개들의 대장이 되는 사이, 나는 이 동네에서마저 낙오되면 어떻게 할지에 대해 생각했다. 오늘이 지나면 괜찮아질지도 모른다. 더 이상 낙오에 대해서 생각하고 싶지 않다. 하루라도 빨리 아빠가 제자리를 찾길 바랄 뿐이다.

열 살 때, 아빠가 회사에 나가 있는 동안 혼자서 지루한 시간을 보내야 했던 그때, 나는 깊은 바닷속에 갇혀 버린 것처럼 어둡고 외로웠다. 다른 아이들이 엄마가 차려주는 맛있는 밥을 먹고 엄마에게 일과를 늘어놓는 동안에도 나는 그럴 수 없었다. 내 기억 속에서 엄마는 한 번도 살아 숨쉰 적이 없었다. 흘리듯 아빠가 해주던 말에 따르면 엄마는 내가 갓 돌이 지났을 때 떠났다고 했다. 나는 엄마를 이해할 수 있었다. 어쩌면 엄마는 늘 누군가의 뒤에서 금방이라도 낙오될 것처럼 불안했던 아빠를 견딜 수 없었을지도 모른다. 하지만 나는 혼자 보내야 했던 그 시간을 견딜 수 없었다.

엄마도 아빠도 없는 시간, 나는 오랫동안 집 근처를 서성이곤 했다. 그 날도 다를 것 없는 날이었다. 아빠에게선 언제나 그렇듯 늦어진다는 전화가 왔고 나는 홀로 집에 남겨지는 것이 싫어 집 밖을 서성였다. 아이들이 많이 모여 있던 놀이터나 문방구에도 가봤지만 모두 집으로 들어간 후였다. 오랜 시간 힘차게 자신을 내뿜던 태양이 서서히 어둠 속에 스며들기 시작했을 때도 나는 놀이터에 있었다. 그네도 타보고 미끄럼틀도 타봤지만, 어느 것 하나 재밌지 않았다. 그렇게 한참을 그네에 앉아 있었다. 그네에 앉아 엄마를 그려보기도 하고 느림보 같이 흐르는 시간을 원망하기도 했다. 아무도 나를 찾지 않았고 나 또한 어디론가 갈 수 없었다. 그때 새끼 똥개 한 마리가 어슬렁거리며 놀이터로 들어섰다. 똥개와 나 사이의 거리는 조금씩 좁혀졌고 곧 똥개는 내 앞에 다다랐다. 나는 근본도 알 수 없는 똥개를 안아 들었다. 집으로 향하던 그 짧은 시간 동안에 느꼈던 온기를 잊을 수 없었다.

EBS를 틀고 이어폰을 귀에 꽂는다. 강사가 수능에 대한 팁을 설명해주면서 중요한 문법을 다시 한번 짚어주고 있다. 강사는 수능까지 남은 석 달 동안 완벽히 문법들을 숙지할 것을 강조한다. 이미 작년에 들은 적이 있는 문법들을 공책에 빼곡히 적는다. 분명 작년에 다 배웠던 것인데도 기억이 제대로 나지 않는다. 나는 수험생이었던 작년보다 더 눈에 불을 켜고 강사의 말을 고스란히 외우고 받아 적기를 반복한다. 책상 한쪽에는 과목별 문제집이 겹겹이 쌓여 있고 책상 앞에는 수능까지 남은 일수가 붙어져 있다. D-92, 작년보다 이번 여름이 유난히 더운 듯하다. 이번엔 작년처럼 낙오되지 않아야 한다. 다시 정신을 다잡고 강사의 말에 집중한다.

"개만도 못한 놈! 살아 있는 애들을 개장수한테 팔겠다는 건 무슨 심보야?"

아빠가 아무렇게나 던진 집게가 신발장의 타일과 부딪히며 챙그랑 하고 듣기 싫은 소리를 낸다. 강사가 49쪽의 3번을 풀어보라고 지시한다. 장문의 영어독해 문제다. 차근차근 해석을 해보려고 했지만, 아빠의 머릿속처럼 독해문제도 쉽게 풀리지 않는다. 결국, 나는 강의가 나오는 동영상 창을 닫아버린다.

"나보다 나이도 한참 어린놈이 예의도 없이 말이야."

이번에도 앞집 남자와 한 판 한 게 분명하다. 아빠는 동네 사람들에게 공공의 적처럼 달갑지 않은 존재였다. 그중에서도 가장 아빠를 달가워하지 않는 인물은 앞집에 사는 남자였다. 10년 전에 복서였다던 남자는 이젠 집에서만 지내며 똥개들에게 화풀이를 일삼았다. 아빠와 남자의 실랑이는 꼬리에 꼬리를 물고 늘어났다.

아빠는 이 마을에 온 뒤부터 조금씩 자신의 목소리를 내기 시작했다. 때론 앞에 나서기도 했다. 모두 똥개들을 위해서였다.

앞집 남자와 싸움이 났을 때도 아빠는 그와 맞서는 것을 두려워하지 않았다. 앞집 남자는 커다란 덩치에 부리부리한 눈을 가지고 있는 사람이었다. 동네 사람들 모두가 앞집 남자에게 너그러운 이유이기도 했다. 체급 차이가 확 나는 두 선수가 붙을 때 누가 이길지 뻔히 보이는 것처럼 아빠와 남자가 싸운다는 것 자체가 무리였다.

그날 앞집 남자는 유난히 똥개들이 짖는 소리를 견디지 못했다. 남자는 집에서 가지고 나온 막대기를 휘둘러 똥개들을 쳐냈다. 막대기에 맞고 나가떨어진 개를 본 다른 개들은 멀리 달아나거나 남자를 향해 시끄럽게 짖어댔다. 남자는 그런 개들을 향해 막대기를 휙휙 휘둘렀다. 개들은 더 시끄럽게 짖어댔다. 아빠에게 SOS를 보내기라도 되는 것 같은 커다란 울림이었다. 동네 사람들은 남자를 말리지 않았다. 그저 재밌는 구경거리라도 생겼다는 표정으로 지켜보기만 했다. 나는 동네 사람들의 틈에 섞여 앞집 남자를 보고 있었다.

뭐하는 짓이야!

아빠의 목소리가 들려오고 남자는 고개를 돌려 자신을 향해 달려오고 있는 아빠를 봤다. 개들은 아빠가 가까워질수록 더 크게 짖었다. 자신들이 무슨 짓을 당했는지 알아달라는 듯한 외침이었다. 앞집 남자는 다시 개들을 향해 막대기를 휘두르고 발길질을 하기 시작했다.

그만하라잖아!

아빠가 남자의 몸을 쓰러뜨린 건 그 순간 일어난 일이었다. 남자의 몸이 기우뚱 기울어지더니 이내 바닥과 맞닿았다. 아빠는 넘어진 남자의 앞을 가로막았다.

나는 처음으로 아빠가 누군가에게 화내는 모습을 보았다. 늘 목소리를 낮추던 아빠의 목소리는 동네 사람들에게 모두 들릴 정도로 컸다. 개들은 계속해서 짖었고 아빠는 막대기에 맞아 낑낑거리는 개를 살폈다. 앞집 남자는 아빠를 보며 자신보다 약한 사람이 자신을 넘어뜨렸다는 것이 자존심 상한다는 표정을 지었다. 그리곤 다시 일어나 막대기를 휘둘렀다. 남자 주위에 있던 똥개들은 족족 막대기에 맞고 쓰러졌다. 똥개들이 고통에 겨운 소리를 내며 바닥에 널브러졌다. 그때 아빠가 개들을 향해 휘둘러지고 있는 막대기 앞으로 툭 튀어나왔다. 남자의 막대기는 아빠의 볼을 살짝 스친 뒤 빗나갔다. 앞집 남자가 당황한 듯 어버버 거리는 사이 아빠는 남자의 손에서 몽둥이를 빼앗았다. 아빠의 작고 마른 몸이 똥개들의 앞을 단단히 지켰다. 아빠를 비롯한 모두가 말이 없었다. 개들만이 소리를 내 짖고 있었다. 아빠가 살아오면서 그렇게 강했던 적이 있었을까?

막대기에 스친 아빠의 볼에서 피가 조금씩 맺히기 시작했다. 피에 놀란 나는 동네 사람들 사이를 비집고 아빠에게 다가갔다.

아빠!

아빠는 동네 사람들을 보던 눈빛 그대로 나를 바라봤다. 나는 더 이상 다가가지 못하고 멈춰섰다. 아빠는 똥개들을 이끌고 자리를 떴다. 그날 밤 아빠가 돌아왔을 때, 아빠의 얼굴엔 피가 말라붙은 자국이 선명했다. 아빠는 말 한마디 없이 방으로 휙 들어갔다. 나는 아빠에게 다가갈 수 없었다. 한참이나 굳게 닫힌 방문을 바라보아야 했다. 공부하려 했지만 한 문제도 제대로 눈에 들어오지 않았다.

아빠는 누군가의 뒤에만 서 있었다. 학교에 다닐 때도 그랬을 것이고 회사에 다닐 때도 그랬을 것이다. 학생이던 시절엔 반장과 선생님 말씀을 잘 듣는 존재감 없는 아이로, 회사에 다닐 땐 사장과 부장 말을 잘 듣는 만년 과장으로. 아빠는 늘 누군가의 뒤에서 앞에 서 있는 사람들의 보조로 살았다. 평생을 그렇게 살아온 아빠의 습관은 가족이라는 공동체

안에서도 변함이 없었다.

그런 아빠의 뒤로 똥개들이 왔다. 똥개들은 처음으로 한껏 뒤로 물러나 있던 아빠를 뒤따라 주었다. 한 번도 누군가가 따라온 적 없는 자리에 똥개들이 들어갔다. 아빠는 자신을 뒤따르는 똥개들을 지키며 처음으로 앞으로 걸어나가기 시작했다. 오랜 시간 내 바람에도 불구하고 아빠는 당당히 앞으로 걸어나가지 못했다. 나는 아빠가 이제 와 똥개들의 앞에서 걸어나가는 것이 싫었다. 고작 주인에게 버림받고 쓰레기나 주워 먹는 똥개들로 인해 생긴 아빠의 변화는 나를 더 불안정하게 만들었다. 아빠가 똥개들의 앞에서 당당히 앞장서서 걸어갈 대면 이제 아빠가 똥개들을 방패 삼아 더 뒤로 물러나 있는 것처럼 보였다.

나는 내가 아빠를 닮아가는 것이 싫었다. 누군가의 뒤에서, 한껏 겁먹은 채로 있고 싶지 않았다. 하지만 요즘 들어 아빠와 닮아가는 나를 발견한다. 대학생이 된 친구들의 연락은 모두 피했다. 혹시라도 어느 대학 갔느냐고 물어오는 사람들이 있으면 얼굴을 붉히며 자리를 피했다. 성인이 되는 첫 번째 관문에서 다리를 크게 삐끗한 사람처럼 움직일 수 없었다. 나도 아빠처럼 누군가의 뒤에만 서 있을까 봐 무서웠다.

아빠가 애써 화를 억누르며 베란다로 나간다. 그리고 개들이 먹을 사료를 봉투에 푹푹 퍼 담는다. 부지런히 움직이는 어깨가 보인다. 아빠의 어깨는 예전처럼 힘이 없지도, 무언가가 잔뜩 실린 것처럼 축 늘어져 있지도 않다. 오히려 지금의 내 어깨가 예전의 아빠 어깨처럼 변하고 말았다.

"아까 부녀회장 아줌마 왔다 갔어."

또? 아무렇지 않은 듯 사료를 푼다. 나만 집에 찾아오는 사람들을 신경 쓰는 모양이다. 아빠가 밖에 나가서 똥개들의 맨 앞에 서 있는 동안 나는 동네 사람들에게 고개를 조아리고 사과를 해야 한다. 아빠는 내가 고개를 푹 숙인 채로 뒤로 물러나고 있는 게 괜찮은 것 같다. 아빠의 어깨는 흔들림 없이 일정하게 움직인다. 아무렇지 않은 그 움직임이 아무도 없는 놀이터를 지켰던 그때처럼 느껴진다.

"여기서도 쫓겨나기 싫어."

묵묵히 사료를 담고 있던 아빠의 손이 허공에서 멈춘다. 아빠가 뒤돌아 여름과는 어울리지 않는 표정으로 나를 본다. 아빠의 얼굴 위로 선선한 바람이 분다.

"우린 여기서 계속 살 거야."

"아빠."

집 밖으로 개들이 짖는 소리가 들린다. 얼른 나오라는 듯 아빠를 재촉한다. 그 소리가 들리자 아빠의 눈이 빛난다.

"개들 밥 주러 가야겠다. 저녁은 알아서 챙겨 먹어."

아빠가 사료를 몇 번 더 푼 뒤, 개들에게 줄 2L짜리 생수 두 병을 챙긴다. 집에 들어온 지 30분도 채 되지 않은 짧은 시간이었다. 문득 나를 몰아세우며 쏘아붙이던 부녀회장 아줌마의 목소리가 떠오른다. 아빠는 무슨 급한 일이라도 생긴 것처럼 다급하게 움직인다. 집에 있으면 숨이 턱턱 막혀오기라도 하는 건지 아빠는 늘 똥개들 곁으로 가려 했다.

"밥 먹고 가."

생각보다 그 말이 익숙하게 튀어나왔다.

오랜만에 마주 앉은 아빠가 어색하다. 함께 밥을 먹은 기억이 그리 많지 않았다. 아빠는 거리를 활보하느라 밥을 거르기 일쑤였고, 그동안 나는 혼자 밥을 챙겨 먹었다. 그래서인지 밥알이 목구멍으로 유연하게 넘어가지 않는다. 아빠는 묵묵히 밥알을 입안으로 가져간다.

"이번에 대학 되면 다시 서울 가자."

"나는 안 간다."

아빠의 밥그릇은 벌써 바닥을 보이고 있다. 모래시계를 뒤집어 놓기라도 한 것처럼 이상하게 마음이 급해진다.

"여기서 계속 살겠다고? 똥개들 뒤치다꺼리나 하면서?"

내가 좋아서 하는 거야. 아빠의 목소리엔 조금의 흔들림도 느껴지지 않는다. 누군가 내 숨통을 꽉 쥐고 있는 것 같은 갑갑함을 느낀다. 한껏 치솟은 날씨 때문일 수도 있고 뻣뻣하기만 한 아빠 때문일 수도 있다.

아빠가 밥그릇을 모두 비우고 자리에서 일어난다. 일정한 움직임으로 설거지를 시작한다. 물과 그릇이 맞닿으며 나는 소리가 신경을 건드린다. 조용한 집안에서 들려오는 축축한 소리가 아빠와 내 사이를 말해주는 것 같다.

"아빠."

야 이 개새끼들아!

내 목소리보다 더 큰 목소리가 들려온다. 그 목소리 뒤로 개들이 낑낑대는 소리도 들린다. 설거지를 위해 바삐 움직이던 아빠의 손이 멈춘다. 물줄기가 싱크대의 바닥과 맞닿으며 더 커다란 소리를 낸다. 개들은 여전히 짖어대고 낯선 남자의 목소리는 끊임없이 들려온다. 아무래도 개장수가 온 모양이다. 내가 잡혀가는 것도 아닌데 아빠의 얼굴이 점점 새파랗게 질려 간다.

"아빠!"

아빠가 현관 앞에 우뚝 선다. 시간이 갈수록 마음이 급해진다.

"예전에 내가 키웠던 개. 어쨌어?"

나는 놀이터에서 데려간 개를 일 년이나 키웠다. 아빠는 누가 이 개를 돌보냐며 매번 짜증을 냈다. 하지만 나는 개를 깨끗이 씻기고 사료를 먹이며 누구보다 정성껏 돌봤다. 아빠가 날이 어두워지도록 들어오지 않는 날이면 개를 끌어안았다. 개를 끌어안고 있으면 이상하게 마음이 한결 차분해졌다. 그 똥개의 온기가 내 몸 깊숙한 곳에 스며들기라도 하는 것처럼.

"아빠가 데리고 나갔잖아."

아빠는 똥개를 데리고 나가서 다시 데려오지 않았다. 그렇게 똥개는 사라졌다. 나는 똥개가 어디로 사라졌는지도 알지 못했다. 다시 데리고 오라고 떼를 썼지만, 아빠는 개를 키우기엔 집이 너무 오랫동안 비어 있다며 고개를 흔들었다. 나는 더 이상 개가 주던 온기를 느낄 수 없었다. 가끔 생각했다. 아빠는 그 개를 어떻게 했을까. 어쩌면 개장수에게 개를 팔아 버렸을지도 모른다.

"아빠도 동네 사람들이랑 다를 거 하나 없잖아!"

아빠는 그대로 집을 나간다. 개들이 짖고, 개장수가 욕설을 내뱉는다. 동네 사람들의 말소리도 들려오고 아빠가 그들을 향해 소리치는 것도 들린다. 하지만 내 머릿속엔 집을 나서는 아빠의 뒷모습만이 들어 있다.

창밖으로 벌써 해가 저물고 있다. 하늘은 태양의 뜨거운 기운을 잔뜩 머금어 붉기만 하다. 아빠는 다시 집으로 돌아오지 않는다. 개장수가 집 근처를 벗어났는지 소란스러운 소리는 들리지 않는다. 꿈속에서 들리는 목소리처럼 희미하게만 들릴 뿐이다. 이 동네에 나 혼자만이 남아 있는 것 같다. 꿈속에 갇혀 있는 듯한 기분이 든다. 베란다로 다가가 바깥을 보니 개장수를 쫓아가는 아빠의 뒷모습이 멀어지고 있다. 딱딱하게 굳어 있던 몸을 움직인다. 아빠를 꿈속에서 끌어내기 위해서다.

골목길은 스펀지가 모든 소리를 흡수한 것처럼 조용하다. 나는 그 거리를 내 발소리로 채운다. 발과 바닥이 맞닿는 찰나의 시간이 고장 난 시계처럼 불규칙하다. 똥개들이 즐비했던 거리는 낯설게 느껴질 만큼 고요하다. 나는 고요함을 벗어나고자 걸음을 재촉한다. 걸음이 빨라질수록 아득하기만 하던 소리가 가까워진다. 노을이 짙어지고 개들의 울음소리가 커진다.

마을 어귀에 다다르자 빛바랜 트럭이 보인다. 트럭은 진흙과 오물로 인해 본래의 색깔은 잃은 지 오래다. 트럭의 뒤편엔 개를 가둘 철창이 층층이 쌓여 있다. 철창 안엔 전에 있었던 개들의 오물과 날벌레들이 즐비하다. 그리고 이미 철창에는 꽤 많은 개가 갇혀 있다. 철창 안의 똥개들은 어떤 때보다 거칠고 위태로워 보인다. 철창은 개들이 감옥같인 것처럼 느껴진다. 똥개들도 자신을 감싸고 있는 그 거북함을 떨쳐내고 싶은지 어떤 때보다 큰 소리로 날카롭게 짖어댄다. 끊임없이 짖어대는 똥개들의 시선은 한 곳을 향하는 중이다.

그 시선의 끝에, 아빠가 있다. 아빠는 양쪽 어깨를 아저씨들에게 붙잡힌 채 소리치고 있다. 아저씨들은 아빠를 단단히 붙잡고 놓지 않는다. 아빠가 그렇게 초라해 보였던 적이 없다. 회사에서 낙오 당했을 때도, 이만큼 초라하진 않았다. 몰려 있던 사람들은 끊임없이 웅성대며 손가락질한다. 나는 아빠의 모습에 제동이 걸린 것처럼 서서히 걸음을 멈춘다. 아빠는 고작 100미터도 안 되는 곳에 서 있다. 아빠를 꿈속에서 끌어내기 위해 이곳에 왔는데 정작 한 발자국도 떼지 못한다.

철창 안의 개들이 이젠 나를 향해 짖어댄다.

"빌어먹을 개새끼들, 꽁꽁도 숨었네."

낯선 이의 목소리가 들리더니 뒤편에서 개장수로 보이는 남자가 다가온다. 개장수의 손에 개 한 마리가 붙들려 있다. 늘 힘겹게 아빠를 따라다니던 절름발이 개다. 두 손에 목덜미를 억세게 붙들린 절름발이 개는 고통스럽다는 듯이 몸을 거칠게 뒤틀지만, 개장수는 눈 하나 깜짝하지 않고 억세게 목덜미를 붙든다. 나는 내 목이 개장수에게 붙들린 것처럼 숨이 턱턱 막혀오는 것을 느낀다. 아빠는 개장수를 보며 다시 악을 쓰고 소리친다. 그만하라고 소리치는 아빠의 목소리가 여러 갈래로 갈라지며 듣기 싫은 소리를 낸다. 개들이 아빠의 목소리에 맞춰 짖어댄다. 개장수가 빠른 걸음으로 트럭으로 다가가 빈 철창의 자물쇠를 푼다. 남자가 철창을 열기 위해 한 손으로 개의 목덜미를 붙든다. 그리곤 철창의 손잡이를 잡아당긴다. 철창은 쉽게 열리지 않는다. 붉게 녹슨 문은 똥개에게 일말의 시간이라도 줄 생각인 것처럼 빽빽하게 버티고 있다.

그만두라니까! 나는 멀찍이 서서, 온 힘을 다해 소리치는 아빠를 본다. 아빠가 개장수를 향해 소리치는 순간 아빠의 눈과 내 눈이 마주친다. 나는 그 속에서 수많은 생각을 읽어낸다. 개장수는 지금 내 옆에 있다. 아빠는 내게 개장수를 밀쳐내라고 말하고 있다. 하지만 나는 똥개와 아빠를 위해 아무것도 하지 않는다. 아빠에게 다가가지도 않는다. 아빠와 나 사이의 거리가 유독 멀게 느껴진다. 낮에 느꼈던 후텁지근한 기운이 해가 지면서 서서히 사라지고 있다.

아! 개장수의 짧은 신음이 들린다. 절름발이 개가 두툼한 장갑에 감싸져 있는 개장수의 손을 콱 문다. 온 힘을 다해 이를 세운 작은 몸뚱이가 바닥으로 획 던져진다. 개장수의 장갑에는 개의 이빨 자국이 선명하다. 절름발이 개는 있는 힘껏 달리기 시작한다. 아저씨들에게 잡혀 있는 아빠를 향해. 그 개는 이제껏 한 번도 내보지 못한 속도로 아빠를 향해 달려간다. 절름발이 개가 그토록 빠르게 달려본 적이 있을까? 그 순간만큼은 질질 끌리고 있는 뒷다리가 다른 개들의 평범한 것과 다를 게 없어 보인다. 철창 안의 똥개들이 응원이라도 하듯이 돈청껏 짖어댄다. 개장수는 거친 욕설을 내뱉으며 똥개를 뒤따라간다. 절룩거리는 그 개가 금방 잡힐 것이라는 걸 나는 알고 있다. 아빠는 자신을 꽉 붙잡고 있던 아저씨들을 밀어내기 위해 몇 번이나 몸을 거칠게 흔들지만, 아저씨들은 놓아주지 않는다. 아빠를 향해 뛰어가던 똥개는 아주 쉽게 아저씨 중 한 명에게 다시 붙들린다. 그렇게 절름발이 개의 질주는 빠르게 끝이 났다. 성큼성큼 걸어온 개장수에게로 절름발이 개가 건네진다. 똥개의 목덜미가 아까보다 더 억세게 부여 잡힌다. 절름발이 개는 고통스럽게 켁켁 댄다. 그러는 동안에도 개장수의 입에서 욕설이 떠나지 않는다. 개는 결국 철창 안으로 던져진다. 어쩌면 절름발이 개는 아까처럼 두 번 다시 질주할 수 없을지도 모른다.

아빠는 더 이상 소리치지 못한다. 힘없이 주저앉을 뿐이다. 아빠가 주저앉자 똥개들을 잡아들이는 일에 더 박차가 가해진다. 동네의 아저씨들이 개장수를 도와 똥개들을 잡는다. 골목에서 개들이 속속히 잡혀 온다. 이젠 똥개들마저 힘을 잃었다. 모두 낑낑 앓는 소리만 낼 뿐 큰소리를 내 짓지 못한다. 개장수는 촘촘히 엮어진 포대에 개들을 무작위로 넣어와 철창 안으로 털어버리기를 반복한다.

아빠가 마지막 힘을 내 소리치기 시작한다. 아빠의 목에서 쇳소리가 난다. 개들이 아빠에게 마지막 말을 하듯이 힘껏 소리친다. 골목을 채우던 개들이 빠르게 줄어간다. 이곳저곳에 숨어 있던 개들도 개장수와 아저씨들의 손에 끌려 나온다. 태양이 마지막 힘을 내뿜으며 하늘 전체를 붉게 적시는 동안, 아빠와 개들도 마지막 힘을 낸다. 아빠와 똥개들의 울음소리가 귀를 울린다. 개장수는 멈추지 않는다.

똥개들의 울음소리를 싣고 개장수의 트럭은 유유히 동네를 떠났다. 동네 사람들은 트럭이 사라지는 모습을 끝으로 각자의 집으로 돌아갔다. 아빠는 한참이나 그 자리에 주저앉아 움직이지 못했다. 몸이 딱딱하게 굳기라도 한 것처럼 움직임이 없었다. 나 또한 움직이지 못했다. 아빠의 어깨가 동네에 들어오기 전보다 훨씬 아래로 늘어졌다. 아빠를 따라다니던 긴 대열도 더 이상 존재하지 않았다. 동네를 채우던 개들의 흔적들만이 남아 있을 뿐이었다. 아빠는 개들이 마지막 힘을 내 울부짖던 것처럼 소리쳤다. 끅끅대며 울음을 집어삼키는 소리가 마을 안을 채웠다. 앞집 남자에게서 개들을 지켜냈던 모습은 이미 사라진 지 오래였다. 아빠가 자리에서 일어났다. 붉은 하늘 아래 아빠는 혼자였다. 뻣뻣하던 아빠의 몸이 조금씩 움직이기 시작했다. 그리곤 트럭이 사라진 곳을 향해 삐걱삐걱 걸어갔다. 아빠는 더 이상 똥개들의 왕이 아니었다.

아빠는 다시, 혼자였다.

꽃잎미끼

· 임경헌 (전북대 국문 4학년) ·

낚시꾼, 섬진강 가에 퍼질러 누워 실지렁이들 상주 노릇을 하고 있네, 물결에 잡아먹혀 꿈틀거리는 살점을 좀 봐, 비린내만 펄떡펄떡 꼬리를 치지, 가끔 붕어가 수면을 뻐끔뻐끔 불어대도 낚이는 건 물결뿐, 물살의 식욕은 웅덩이로 깊어져 가고, 미끼는 어둠으로 스며드네, 허기진 왜가리, 거꾸로 물살 타는 조팝꽃 한 아름 콕콕 쪼아대는데, 찌는 여전히 심연의 절벽에서 자맥질하고, 떨어져 누운 꽃잎들 저들끼리 지껄여대고

낚싯줄에 물린, 만선의 꿈
한 번 휘둘러 릴을 돌리니
피라미, 수직의 힘에 턱이 꿰이네

강물이 실지렁이만 한 물고기 한 마리 게워내고 있어, 낚시꾼 붕어만 한 허파를 물굽이에 띄워 보내지, 팔뚝만 한 강의 비늘들, 끝내 강의 밑바닥으로 파고들고, 종일 실지렁이를 수장시켜 얻은 건 저린 다리뿐인데,

홀로 고수인 사내, 또다시 정적이 입질 중이네, 물비늘도 조팝꽃을 미끼로 걸어 한몫을 다짐하고, 끝내 꽃잎에 낚인 봄, 힘차게 물질 중이야

호두 한 알

· 김경민 (안양예고 2학년) ·

두꺼운 벽 너머 봉숭아 꽃망울 터뜨리는 봄볕 산부인과
유리문 사이로 울음소리 하나가 터져 나온다 순간
한껏 부풀었다 줄어들기 시작한 빈집 하나
호두과자를 굽는 여자는 때마침 달그락, 철판을 뒤집는다
모양틀에 반죽을 붓고 앙금을 잘라 넣을 때
안쪽부터 따뜻해지기 시작하는 아랫배
그녀는 사라진 집의 기억으로 호두의 형상을 빚는다
유리문이 열리고 부푼 배를 안고 나오는 임산부
한 그루의 여자
단단하게 부푼 배에는
여러 갈래 주름의 자리가 준비되어 있다
밀가루로 빚은 껍질은 단단하지 못하다
줄어들기 시작한 세계처럼
금방 식어버리는 호두과자
뿌리 없이 열리는 그녀의 열매들은

주름을 입고 순식간에 늙어버리고
불을 조절하는 여자의 아랫배는
잠시 부풀어 오르는가 싶더니,
텅 빈 호두알
바삭한 첫울음 터뜨리며 굴러 나온다
식은 과자를 담는 종이봉투에서
바스락, 마른 잎 소리가 난다
한그루 호두나무 불판에 데였는지 가지를 쓱쓱 문지르고 있다

가람이병기청년시·
최명희청년소설문학상

•

2009~2017

제1400호 10월 14일 월요일

2013 가람이병기청년시문학상·최명희청년소설문학상 : 대학부 소설

공(空)

· 신윤희 (서울예대 문창 2학년) ·

그의 몸에 구멍이 뚫려 있었다.

몸에 구멍이 뚫렸어요. 그가 심상하게 말했다. 너무도 심상하게 말해서 나 역시, 그런가요. 구멍이 뚫렸나요. 라고 대답했다. 분명히 나는 조금 놀랐지만, 그가 심상하게 말하자 심상한 척 대답했다.

보여줄까요. 그가 말했다. 그가 윗옷을 벗었다. 구멍은 500원짜리 동전 크기였다. 그의 가슴 가운데에 까만 구멍이, 확실히 뚫려 있었다. 등을 관통하는 구멍은 아니었다. 어디로 통하는 구멍인지는 몰랐다. 구멍은 그저 가슴 한가운데에 약간 큰 점처럼 뚫려 있었다. 윤곽이 조금 흐릿한 반점 같았다. 손가락을 넣으면 들어가요. 그가 자신의 구멍 속으로 검지를 넣었다. 그의 손가락이 마디 끝까지 쑥, 들어갔다. 아프지 않아요? 내가 물었다. 아프지 않아요. 그가 말했다. 나는 조심스럽게 그의 구멍으로 검지를 넣었다. 구멍 속에는 아무것도 없었다. 몸에 뚫린 구멍인데 몸으로 통하지는 않는 구멍이었다. 살 밑의 감각이 느껴지지 않았다. 구멍의 끝이 만져지지도 않았다. 흩어지는 구름에 손가락을 넣으면 이런 느낌일 것 같았다. 나는 손가락을 뺐다.

병원에 가봐야 하지 않을까요. 내가 물었다. 아니에요. 아프지 않아요, 너무 걱정 말아요. 그가 말했다. 정말 괜찮을까. 속으로 생각했다. 아프지 않으니까 괜찮을 거예요. 그가 내 속마음을 읽기라도 한 듯 대답했다. 나는 더 말하지 않았다.

나는 그에게 더 말하지는 않았지만, 더 말하지 않았기 때문에, 그 날 저녁 설거지를 하다가 접시 하나를 깼고, 식탁을 닦다가 물컵을 엎질렀고, 빨래를 끝내고 다 개 놓은 옷 위에 주저앉았고, 사과를 깎다가 과도에 손이 베었다. 끓는 냄비에 물이 넘치는 동안에도 하루 종일 그의 구멍에 대해 생각했다. 피가 나지도 않고, 아프지도 않고, 몸을 관통하는 것도 아니고, 몸의 내부로 통하는 것도 아닌, 허공을 조금 떼어다가 가슴에 붙여놓은 것 같은 구멍에 관해서.

갑자기 그가 재미있는 걸 보여주겠다고 했다. 나는 별생각 없이 고개를 돌렸다. 그는 가슴에 난 구멍에 노란 꽃을 꽂고서 웃고 있었다. 짠! 그가 외쳤다. 나는 어, 뭐지, 하고 잠깐 멍한 머리로 있다가 몇 초 후에 픽, 하고 같이 웃었다. 몸에 화분이 생긴 것 같아요. 그가 말했다. 걱정하지 말아요. 그가 웃었다. 바보같이. 가슴 가운데에 환하게, 노란 꽃이 피었다.

구멍은 그저 구멍인 채로, 그에게 아무런 해를 끼치지 않고 뚫려 있었다. 구멍 속에서 무엇인가 튀어나오지도 않았고, 구멍 속으로 무엇인가 새어나가지도 않았다. 변한 것은 아무것도 없었다. 그와 나는 조금씩 구멍에 익숙해졌다. 때로는 구멍으로 장난을 치기도 했다. 나는 드라마의 여주인공을 흉내 내면서 손가락을 구멍에 집어넣고 충전. 이라고 말했다. 그럴 때마다 그는 큰 소리로 웃었다. 나도 그와 같이 웃었지만, 그의 몸에 뚫려 있음에도 도무지 그의 몸 같지 않은 구멍의 감각만큼은 여전히 이상했다.

나는 그의 가슴에 구멍이 뚫린 이후 꽃집 앞을 자주 서성거리게 되었다. 나는 이틀에 한 번 꼴로 꽃을 사 갔다. 주로 꽃망울이 크고 색이 진한 꽃을 샀다. 그의 구멍에 매일매일 다른 꽃을 꽂았다. 가슴 한가운데에 장식된 꽃은 코사쥬 같았다. 그의 살결은 희었고 붉은색 꽃이 도드라지게 잘 어울렸다. 내 입술은 매일 밤 그의 꽃잎 위에 조용히 내려앉았다.

며칠 후, 구멍이 조금 커져 있었다.

500원짜리 동전만 했던 구멍이, 이제는 검지와 엄지를 동그랗게 말고 OK 모양을 만들 때 생기는 원의 크기로 커져 있었다. 검지와 중지를 한꺼번에 넣어도 넉넉했다. 나는 구멍이 처음 생겼을 때만큼 불안해했다. 나는 그의 구멍에 붉은 꽃을 꽂았다. 구멍은 꽃 한 송이만을 꽂기에는 허전하게 자리가 남을 만큼 커져 있었다. 꽃은 바닥으로 툭 떨어졌다.

화병의 꽃들은 서서히 시들어갔다. 나는 그의 구멍 위로 손바닥만 한 거즈를 붙였다. 구멍을 가리고 다녔으면 좋겠어요. 그가 순순히 고개를 끄덕였다. 가슴 한가운데 거즈와 반창고를 붙이자 그는 다친 사람 같았다. 그는 정말로 아프지는 않다고 말했다. 나는 작게 몸을 떨었다. 그는 나를 안아주었다. 그의 구멍이 내 가슴에 닿았다. 나는 몸을 움츠렸다.

밤이 되었다. 그는 잠들어 있었다. 나는 조용히 눈을 떴다. 그의 옷을 조심스럽게 벗겼다. 거즈를 떼어냈다. 구멍이 드러났다. 구멍은 거즈를 붙이기 전 마지막으로 보았을 때보다 약간 더 커져 있었다.

숨을 크게 들이쉬고, 검지와 중지를 구멍 안에 집어넣었다. 이리저리 구멍 속을 더듬으면서, 무엇인가가 잡히는 것이 있다면 잡으려 했다. 아무것도 없었다.

구멍이 그의 몸 위에 뚫린 것이 아니라, 원래 뚫려 있는 구멍이 그의 몸 위로 옮겨다 붙은 것 같다는 느낌이었다. 나는 구멍 속으로 물을 조금 흘려보냈다. 다시 손을 집어넣었다. 물은 고이지 않았다. 좀 더 멀리, 깊이, 흘러간 것 같았다. 나는 구멍이 얼마나 깊은지, 어디로 통하고 있는지를 조금도 짐작할 수 없었다. 다시 조심스럽게 구멍 위에 거즈와 반창고를 붙였다.

그가 내 쪽으로 몸을 돌려 누웠다. 나는 조용히 그의 옆에 누웠다. 그의 왼쪽 가슴에 귀를 댔다. 일정한 박자로 고동이 울리고 있었다. 나는 그의 옆에 좀 더 달라붙었다. 소리를 더 듣고 싶었다. 깊게 잠든 그가 손을 뻗어 그의 가슴 쪽으로 내 머리를 감쌌다. 내 머리는 그의 가슴 안에 갇혔다. 순간 눈앞으로 더 가까이, 검은 구멍이 다가왔다. 구멍은 밤 속에서 밤보다도 더 까맸다. 구멍 주변의 살갗을 만지면, 그의 체온보다 좀 더 서늘한 느낌이 들었다.

구멍 말이에요.

다음 날 아침, 그에게 말을 걸었다.

구멍이 점점 커지고 있는 것 같아요.

그런가요?

구멍이 왜 점점 커지는 걸까요?

그는 아무 말도 없었다. 그가 나를 멀거니 바라볼 때, 나는 그의 얼굴에서 아무 표정도 읽어낼 수 없었다.

한낮의 햇살 아래, 그는 소파 위에 앉아있었다. 빛이 닿지 않는 그의 얼굴 반쪽이 어둠에 잡아먹힌 것처럼 까맸다. 그는 곧게 앉아 있었지만, 툭 치면 쓰러질 것처럼 생기가 없었다. TV조차 켜져 있지 않은 집은 싸늘한 침묵으로 가득 찼다.

나는 일부러 밝은 목소리를 내며 말했다.

옷 사 왔는데 한 번 입어볼래요?

나는 그의 앞에 옷가지들을 늘어놓았다. 주로 어둡고 진한 색의 티셔츠였다. 가슴 부분에는 밝고 화려한 프린트나 로고가 새겨져 있었다. 그가 입은 얇은 흰 셔츠 안쪽으로 검은 구멍이 비쳤다. 그는 아무 말 없이 셔츠를 벗었다. 그의 맨살과 함께, 구멍이 드러났다. 그가 널려있는 옷 중 아무거나 집었다. 그가 셔츠 속으로 머리를 끼워 넣으려는 찰나, 나는 그에게 말했다.

잠깐만요.

나는 쇼핑백의 가장 안쪽에서 잔뜩 구겨진 약 봉투를 꺼냈다. 알약으로 된 항생제와 가루로 된 소염제, 붕대가 나왔다.

약 꼬박꼬박 챙겨 먹는 거 잊으면 안 돼요.

그에게 알약으로 된 항생제를 내밀었다.

나는 그의 구멍 속으로 가루약을 뿌렸다. 그는 잠깐 의아하다는 표정을 지었지만, 곧 내가 하는 대로 가만히 내버려 두었다. 가루약은 검은 구멍 속에서 눈처럼 하얗게 날렸다. 흰 가루가 검은 구멍 안에서 빙글빙글, 내리다가 더 깊고 어두운 안쪽으로 조금씩 사라져갔다. 하얀 가루들은 끝끝내 닿지 않을 구멍 속에서 계속 맴을 돌 것이다. 땅 위에 닿지 못하고, 공중에서 어느 순간 사라져 버리는 진눈깨비처럼. 나는 그럼에도 흰 가루약을 계속 뿌렸다. 거실을 가득 채운 석양빛의 결 사이로 가루들이 알알이, 뽀얀 먼지처럼 날렸다.

빨리 나아요.

그는 대답하지 않았다.

빨리, 나아요.

내 목소리가 조금 떨렸다. 나는 흰 가루투성이 손으로 붕대를 풀었다. 그의 가슴을 안고 붕대를 둘렀다. 붕대를 두르면서 말했다. 약을 뿌렸으니까, 구멍이 더 커지지 않을 거예요. 약을 뿌렸으니까. 약이, 구멍에 닿아서 잘 들면, 구멍이 커지지 않을 테니까……. 그가 나를 끌어안았다. 나는 떨리는 어깨에 단단히 힘을 주었다. 그는 나를 잠깐 껴안고 있다가, 곧 나를 살짝 밀어내었다. 그는 가슴에 둘린 붕대를 스스로 풀었다. 붕대가 내 손 안을 미끄러지듯 빠져나갔다. 그는 내 손을 잡아끌어 자신의 구멍 속으로 집어넣으려 했다.

봐요, 아프지 않아요.

나는 대답하지 않았다. 나는 구멍에 빠지지 않기 위해 손목을 비틀어댔다.

나는 아픈 게 아니에요.

나는 입술을 달싹거렸다. 목구멍에서 아무런 목소리도 나오지 않았다. 미안해요. 그는 중얼거리고는, 조용히 일어나 방으로 들어갔다. 검은 구멍의 잔상이 내 눈 안으로 오래오래 맺혔다. 눈을 감아도 안 저 너머까지 새겨질 것이었다.

거실에는 입다 말아 구겨진 옷들이, 다 풀어진 붕대와 흩뿌려진 가루약들이, 꾹 쥐어 잔뜩 구겨진 약 봉투가 이리저리 널려있었다. 잔해들 속에서 나는 한참을 아무 말 없이 주저앉아 있었다.

나는 항생제를 싱크대 위에 쏟아부었다. 은색 스테인리스의 싱크대 위로 흰 알약들이 튀어 올랐다. 흰 알약들이 싱크대와 몸을 부딪치며 내는 금속성의 소리가 날카로웠다. 싱크대 바로 앞에 난 작은 창으로 따가운 햇볕이 들어왔다. 햇볕은 은색 싱크대에 튕겨 나왔다. 한 줌 정도 되는 알약들이 싱크대 위에 쌓였다. 나는 그것을 가만히 바라보다가 수도꼭지를 돌렸다. 물이 쏟아졌다. 알약들은 물에 휩쓸려 싱크대의 수챗구멍 속으로 빨려 들어갔다. 내 손에는 빈 약통만이 들려 있었다. 가벼웠다. 나는 수도꼭지를 잠그지 않은 채 가만히 서 있었다.

약을…… 버렸어요?

등 뒤에서 그의 목소리가 들렸다.

버렸어요.

빈 약통을 쥐고 있는 손에 힘을 주었다. 약통이 조금 우그러졌다. 물은 수도꼭지에서 계속 쏟아져 내렸다. 수도꼭지를 좀 더 옆으로 틀었다. 물의 세기를 올렸다. 강한 물살이 싱크대 바닥을 때렸다. 물이 부딪히는 소리가 귓전을 쳤다. 물방울이 볼에 튀었다. 수도꼭지의 물은 싱크대 안으로 고일 틈도 없이 수챗구멍 속으로 흘러들어 갔다. 흐르는 물 위를 타고 들어온 햇빛도 검은 구멍 속으로 흘러갔다.

수도꼭지를 잠갔다. 수도꼭지 입구에서 물방울들이 똑똑 떨어졌다. 싱크대를 붙잡고 후들거리는 몸을 지탱했다. 예리하게 날 선 빛살들이 망막을 찌르고 들어왔다. 눈을 감았다. 천천히 목을 돌렸다. 눈을 뜨자, 내 눈 안에 담겨 있던 빛의 칼날들이 눈 안을 찔러댔다. 시야가 온통 하얗다. 나는 몇 번을 더 눈을 깜빡거렸다. 눈물이 찔끔 고였다. 나는 그와 마주 보았다. 나를 보고 있는 그의 눈을 보았다.

그의 눈과 내 눈이 마주쳤다. 그의 눈동자가 새까맸다. 내 눈 안으로 암막 커튼이 쳐진 것 같았다. 눈 안에 고인 눈물조차 증발할 것 같았다. 방금 전까지도 시야를 찌르고 들어오던 흰 빛들이 모조리 그의 눈 안에 삼켜졌다.

손에 힘이 풀렸다. 빈 약통이 땅에 떨어졌다.

그의 얼굴에는 먹을 부어 놓은 것 같은 동그란 두 눈동자가 놓여 있었다. 사람의 안광이 없었다. 그의 건조한 눈 안에는, 안광마저 잡아먹은 압도적인 검정이 가득 차 있었다. 반쯤 벌어진 그의 입은 웃는 듯 우는 듯 기묘했다.

툭, 하고 마지막 물방울이 떨어지는 소리가 들렸다. 물방울은 수챗구멍 쪽으로 기울어진 싱크대의 판 위를 굴러갈 것이다. 싱크대 한가운데의 검은 수챗구멍 안으로 빨려 들어갈 것이다.

그의 눈은 얼굴에 뚫린 두 개의 구멍 같았다.

그가 맨 가슴으로 구멍을 내보인 채 서 있었다. 흐릿한 반점 같았던 그의 구멍이, 윤곽을 잡아가고 있었다.

차가운 바닥에 볼을 대고 가만히 누워 손가락으로 두드렸다.

일정한 박자를.

그것은 안쪽 깊은 곳의 울림을 닮아 있었다.

소리 듣는 게 좋아요?

언젠가 그가 말했었다. 나는 고개를 끄덕였다. 그때 그와 나는 커다란 침대가 있는 방 안에서 나른한 오후의 한때를 보내고 있었다. 그의 몸에 구멍이 뚫리기 전이었다. 그는 균열 없이 단단하고 넓은 가슴을 가지고 있었다. 나는 그때 그의 가슴에 귀를 대고 있었다. 바삭거리는 이불에서는 한낮의 햇빛 냄새가 났었다. 이불 안에서 그의 팔은 나를 안고 있었다. 그의 몸 위로 파랗게 돋아난 실핏줄을 더듬어 가다 보면 어느 순간 나의 고동에 닿았다. 그와 나는 이불 속에서 서로 실핏줄처럼 엉켜있었다. 한참을 엉킨 채로 뒤치락거렸다. 어느 순간 내 몸이 환하게 열렸다. 그가 내게 물처럼 흘러들었다. 두 개의 강이 하나의 지류에서 만나 합쳐진 것 같았다. 그는 몇 번이나 신기하다고 말했다. 그가 말하고 웃을 때마다, 그가 들어와 있는 내 몸의 안쪽에서 잔잔한 울림과 기분 좋은 간질거림이 느껴졌다.

안쪽에, 더 깊은 곳이 있어요.

닿아요?

닿아요.

뭐가?

몰라요. 그렇지만 엄청 좋아.

그가 흰 이를 드러내며 웃었다. 가끔은 신기해요. 몸 밑에 내가 아는 당신보다 더 많은 것들이 잠자고 있는데, 내가 그것들을 깨우는 것 같아서. 따뜻하고 신기해.

그가 말했다.

나는 여전히 차가운 바닥에 볼을 대고 누워있었다. 검은 저녁이 내 위로 한 겹 한 겹 무겁게 내려앉았다. 나는 손가락으로, 그때의 리듬을 두드리면서 내 안의 옅은 맥박을 느꼈다. 그때의 여진은 아직도 미열처럼 돌고 있었다.

희고 얇은 셔츠 안쪽으로 검은 구멍이 비쳤다. 나는 그의 셔츠 단추를 거칠게 풀었다. 그는 당황했지만 나를 밀쳐내지는 않았다. 그는 가만히 서 있었다. 셔츠 단추 하나가 툭, 뜯겨 나갔다. 그의 상체가 드러났다. 구멍은 이제 사람 손 하나는 너끈히 들어갈 만큼 뚫려 있었다. 구멍이 종양처럼 커지고 있었다. 나는 눈을 감고, 이를 악물고 그의 구멍에 손을 집어넣었다. 조금 더, 손목 마디를 넘어 팔까지 쑥, 집어넣었다. 그의 구멍 속으로 깊게 손을 휘저었다. 아무것도 잡히지 않았다. 아무것도 없었다. 내가 알고 있었던 그의 피부 감촉이나 피부 밑에서 빛나고 있을 날카로운 뼈, 몸 밑으로 흐르고 있을 핏줄의 흐름, 흐름의 끝에서 뜨거운 피를 뿜어내며 뛰고 있을 심장까지도, 없었다. 원래부터 텅 비어있던 사람처럼 없었다. 그저 허공을 더듬는 것 같았다. 나는 구멍 밖으로 손을 빼냈다. 이번에는 얼굴을 그의 가슴께에 가까이 가져다 댔다. 구멍이 두 눈에 가득 찼다. 그저 새까맸다. 암흑이었다. 휴대폰의 플래시 불빛을 켰다. 불빛을 들이대자, 구멍은 빛을 잡아먹으려는 입처럼 잔뜩 벌어져 있었다. 휴대폰을 쥔 손에 힘을 주었다. 빛이, 구멍의 끝까지 닿지 못했다. 빛은 구멍의 어둠 속에 잡아먹히고 있었다. 빛의 세기를 더 올려도, 아무것도 보이지 않았다. 오히려 산란하는 구멍 바깥의 빛 때문에 어지러웠다. 하얀 형광등 불빛, 이지러지는 브라운관이 내뿜는 빛.

나를 내려다보는 그의 눈은 여전히 까맣고, 텅 비어있었다.

당신 누구야.

나는 치받혀오는 울음을 참으면서 가능한 한 또렷하게 말하려고 애썼다.

이 속에 뭐가 있지.

나는 구멍을 가리켰다. 그가 말했다.

나는 공.

그가 웃는 듯 우는 듯, 또박또박 말했다.

이 속엔 아무것도 없어요.

그가 손가락으로 구멍을 가리키며 말했다.

당신이 나를 공, 이라고 불렀잖아요.

나는 공, 이라고 발음했다. 공, 이라고 부를 때의 나의 입은 늘 구멍이 되었다. 소리는 입 안 어디에도 닿지 못하고 목구멍 안에서 먹먹하게 울렸다. 공.

감은 눈 틈으로 빛이 하얗게 새 들어왔다. 거실이었다.

나는 침실 문을 조금 열고 그를 지켜보았다. TV 화면이 은통 퍼[illegible]다. 퍼런색은 검정에 가까워 보이기까지 했다.

심해였다. 늦은 새벽, TV에서는 심해에 관한 다큐멘터리를 방영하고 있었다. 그의 등은 TV 앞에서 미동도 없이 곧았다.

어두운 밤 속에서 그의 윤곽이 조금씩 지워지는 것 같았다. 나는 조용히 문을 열고 거실로 나왔다. 소리 없이 그의 뒤에 섰다.

그가 주먹을 쥐고, 자신의 구멍 속으로 손을 집어넣었다. 내레이션이 흘렀다. 세상에서 제일 깊은 바다, 마리아나 해구입니다. 햇빛이 바닷속에 침투할 수 있는 거리는 약 400m 정도입니다. 1,000m 이상으로는 극도의 어둠만이 존재할 뿐이죠. 하늘을 봐도 빛이 보이지 않을 겁니다.

그의 손이 점점 더 구멍으로 깊숙이 들어갔다. 팔이 들어가고, 팔꿈치가 구멍에 닿을락 말락 하고 있었다. 그가 나를 바라보지 않고 말했다.

구멍이 뚫린 이후로, 손을 종종 구멍 속에 넣어보고는 했는데.

나는 대답하지 않았다.

이상하게 마음이 편해졌어요.

그의 그 말은 이상하게, 마음을 울렸다. 다큐의 내레이션이 흘렀다. 잠수정 '트리에스트호'가 마리아나 해구의 가장 깊은 곳 비티아즈 해연까지 닿은 적이 있습니다. 깊이는 약 11km 정도 되지요.

구멍은 어디로 통해 있을까요.

나는 벌어지는 입을 틀어막았다.

이 구멍 끝에는 뭐가 있을까요.

그가 나를 돌아보며 웃었다. 동그랗게 굽은 팔이, 거의 반쯤 구멍으로 들어가 있었다.

구멍 속에는 아무것도 없는 걸까요.

그가 구멍에서 천천히 팔을 꺼냈다. 나는 그에게 입을 맞췄다. 입을 맞추는 순간, 동시에 울음이 터졌다. 울음은 뜨뜻했다. 그의 구멍이 내 가슴과 바로 맞닿았다. 빈 허공이 가슴에 닿자 선득했다. 바람이 부는 것 같았다. 나는 그의 어깨를 좀 더 세게 껴안았다.

화장실 타일의 감촉은 매끄럽고 서늘했다. 화장실 거울 앞에 서서, 나는 윗옷을 벗었다. 브래지어도 풀었다. 빈 가슴 위에 검은색 유성 매직으로 손바닥보다 조금 더 큰 크기의 원을 그렸다. 가슴과 명치의 중간 지점쯤에.

나는 원 안을 까맣게 채워 나갔다. 조금이라도 살 색이 드러나지 않게, 살 위로 꼼꼼하게 색칠해 나갔다. 가슴 위로 새까만 원이 하나 그려졌다. 마치 그의 구멍 같은, 검은 원이었다. 나는 그 원 위를 쓰다듬었다. 단단한 흉곽의 뼈 하나하나를 더듬어 갔다. 뼈 너머로 심장 뛰는 소리가 울렸다. 잔잔한 혈류의 흐름이 손바닥을 타고 느껴졌다.

흐름을 따라가다 보면 내 몸 안에, 가슴 밑에, 또 다른 세계가 있는 것 같았다. 나뭇가지가 우거지고, 우거진 나뭇가지 틈으로 강이 흐르고, 강이 흐르는 길을 따라가다 보면 강의 수원 水源이 있고 그곳에서 끊임없이 물줄기가 새어 나오는 숲이었다.

나는 생동하고 있었다.

생동하는 나는, 그의 한가운데에 뻥 뚫린 허공을 떠올렸다, 나뭇가지가 우거진 숲도 없고, 맑은 강물도 없는 그의 몸을 떠올리면서, 가슴을 쳤다. 흉곽의 뼈는 단단했다. 주먹을 쥐고 다섯 번 더 쳤다. 아무리 쳐도 한가운데에 구멍이 뚫리는 일은 없었다. 세 번 더 쳤다. 퍽, 퍽, 소리가 났다. 나는 단단했다.

다리에 힘이 풀려 주저앉았다. 주저앉은 채로 계속 가슴을 쳤다. 쿵, 쿵 치는 소리에 맞춰서 심장이 뛰고 있었다. 내 틈은 꽉 막혀 있었다. 나는 그것이 견딜 수 없었다. 그의 구멍을 옮겨다 붙일 수 있다면 그러고 싶었다.

샤워 볼에 바디샴푸를 묻혀 몸을 닦았다. 검은 원은 비눗물에 씻겨서 조금씩 녹아내렸다. 흐릿해진 검은 원 밑으로, 피멍이 들어 보랏빛으로 변한 살이 드러났다.

샤워를 끝내고, 수건으로 몸을 닦았다. 거울에 내 몸을 비춰보았다. 다 씻기지 않아 얼룩진 검은 원의 윤곽과 그 윤곽 안으로 멍든 살이 보였다. 나신인 채로 밖으로 나오자, 그가 서 있었다. 매일 매일 조금씩 번져가는 구멍을 안고.

그가 내게 다가왔다. 그는 내 보랏빛 멍을 더듬어 나갔다. 단단한 가슴의 뼈들과 보랏빛 멍에 입을 맞췄다.

나는 그를 안았다. 구멍을 피해 안았다. 나는 그의 허공과 맞닿을 때마다 덜덜 떨었다. 그는 덜덜 떠는 나를 안았다. 나는 아직 구멍이 번지지 않은 그의 몸마다 입 맞췄다. 이마와 콧대, 입술과 어깨, 쇄골과, 팔, 손가락, 허리와 배꼽, 허벅지와 다리. 그의 구멍이 점점 더 번져가더라도, 몸 위로 지나간 입술의 기억들까지, 구멍 속으로 다 삼켜지지 않기를 바랐다.

나와 그는 밤 속에서 조용히 누워있었다. 그의 심장 소리를 듣고 싶었다. 나는 조심스럽게 아직 구멍이 침범하지 않은 그의 몸을 더듬어 나갔다. 목적지는 왼쪽 가슴이었다. 맨 위에서부터, 결마다 향기가 밴 그의 머리칼을 흐트러트렸다. 솟아오른 코 위로 손가락을 미끄러트렸다. 도톰한 입술 위에 내려앉았다. 입술의 주름 하나도 놓치지 않았다. 입술 위로 곡선을 그려나갔다. 움푹 팬 볼을 어루만졌다. 볼우물 위에서 몇 번이고 원을 그렸다. 곧게 뻗은 목을 지나 반듯한 쇄골 위에 선을 그으며 한참을 머물렀다. 조금만 더 내려가면 됐다. 구멍을 피해서, 왼쪽 가슴을 향해.

손바닥으로 그의 왼쪽 가슴을 짚어내는 순간, 나는 중심을 잃고 내려앉았다. 그의 몸이 푹 꺼졌다. 오른쪽 팔이 깊은 어둠 속으로 빠져들었다. 내가 언제나 디디고 있던 땅이 순식간에 무너지는 것과 같은 공포였다. 구멍이 어느새 그의 가슴 전체를 채우고 있었다. 심장부까지 커져 있었다. 방금 전까지도 한없이 입 맞추고 그 위로 미끄러져 내렸던 몸이, 텅 빈 구멍이 되어 있었다. 나는 구멍에 손을 넣고 주먹을 쥐었다 폈다. 있는 것은 텅 빈 내 주먹뿐이었다. 심장은 없었다. 황급히 구멍 속에서 팔을 빼냈다. 새어 나오는 비명을 간신히 참았다. 나는 그를 흔들어 깨웠다. 일어나요, 뭐라고 말 좀 해봐요. 정말로 아무것도 없어.

나는 무릎을 모으고 고개를 파묻었다. 울지는 않았다. 다만 깊이 가라앉았다. 무릎이 가슴에 닿았다. 내 심장의 박동이 무릎을 타고 전해져갔다. 온몸을 타고, 온몸으로. 박동이 몸 안을 가득 채우면 채울수록, 손끝에는 구멍 안에서 휘적거릴 때마다 들어차던 어둠이, 텅 빈 허공의 감각이 끈적끈적하게 달라붙었다. 그가 숨을 쉬는 사람인지 궁금했으나 코 밑에 손끝을 대 보지도 못했다. 밤 속에서 숨소리를 죽이고 아침이 올 때까지 그러고 있었다. 관절이 천천히 굳어가는 것 같았다. 어둠이 나를 침대의 끄트머리로 밀어냈다. 눈 안으로 아침의 박명이 바늘처럼 스몄다.

숙인 목 뒤로 차가운 햇살이 내리꽂혔다. 번뜩, 눈을 떴다.

미안.

그의 목소리였다. 나는 고개를 들었다.

밤사이에 구멍은 몸통 전체로 퍼져 있었다. 그의 몸에는 몸통 크기의 거대한 구멍이 뚫려 있었다. 아니 이제는 그의 몸에 구멍이 뚫렸다고 말할 수 없었다. 그는 구멍이 되어가고 있었다. 나는 그를 안으면 구멍으로 빠지게 될지도 몰랐다.

검은 구멍이 미끄러지듯 내게 다가왔다.

나는…….

그가 달싹거리던 입술을 멈추었다. 순간 구멍이 목을 타고 올라갔다. 검은 먹이 번지듯 구멍은 목을 타고 올라가 그의 목구멍을 비우고 아랫입술을 덮었다. 사라져 가는 입술이 달싹이며 무언가를 말하려 했다. 음절은 나오지 못했다. 구멍이 마지막 음성을 삼켜버렸다. 구멍이 마침내 그를 다 삼키려 했다. 그의 남은 수족들 전체로 구멍이 번져나갔다.

그, 라고 부를 수 있을 그의 몸은, 이제 일식의 코로나처럼 가장자리만 남았다. 구멍이 몸 전체를 가득 채우고 있었다. 약간 남은 그의 몸만이 테두리처럼 구멍을 감싸고 있었다.

검은 구멍이 미끄러지듯 내게 다가왔다.

나는 구멍 안을 들여다보지 않으려 고개를 돌렸다. 나는 구멍의 앞에 마주 섰다. 그는 자기 몸집만 한 구멍이 되었다. 나는 구멍에 빠지지 않게, 잔뜩 두 다리에 힘을 줬다. 나는 구멍을 둘러싼 테두리에 손을 뻗었다. 그것이 '그'라고 부를 수 있는 마지막 것들이었다. 나는 계속해서 구멍의 주변부만을 맴돌았다. 얼굴이 있던 자리, 손과 발이 있던 자리, 다리가 있던 자리로 나아가지 못하고 한참 동안 가장자리만을 만졌다. 살갗의 감각이 자꾸만 손 밖을 빠져나갔다. '그'인 것이 '그였던 것'으로 변해가는 잔인한 감각에 진저리를 쳤다. 손끝이 자꾸만 헛헛해졌다.

테두리를 가진 구멍은 실내에서 미끄러지듯 움직였다. 구멍은 한동안 실내에서 내가 움직이는 곳을 그림자처럼 뒤따랐다. 구멍은 내가 밥을 먹을 때 식탁에 나란히 앉기도, 잠든 나의 머리맡에 가만히 있기도 했다. 나는 검게 뻥 뚫려 있는 구멍에 아무 말도 하지 않았다. 아직 남아 있는 흰 빛은 본연의 살빛을 잃고, 점점 눈에 띄게 창백한, 하얀 테두리가 되어가고 있었다.

조심스럽게 손을 뻗어 테두리를 만지면 테두리가 미열을 띈 듯이 붉어지곤 했다. 붉어졌기 때문에, 나는 구멍이 그인 것을 어렴풋이 알았다. 테두리에 손을 대면 따뜻하고, 무엇인가 흐르고 있다는 느낌이 전해져 오긴 했다. 꺼져가는 마지막 숨 같았다.

마지막으로 남은 테두리의 밑 부분부터 서서히 까만 먹이 올라오고 있었다. 구멍은 테두리의 옆 부분을 빠른 속도로 잡아먹었다. 테두리가 반쯤 남았을 때 나는 노란 꽃 한 다발을 손안에 한 아름 들고, 구멍 앞에 똑바로 서 있었다. 순간 구멍은 테두리를 잠식해나가는 것을 멈추었다. 나는 구멍 속으로 노란 꽃 한 다발을 던져 넣었다. 노란 꽃은 잔상을 남기며 구멍 안으로 사라졌다. 꽃다발이 바닥으로 떨어지는 소리는 나지 않았다. 영원히 떨어지는 중일지도 몰랐다. 테두리가 거의 다 사라졌다. 남은 것은 마지막 한 부분이었다. 구멍의 맨 위쪽. 예전의 그였다면 아마도 그의 정수리였을 부분에, 둥둥 떠다니는 흰 점이었다.

나는 손을 뻗어 흰 점을 만졌다. 흰 점은 손바닥 안에 들어왔다. 나는 꽤 오래 만지고 있었다. 공, 이름을 부르자, 흰 점은 손바닥 안에 가득 찼다. 공, 다시 한번 불렀다. 흰 점이 여린 빛을 냈다. 그와 공유하던 감각의 모든 기억이 점 하나에 모였다. 내가 껴안고 입 맞추던 그의 몸이 남은 점 하나에 다 모인 것 같았다. 구멍 속에서 감각을 잃어가는 와중에도, 마지막으로 나눌 수 있는 일말의 것들을, 온 힘을 다해 긁어모아 남아있는 점 하나에 응축하여 나에게 필사적으로 닿으려고 하는 것이 느껴졌다. 이것이 그가 할 수 있는 마지막이라는 것도 알았다. 가지 마. 나는 중얼거렸다. 손이 허공 위로 떠 있다고 생각할 즈음에 완전한 구멍이 내 앞에 나타났다.

구멍은 더 이상 움직이지 않았다. 구멍은 그 자리에서 무엇인가를 담지도, 쏟지도 못하는 텅 빈 몸을 벌리고 있었다. 나는 구멍을 마주 보고 서 있었다.

구멍이 순간 일렁였다. 공, 나는 이름을 불렀다. 이름은 목구멍에서 웅, 하고 울렸다. 공, 이라는 하나의 단어가 내 몸 밑으로 깊이깊이 가라앉았다.

나는 눈을 감았다. 아무리 눈을 떠도 빛을 볼 수 없을 것이다. 고개를 들어도 햇빛이 들지 않을 것이다. 나는 한 발, 한 발, 앞으로 움직였다. 눈 안으로 어둠이 밀려들어 왔다.

한참을, 심해어가 되는 꿈을 꿀 것이다.

나는 앞으로 나아가는지 뒷걸음질 치는지, 둥둥 떠 있는지 가라앉아 있는지 알 수 없었다. 구멍 밖에서 알고 있던 나의 몸의 윤곽들이 지워져 갔다. 내 몸은 구멍 속에서 한없이 자유스러웠다. 내 몸은 내 몸이 아닌 것 같았다. 나는 이리저리 뻗어 나갔다. 몸 안의 숲을 이루고 있던 뼈가 녹아 없어지고, 강물이 넘쳐흘러 속으로 스며들고 내뱉는 숨조차 허공의 일부가 되었다. 나는 한참을, 내가 녹을 수 있게 온몸을 펼치고 가만히 있었다. 비로소 나조차도 없어진 구멍 속에서 들리는 것은 단 하나의 울림밖에 없었다. 묵직한 심장박동이 울리고 있었다. 어느새 박동만이 구멍을 가득 채우고 있었다. 울림의 진원을 찾아, 다시 흩어진 몸을 그러모았다. 천천히 팔과 다리를, 손과 발을, 머리를 내 쪽으로 다시 끌어왔다. 그럼에도 나는 여기 없는 것 같았다. 나는 천천히 무릎을 모으고 가슴에 붙였다. 몸을 둥글게 말았다. 무릎을 타고 심장 뛰는 소리가 전해졌다. 나는 좀 더 안으로 몸을 말았다. 심장 쪽으로 온몸이 모이게. 동그랗게. 한데 모인 몸 안으로 박동이 더욱더 크게 울렸다. 마지막으로 남은 것에 온 신경을 집중했다. 그것을 향해 온몸을 모았다. 한참을 멈추어 있었다. 어둠 속에서 감각이 환하게 되살아났다. 손끝을 살짝 움직여 보았다. 몸속 깊은 곳부터 가라앉아 있던 단어가 서서히 떠올랐다. 공, 하고 울렸다.

윙컷

· 김혜정 (충남호서고 3학년) ·

1.

스산한 새벽 공기가 발목에 엉겨 붙었다. 거리에는 농도가 묽은 안개가 고여 있었다. 가로등에서 뿜어져 나오는 주황빛이 뿌연 안개 사이로 스며들었다. 가로등 불빛이 구름 사이로 새어 나오는 햇빛처럼 보였다. 하늘이 점점 잿빛으로 변하면서, 길가에 깔렸던 어스름이 조금씩 사라져갔다. 나는 뻑뻑한 눈두덩을 손등으로 문질렀다. 헛기침을 몇 번 내뱉으며 주위를 살폈다. 아직 문을 연 가게는 없었다. 나는 허리를 숙였다. 가게 앞에 걸려 있는 우유 주머니가 묵직했다. 우유가 차가운 탓에 이슬이 고여 주머니 밑이 축축했다. 나는 주머니 안에 손을 넣어 200 ML 흰 우유 두 개를 꺼냈다. 우유의 서늘한 한기가 손목을 타고 전해졌다. 나는 차가운 우유를 든 채 옆 가게로 걸어갔다. 굳게 닫힌 셔터에는 '정(情) 동물'이라는 글씨가 스프레이로 지저분하게 적혀 있었다. 나는 우유를 조심스럽게 셔터 앞에 내려놓았다. 옆 가게 남자의 얼굴이 눈앞에 어른거렸다. 나도 모르게 입꼬리가 올라갔다.

나는 셔터 아래, 자물쇠에 열쇠를 꽂았다. 녹이 슨 자물쇠에서 비릿한 냄새가 훅 끼쳐왔다. 셔터를 조금 올리자 어젯밤 셔터를 내릴 때 썼던 꼬챙이가 보였다. 나는 꼬챙이를 집어 들었다. 그리고 숨을 크게 들이쉬면서 셔터를 올렸다. 셔터가 시끄러운 마찰음을 내며 위로 올라갔다. 마찰음에 놀란 새들이 저마다 부산스럽게 날개를 휘저으며 잠에서 깨어났다. 거위나 닭들은 정신없이 울었고, 작은 앵무새들은 날개를 방정맞게 퍼덕거렸다. 가게 한쪽에 놓여 있는 왕관앵무새들도 잠에 깨어났다. 하지만 다른 새들과 달리 하얀 날개를 작게 부르르 떨 뿐이었다. 나는 두 눈이 어둠에 익숙해질 때쯤 가게 안으로 들어섰다. 어둠이 순식간에 온몸을 거머쥐는 느낌이었다.

나는 다른 가게 주인들이 오기 전에 서둘러 새장을 밖에 내놓았다. 나는 키가 작은 탓에 다른 가게 주인들처럼 새장을 높게 쌓아 올리지 못한다. 가로등이 몇 번 깜박이더니 이내 꺼져버렸다. 고개를 빼죽 내밀고 옆에 다닥다닥 붙어 있는 다른 가게들을 살펴보았다. 어느새 몇몇 가게들이 문을 열고 있는 게 보였다. 나는 상점 주인들이 더욱 많이 오기 전에 재빨리 가게 안으로 들어갔다. 가게 안에는 조금 나이 들고, 병든 새들이 저마다 새장 안에서 꾸벅꾸벅 졸고 있었다. 노인들은 아침잠이 적다고 하던데, 새들은 늙을수록 잠이 점점 많아지는 것 같았다. 나는 가게에서 가장 구석진 곳으로 걸어갔다. 조그마한 철제 책상과 의자가 보였다. 철제 책상은 아래가 막혀 있어서, 다른 사람들이 내 다리를 볼 수 없었다. 의자 위에는 방석 다섯 개가 층층이 포개져 있었다. 짧고 뭉툭한 다리가 욱신거렸다. 나는 서둘러 의자에 앉았다.

의자에 앉자, 시야가 조금 트이는 것 같았다. 나는 가게 밖에 내놓은 새장들을 물끄러미 바라보았다. 다양한 종류의 새들이 좁은 새장 안에서 서로 다른 일을 하고 있었다. 사랑 앵무새는 외모에 가장 많이 신경을 쓰는 앵무새이다. 녀석들은 아침부터 물도 마시지 않은 채 부리로 몸단장하느라 바빴다. 나는 그 모습이 마치 빨리 새로운 주인을 만나려는 몸부림같이 느껴져서 씁쓸하게 웃었다. 모란 앵무새들은 다른 새들처럼 작은 모이통에 머리를 박고 있었다. 나는 새들에게 모이와 물을 주기 위해 의자에서 몸을 일으켰다. 의자가 책상 옆에 있던 새장과 부딪치면서 날카로운 마찰음을 냈다. 왕관앵무새 다섯 마리가 놀랐는지 두 눈을 부릅뜨고 나를 바라보았다. 녀석들은 놀라서 날개를 퍼덕거렸을 법도 한데, 여전히 품위를 지키고 있었다. 녀석들의 까만 눈동자에 내 모습이 박여 있었다. 짧고 뭉툭한 내 모습이 눈동자 안에 알맞게 들어서 있었다. 순간 무언가가 뒷덜미를 움켜쥐었는지, 숨이 막혀왔다. 나는 고개를 세게 저었다. 그리고 모이와 물이 있는 곳으로 발걸음을 재촉했다. 늦장 부릴 시간이 없었다. 거리에 사람들이 모이기 전에 빨리 모이와 물을 주고, 의자에 앉아야 했다.

2.

나는 책상 위에 거래 명세서를 꺼내놓았다. 어제저녁에 앵무새 새끼들이 몇 마리나 들어왔는지, 확인도 하지 못하고 가게 문을 닫아버렸다. 자꾸만 '우리 수족관' 주인아저씨가 가게 앞을 기웃거려서 서둘러 가게 문을 닫아버린 것이었다. 나는 누렇게 손때가 탄 종이를 빠르게 넘겼다. 종이가 손끝에서 서걱거렸다.

"왕관앵무새 다섯 마리랑 · · · · · · ."

나는 명세서를 들고 의자에서 일어났다. 책상 옆에 놓여 있는 새장이 어제 들여온 왕관앵무새인 모양이었다. 나는 왕관앵무새 다섯 마리'라고 적힌 칸 옆에 볼펜을 가져다 댔다. 그리고 눈으로 녀석들의 상태를 살펴보았다. 뽀얀 날개와 잿빛 무늬. 그리고 왕관처럼 머리 위에 길게 뻗은 노란 깃의 상태가 가장 중요했다. 순간 나는 어깨를 작게 움직거렸다. 왕관앵무새 한 마리가 이상했다. 노란 깃은 반쯤 자라지 않았고, 가슴과 날개도 다른 왕관앵무새들과 달리 지나치게 짧았다. 기형이었다.

나는 거래 명세서를 한참이고 바라보았다. 볼펜을 들고 있는 손이 미세하게 떨리고 있었다.

'혹시 기형이 있으면, 바로 연락 주세요. 건강한 놈으로 바꿔드릴게. 당연하지, 내가 그쪽한테 새를 얼마나 많이 팔았는데, 이 정도는 해줘야지.'

나한테 새를 파는 새 장수 이 씨의 목소리가 귓가에 어른거렸다. 이쪽 가게로 넘어오는 새들은 스무 마리 중 한 마리 정도는 기형이다. 그만큼 기형이 흔했기 때문에, 기형을 바꿔주는 장수도 별로 없다. 물론 내가 새를 많이 사서 이 씨가 나에게 친절하게 대하는 게 아니라는 걸 알고 있었다. 나를 바라보던 이 씨의 눈동자 속에는 나를 향한 동정이 그득했다.

'참 딱하기도 하지. 몸이 많이 불편해 보이는데, 열심히 사는 모습이 보기 좋네.'

이 씨는 내게 이렇게 말하고 싶었는지도 몰랐다.

내가 기형 앵무새를 아저씨에게 다시 돌려준다면, 저 기형 앵무새는 어떻게 되는 걸까. 나는 새장을 힐긋 바라보았다. 기형 앵무새가 다른 왕관앵무새들과 마찬가지로 모이를 먹기 위해 먹이통에 머리를 박고 있었다. 다른 왕관앵무새들을 따라 하는 것처럼 보였다. 자기가 다른 새들과 다르다는 것을 모른 걸까. 아니, 저 기형 왕관앵무새도 다른 왕관앵무새들처럼 평범하게 살아가고 싶은 걸지도 몰랐다. 나는 '왕관앵무새 다섯 마리'라고 적힌 칸 옆에 천천히 글씨를 적었다. 손이 떨리는 탓에 글씨가 삐뚤빼뚤하게 써졌다. 기형 無. 나는 거래 명세서를 빠르게 덮었다.

3.

나는 가게 구석에 덩그러니 놓여 있던 낡은 새장을 들고 나왔다. 원형으로 된 새장에는 군데군데 잿빛 먼지가 묻어 있었다. 나는 마른걸레로 새장 겉을 대충 쓸어내리곤 왕관앵무새 앞에 새장을 내려놓았다. 철로 만들어진 새장이 바닥에 부딪히며 날카로운 마찰음을 냈다. 졸고 있던 왕관앵무새들이 작은 몸통을 움직거렸다. 기형 왕관앵무새도 작은 머리통을 좌우로 부산스럽게 흔들어댔다. 나는 사각 새장의 문 앞에 먼지를 털어낸 새장의 문을 바짝 가져다 댔다. 그리고 검지로 문 앞에 달린 잠금 철자를 풀었다. 문이 살짝 열리자, 왕관앵무새들이 날개를 움직이며 문 앞을 기웃거렸다. 그중 한 마리가 문을 밀자, 나머지 세 마리가 사각 새장을 빠져나왔다. 그리고 낡은 문을 열고 들어가 원형의 넓은 새장 안을 날아다녔다. 나는 기형 왕관앵무새를 바라보았다. 녀석도 다른 앵무새들을 따라 날갯짓을 했다. 하지만 날개가 짧고 뭉툭해서 그런지, 얼마 날지 못하고 철봉 위에 앉아 버렸다. 나는 새장을 살짝 흔들었다. 녀석이 다시 날갯짓했다. 하지만 얼마 날지 못하고 다시 철봉 위에 앉아 버렸다. 다른 왕관앵무새들은 날갯짓을 멈추고 다른 철봉에 나란히 앉아 녀석을 바라보았다. 나는 결국 기형 왕관앵무새를 따로 사각 새장에 집어넣었다. 다른 왕관앵무새를 보며 날갯짓을 따라 했다가는 어딘가에 부딪혀 날개를 다칠 게 뻔했다. 하지만 녀석은 연신 짧은 날개를 애처롭게 퍼덕거리고 있었다. 나는 짧은 한숨을 훅 내쉬며 자리에서 일어났다. 파들거리며 날갯짓을 하는 녀석을 보며 윙 컷을 해야겠다고 생각했다.

4.

"계세요?"

나는 고개를 빼죽 내밀고 가게 안을 들여다보았다. 가게 한쪽 구석에서 남자가 먹이통을 닦고 있는 모습이 눈에 들어왔다. 그는 내가 들고 있던 새장을 힐긋 바라보며 무슨 일로 오셨어요? 라고 짧게 물었다. 내가 든 새장 안에는 기형 왕관앵무새가 들어 있었다. 녀석은 연신 새장 안에서 날갯짓하고 있었다. 날개가 새장에 부딪힐 때마다 둔탁한 마찰음이 들렸다. 나는 다시 시선을 옮겨 그를 바라보았다. 그는 무슨 일이냐는 듯 두 눈을 동그랗게 뜨고 나를 바라보고 있었다. 나는 그의 물음에 선뜻 대답하지 못하고 마른 입술만 달싹거렸다. 한참 가게 앞에 서 있다가, 새장을 품에 안은 채 가게 안으로 천천히 걸어 들어갔다. 그는 아무 말 없이 내 얼굴을 살필 뿐이었다.

"이 앵무새…….윙 컷 하려고요"

나는 새장을 내려놓으며 작은 목소리로 말했다.

"새가 아직 많이 어려 보이는데・・・・・・."

"앵무새가 기형이라 날지 못할 텐데 자꾸만 날려고 해서요. 계속 새장 여기저기에 부딪히는 것보다는 윙 컷을 하는 게 안전할 것 같아서・・・・・・."

나는 그의 얼굴을 힐긋거리며 말했다. 내 목소리가 작아서 꼭 혼자 중얼거리는 것처럼 느껴졌다. 그는 아무 대답도 하지 않고, 서랍을 열어 담요를 꺼냈다. 윙 컷을 할 때 쓰는 담요였다. 녹이 슨 서랍이 날카로운 마찰음을 냈다. 나는 그에게 새장을 건네주러 그의 옆으로 다가갔다. 그는 조심스럽게 새장을 받아들었다. 하늘색 담요를 손에 두르고 새장 문을 천천히 열었다. 왕관앵무새가 놀랐는지, 날갯짓을 멈추고 새장 가장자리에 앉았다. 그리고 고개도 까딱거리지 않은 채 하늘색 담요를 바라보았다. 남자는 담요를 새 위에 덮었다. 새가 날갯짓할 때마다 하늘색 담요가 작게 요동쳤다. 나는 요동치는 담요를 보면서 바닷물 같다고 생각했다.

"금방 끝날 거예요"

그가 기형 왕관앵무새를 바라보며 말했다. 그의 옆에 서 있자, 그의 몸이 더욱 크게 느껴졌다. 나는 그의 옆얼굴을 힐끔힐끔 쳐다보았다. 땀방울이 맺힌 코끝에서 가운데 부분이 움푹 파인 턱으로 이어지는 곡선을 바라보았다. 그의 입술 사이로 흘러나오는 날숨이 그대로 느껴지는 것 같았다. 심장이 더욱 심하게 요동쳤다. 둥둥거리는 북소리가 귓가를 꽉 채울 것만 같았다.

"여기 앵무새는 얼마 정도 하나요?"

그때, 밖에서 남자를 찾는 소리가 들려왔다. 그는 새장 문을 다시 닫은 뒤 의자에서 몸을 일으켰다. 그러고 나서 앵무새 종류에 따라 가격이 모두 달라요, 라고 말하며 가게 밖으로 걸음을 옮겼다. 나는 그가 앉아 있던 곳을 찬찬히 훑어보았다. 빈 우유갑이 먹이통들 옆에 놓여 있었다. 내가 아침에 가게 앞에 놓고 간 우유를 마신 모양이었다.

"점심시간에 시간이 좀 남으면, 제가 그때 윙 컷 해 드릴게요."

그는 뒤돌아서 내 얼굴을 바라보며 말했다. 그의 눈동자가 내 모습을 찬찬히 뜯어보는 느낌이었다. 일순간 심장 뛰는 소리가 요란하게 들려왔다. 귓가에서 북이 둥둥거리며 무겁게 울렸다. 시선이 땅바닥으로 곤두박질쳤다. 나는 새장을 들고 가게 밖으로 빠르게 걸어나갔다. 그를 지나갈 때 훅 끼쳐오는 땀 냄새가 심장 깊숙이 파고들었다.

5.

옆 가게 남자가 이곳에서 장사를 시작한 지 이 주도 채 되지 않았다. 그는 그가 들어오기 전부터 달려 있던 '정(情) 동물'이라는 간판을 떼어내지 않은 채 그대로 달고 장사를 했다. 그는 여기 청계천 '애완동물 거리'에 금방 스며들었다. 가게 주인들과도 금세 친해졌고, 내가 있는 가게에 불쑥 찾아와 주전부리를 주기도 했다. 나에게 아무렇지 않게 다가온 사람은 그가 처음이었다. 항상 사람들은 눈동자에 동정을 가득 담고서 내게 다가왔었다.

그는 내 뭉툭한 다리, 못난 얼굴을 보며 아무런 말도 하지 않았다. 동떨어진 존재가 아닌, 그저 옆집 가게 여자로 보고 있었다. 언제부터인가 나는 그를 보면서 달아오르는 두 볼을 손으로 감쌌다. 내가 그 앞에 있을 때면, 평범한 여자가 될 수 있을 것 같다는 생각이 들었다.

6.

나는 가게로 돌아오자마자 창고를 살폈다. 창고 안에 먼지가 가득 쌓인 탓에 연신 기침이 입술 사이를 비집고 흘러나왔다. 나는 마른기침을 토해내며 주위를 살폈다. 안 쓰는 새장들 아래 깔린 여러 권의 책이 보였다. 나는 어지럽게 뒤엉켜 있는 새장들을 차례대로 꺼내 바닥에 내려놓았다. 새장 사이사이에 들러붙어 있던 잿빛의 먼지가 공중으로 날아올랐다. 허공을 헤집고 다니는 먼지들은 햇빛을 받아 반짝였다. 마치 광활한 우주를 떠돌아다니고 있는 것 같았다. 나는 새장을 모두 바닥에 내려놓은 뒤에야 숨을 크게 내쉬었다. 매캐한 먼지들이 날숨에 따라 공중에서 요동쳤다. 나는 새장 아래 깔렸던 조류 도감을 집어 들었다. 표지 가장자리가 잔뜩 헤져 너덜거렸다.

나는 누렇게 변색한 책장을 천천히 넘겼다. 낡은 책장에서 볏짚 냄새가 나는 것 같았다. 얼마 지나지 않아 새의 날개깃을 잘라 내는 방법이 나왔다. 나는 손끝으로 책장을 쓸어내렸다. 딱딱한 고딕체가 어딘가 낯설게 느껴졌다. 앵무새 날개 깃털 자르기. 나는 책에 적힌 글자를 천천히 따라 읽었다.

'깃털이 어느 정도 길게 자란 후에 안쪽 날개 깃을 잘라 준다. 하지만 아직 비행에 익숙하지 않은 앵무새들은 가급적 윙 컷을 하지 않는 것이 좋다. 어린 앵무새들은 대략 태어난 지 두 달에서 석 달 사이가 가장 민감하다. 이 시기에 보고 느끼는 것을 평생 잊지 않는다. 비행을 제대로 해보지 않은 채 윙 컷을 했다가는 평생 비행을 못 할 수도 있다.'

일순간 숨이 턱하고 막혀왔다. 무언가가 목덜미를 움켜쥔 것처럼 숨이 막혀왔다. 나는 책상 아래를 내려다보았다. 녀석은 연신 날갯짓을 하고 있었다. 본능적으로 다른 앵무새들처럼 날아오르려고 하고 있었다. 하지만 공중에 몇 초만 붕 떠 있을 뿐 금세 바닥으로 곤두박질쳐 버렸다. 자신이 얼마나 짧은 날개를 가지고 태어난 것을 알지 못하는지, 다른 앵무새들처럼 능숙하게 비행하려고 하고 있었다. 언젠간 뭉툭한 날개로 능숙한 비행을 할 수 있다고 생각하는 걸까. 나는 조류 도감의 표지를 덮었다.

7.

어느새 사방에 저녁 어스름이 깔리고 있었다. 나는 정리가 끝난 거래명세서를 서랍 안에 집어넣었다. 녹이 슨 서랍이 열리고 닫힐 때마다 가냘픈 비명을 내질렀다. 나는 새장을 바라보면서 무거운 한숨을 내뱉었다. 입술 사이로 흘러나온 날숨이 눅눅한 공기 사이로 빠르게 사라져버렸다. 기형 왕관앵무새는 지쳤는지 하늘색 담요 위에서 뭉툭한 날개를 파르르 떨고 있었다. 그저 담요 위에서 커다란 눈을 끔뻑거릴 뿐이었다. 나는 애써 녀석의 눈길을 무시하고 가게를 정리했다.

나는 고개를 빼죽 내밀고 옆 가게를 살폈다. 남자는 일거리가 많은 건지 점심시간에 윙 컷을 해주러 오지 않았다. 누군가 짓누르고 있는 것처럼 어깨가 축 처져 버렸다. 나는 한숨을 몰아쉬면서 셔터를 천천히 내렸다. 가게 안을 가득 채우고 있던 가로등 빛이 점점 흐려졌다. 가게 안에서 셔터를 닫으니, 마치 거리와 나 사이에 커다란 벽이 생기는 기분이었다. 나는 셔터를 완전히 내리지 않고, 반쯤 내린 채 철제 책상으로 걸어갔다. 어둠 속에서 기형 앵무새의 머리에 나 있는 짧은 깃털이 유독 눈에 띄었다.

"처자 있는가?"

셔터 너머로 익숙한 목소리가 들려왔다. '우리 수족관' 아저씨의 목소리였다. 나는 고개를 돌려서 가게 앞을 바라보았다. 아저씨의 기다란 그림자가 가게 깊숙이 들어찼다. 어제저녁 아저씨가 포장마차에 가자고 했던 말이 귓가를 어른거렸다. 나는 아무런 대답도 하지 않은 채 어둠 속에 몸을 웅크리고 있었다. 아저씨는 아무런 대답도 들리지 않자, 옆 가게로 발걸음을 옮겼다. 내가 가게에 없다고 생각한 모양이었다. 아저씨의 그림자가 서서히 가게 밖으로 사라져버렸다.

나는 그림자가 완전히 사라지자, 참고 있던 숨을 한꺼번에 내뱉었다. 조금 전에 상점 주인들 여럿이서 가게 앞을 지나가던 모습이 떠올랐다. 나는 말없이 고개를 푹 숙인 채 손톱을 만지작거렸다.

"지금 상점 주인들 가게 문 닫고 포장마차 갔는데, 총각도 가지그래?"

가게 밖에서 아저씨의 목소리가 들려왔다. 옆 가게 남자에게 건네는 말 같았다. 그는 아저씨의 물음에 당연히 가야죠, 라고 말하며 웃었다. 그의 웃음소리가 반쯤 열린 셔터 사이를 비집고 가게 안으로 들어찼다. 나는 가만히 앉아 남자의 목소리를 듣고 있었다. 자꾸만 웃음이 입술 사이로 배죽배죽 흘러나왔다.

"옆집 주인은 지금 가게에 없나 봐요."

남자가 나에 대해 아저씨에게 물었다. 가게 앞을 지나가는 자동차 소리 때문에 남자의 목소리가 잘 들리지 않았다. 나는 숨을 작게 내쉬며 눈을 감았다. 남자의 목소리가 조금은 선명하게 들리는 것 같았다.

"그렇지 않아도 옆집 처자도 포장마차에 데려가려고 했는데, 가게에 없는 것 같더라고."

"앵무새 윙 컷 해주기로 했는데, 깜빡하고 지금까지 못 갔어요. 어쩌죠?"

나는 남자의 말을 듣고는 발부리에 놓인 새장을 바라보았다. 기형 앵무새가 짧은 날개를 허공에 휘젓고 있었다.

"요새 그 처자가 왜 그렇게 총각을 찾는 거야? 원래 사람들 보면 피하기 바빴는데 말이야."

"저한테 이것저것 부탁하느라고요."

가게 정리가 거의 끝났는지, 더 이상 철장 옮기는 소리가 들리지 않았다.

"자네가 좀 피곤하겠어."

"예, 좀 그러네요. 워낙 딱해 보여서 잘 대해주고 싶기는 한데, 매일 저한테 우유도 주고 이것저것 부탁도 하고······. 조금 부담스럽네요."

남자의 말이 식칼의 서슬처럼 두 귓가를 파고들었다. 그 말이 가슴에서 울리던 북을 찢어버렸다. 내 두 눈동자는 어둠이 잔뜩 들어찬 허공을 바라보고 있었다. 귓가를 둥둥 울리던 북소리가 점점 사그라졌다.

곧이어 옆 가게의 셔터 내려가는 소리가 들려왔다. 커다란 마찰음에 가게 안 새들이 부산스럽게 날개를 떨었다. 아저씨의 잔뜩 흥이 오른 목소리와 남자의 둔탁한 발소리가 뒤엉켜서 들려왔다. 나는 그 소리가 작아져서 들리지 않을 때까지 기형 왕관앵무새를 물끄러미 바라보고 있었다.

그러고 보니, 녀석은 하루 종일 모이도 먹지 않은 채 홀로 날갯짓 연습만 하고 있었다.

8.

나는 왼쪽 손으로 기형 앵무새를 감쌌다. 어린 탓에 녀석은 한 손에 쏙 들어왔다. 녀석의 규칙적인 심장박동이 손바닥을 타고 고스란히 느껴졌다. 나는 검지로 녀석의 뭉툭한 날개를 펼쳤다. 열 개 남짓의 깃털이 부채처럼 펼쳐졌다. 나는 오른손에 들고 있던 가위를 깃털 끝에 갖다 댔다. 가위에서 흘러나오는 냉기 때문에 녀석이 날개를 파르르 떨었다.

'아직 비행에 익숙하지 않은 앵무새들은 가급적 윙 컷을 하지 않는 것이 좋다. 어린 앵무새들은 대략 태어난 지 두 달에서 석 달 사이가 가장 민감하다. 이 시기에 보고 느끼는 것을 평생 잊지 않는다. 비행을 제대로 해보지 않은 채 윙 컷을 했다가는 평생 비행을 못 할 수도 있다.'

녀석은 정말 자기가 다른 앵무새들처럼 멋진 비행을 할 수 있다고 생각했던 걸까. 나도 모르게 입술 사이로 실소가 터져 나왔다. 탁. 제법 단단한 바깥 날개깃이 잘려나가면서 둔탁한 소리가 났다. 녀석이 뭉툭한 날개를 파르르 떨었다. 자꾸만 남자의 목소리가 이명처럼 귓가에 어른거렸다. 나는 천천히 나머지 바깥 날개깃을 잘랐다. 잘려나간 날개깃이 허공에서 나부끼다가 이내 바닥으로 곤두박질쳤다. 손가락 사이로 녀석의 까만 눈동자가 보였다. 녀석의 까만 눈동자가 천천히 잘려나가는 날개깃을 담아내고 있었다.

어쩌면 나도 녀석처럼 뭉툭한 날개를 퍼덕거리고 있었는지 몰랐다. 나는 기형의 날개를 퍼덕이며 비행을 꿈꾸고 있었다. 남들과 똑같이 하늘을 향해 날아갈 준비를 하고 있었다. 하지만 나는 방금 내 날개깃들이 잘려나가는 것을 보았다. 더 이상 비행할 수 없기 윙 컷된 날개. 나의 기형 날개는 비행을 제대로 해보지도 못한 채 잘려나가 버렸다.

여름, 어시장

· 김지섭 (우석대 문창 2학년) ·

가로등이 아물었다 생채기 같은
사람들이 돋아난다 하나둘 파라솔을 펼친다

그녀는 그늘 속에 앉아 꼬이는 파리를 쫓는다 사람들 발목에 파리처럼 들러붙는 목소리가 그녀의 그늘이다
감기지 않는 생선눈알이 녹슬고 있다 꼬깃꼬깃하게 주저앉은 노인의 눈동자, 동전처럼 거리를 구른다
껍질을 들추고 흐느적대는 바지락, 술에 취해 헛소리하던 남자가 혀를 내밀고 잠들어 있다
나는 바지락처럼 달그락거리는 집으로 전화를 건다 커튼 주름을 비집고 아이들의 부패된 목소리가 건너온다

가로등이 돋아났다 생채기 같은
사람들이 아물어간다 파라솔이 접히고 시장골목도 이젠 물러진다

당선

장화

· 안성군 (안성고 3학년) ·

장화는 검은 늪이다.
아버지는 어쩌다 검은 늪에 두 발 빠지셨을까
철벅거리는 발자국소리는
왜 허우적거리는 소리로 들렸을까
늪은 신는 것이 아니라
조심해야 하는 곳이다
아무도 늪을 신어서는 안 된다
문밖에서 벗고 들어오세요,
엄마는 완고하다.

그렇지만 엄마, 아버지의 장화 속에는 물갈퀴가 자라고 있어요. 아침 이슬 속을 헤엄치거나 개구리밥 뜬 파릇한 논물 속을 자유롭게 유영해요. 논물에 거꾸로 누운 몇 그루 미루나무 속을 헤집으면 잠잠한 가지들을 휘젓고 파릇한 이파리들이 돋아나요. 봄부터 가을까지 헤엄쳐 다녀요.

장화를 털면
거름 냄새가 쏟아져 나오는 그 속에는
발목 깊은 늪 속에서도 꿈틀거리는 폐어肺魚처럼
크고 억센 아버지의 발이 있다.

가람이병기청년시·
최명희청년소설문학상

•

2009~2017

마지막 파일

· 김홍진 (서울시립대 국어국문 4학년) ·

무릎을 꿇은 남자의 눈빛은 오히려 담담하다.

주위를 지켜선 군인 중 한 명이 남자에게 담배를 물려주고 불을 붙인다. 양손이 등 뒤로 묶인 남자가 입을 오물거리며 담배를 빤다. 비죽 튀어나온 아래턱 위로 연기가 피어오른다. 점점 아래로 굽어가던 담뱃재가 땅에 떨어지기도 전에 베레모를 쓴 군인이 남자 머리를 발로 차 쓰러트린다. 일어나려고 바동거리는 남자의 머리를 군홧발로 짓누른 채로 허리춤에서 대검을 뽑아 남자의 목에 쑤셔 넣는다. 칼날이 지나간 피부의 틈으로 뿜어져 나온 검붉은 피가 자갈밭의 돌 틈으로 스며들어 간다. 잔뜩 일그러졌던 남자의 얼굴에서 차츰 표정이 사라진다. 미처 감기지 않는 남자의 눈은 실핏줄이 터져 벌겋다. 군인은 칼질을 멈추지 않는다. 뼈에 걸려 더 이상 날이 들어가지 않자 칼을 들어 목을 내려쳐 몸뚱어리와 머리를 기어코 떼어놓는다. 남자의 잘린 목 아래로 실고추 같은 힘줄이 대롱거린다.

고전(古典)이다. 2000년대 초반 인터넷 커뮤니티에서 입소문을 타고 한때 유명세를 치른 영상이다. 화면 속의 군인들은 러시아군이며 남자는 체첸 반군 소속의 전쟁포로다. 비슷한 영상으로는 '체첸 클리어'가 있다. 체첸 클리어에서는 칼을 든 사람이 체첸 반군, 참수를 당하는 쪽이 러시아군이다. 입장만 바뀌었을 뿐, 두 영상은 별다른 차이가 없다. 영상 아래에는 30여 개의 댓글이 달려있다. 댓글은 대부분 전쟁의 참혹함을 안타까워하는 내용이다. 일반 커뮤니티에 이런 영상이 올라왔다면 난리가 났겠지만 여기는 다르다.

'www.revelation.com'

이곳은 마니아들이 모여 스너프 필름을 공유하는 공간이다. 업로드되는 게시물은 다양하다. 블랙박스에 녹화된 교통사고 영상부터 시신 부검 영상까지 올라온다. 감상자에게 충격을 주어야 한다는 것이 이곳에 적용되는 단 하나의 룰이다. 가장 자주 올라오는 게시물은 단연 전쟁을 담은 필름으로 다른 영상에 비해 댓글이 훨씬 많이 달린다. 무대는 대개 이라크나 아프가니스탄으로 주요 출연진은 알카에다와 탈레반, 미군, 그리고 현지의 민간인들이다. 300개의 댓글을 기록한 'American Chopper'도 이라크 전쟁 영상이다. 군용 헬기에 달린 카메라에 찍힌 15분짜리 흑백 영상으로 테러리스트로 의심되는 사람들이 탄 도요타 승합차를 미군 헬기가 추격하는 내용이다. 헬기에 달린 벌컨포가 불을 뿜자 승합차는 전복된다. 뒤집힌 차에서 사람들이 빠져나와 사방으로 도망치기 시작한다. 운전사는 사다리를 올라 건물 옥상으로 내달리고, 조수석에 탔던 남자는 돌담 뒤에 숨어 웅크린다. 그리고 카메라를 든 또 다른 남자는 대로변으로 내달리기 시작한다. 그러자 헬기는 천천히 한 사람씩 좇아가 벌집으로 만든다. 적외선 카메라로 촬영된 흑백 영상 속에서 팔다리가 찢겨 나갈 때마다 먹물 같은 피가 흩뿌려진다.

새롭게 볼만한 걸 찾아 자료실을 클릭해 들어간다. 요즘은 작품 축에 드는 영상이 드문 편이다. 이라크에서 미군이 철수하게 되면서 커뮤니티에 올라오는 신작도 뜸해졌다. 기껏해야 교통사고 영상, 살인현장 사진, 조작된 티가 뻔히 드러나는 합성 영상 혹은 방금 본 영상처럼 고전으로 통하는 옛날 것들이 전부이다. 아니면 지금 자료실 상단에 자리하고 있는, '각종 스너프 모음.zip'처럼 이것저것 옛날 자료를 모아 놓은 것들이 대부분이다.

습관적으로 '각종 스너프 모음.zip'을 클릭해본다. 16GB가 넘는 대용량 자료다. 업로더는 'Ω'였다. 'Ω'는 익명을 뜻한다. 로그인하지 않은 채 글을 쓰면 아이디 대신 'Ω'로 표시된다. 인터넷의 가장 깊숙한 곳에 자리 잡은 이곳의 특성상 대부분 사람들은 아이디도 만들지 않은 채 이렇게 익명으로 활동한다. 'Ω'는 나일 수도 있으며 너일 수도 있다. 이 커뮤니티에 모인 모두가 'Ω'인 셈이다.

곧바로 다운로드를 받아 압축을 풀고 폴더를 연다. 간혹 이런 자료들 가운데 교묘히 신작이 끼어 있는 때도 있기 때문이다. 친절하게도 카테고리는 전쟁, 범죄, 식인, 교통사고, 산업재해, 기타 항목으로 세세하고 일목요연하게 분류되어 있다. 하나씩 재생시켜 나간다. 혹시나 했는데 역시 봤던 것들뿐이다. 마지막 기타 항목까지 와서 파일을 재생한다. 마지막 파일 역시 이미 봤던 영상이다. 창을 닫으려는데 폴더 하나가 더 눈에 띈다. 폴더명 대신 점 하나만 찍혀있다. 클릭해 들어가자 동영상 파일 세 개가 있다. 제목은 차례대로 1, 2, 3. 확장자는 avi.

호기심에 주저 없이 1을 클릭하자 모니터에는 한 여자가 나타난다. 20대 중반쯤으로 보이고, 뒤로는 여자가 앉아 있는 커피숍의 풍경이 간간이 들어온다. 촬영을 하는 듯한 남자가 여자에게 질문을 던진다. '어디 가고 싶냐', '뭐 먹고 싶냐'는 따위의 시시한 대화가 오간다. 여자는 옅은 미소를 띠며 빨대를 문다. 여자가 죽지도 않고, 누군가 다치지도 않은 채 끝이 난다.

두 번째 파일은 1로부터 시간이 좀 지난 듯하다. 여자의 헤어스타일이 짧은 단발머리에서 긴 웨이브 펌으로 바뀌어 있다. 여자는 침대 위에 누워 수줍게 이불을 눈 밑까지 끌어올려 덮고 있다. 남자는 첫 편과 마찬가지로 시시한 말을 건넨다. 인테리어로 보아 모텔인 것 같다. 흔해빠진 섹스비디오라고 생각하는 찰나에 파일이 끝났다. 죽음도 섹스도 없이 싱겁게 말이다.

마우스 커서를 3으로 가져가 딸깍거린다. 파일이 손상되어 재생할 수 없다는 창이 뜬다. 다시 자료실로 돌아가 게시물을 연다. 벌써 댓글 몇 개가 달려있다. 소장할 수 있게 정리해줘서 고맙다는 댓글이 대부분이다. 맨 아래의 댓글만이 3이 재생이 안 된다고 항의를 한다. 내 노트북에서만 재생이 안 되는 게 아닌 모양이다. 나는 2와 이어지는 섹스비디오이겠거니 생각하고 노트북을 닫는다. 약간의 호기심을 남겨두고.

휴대폰 알람에 잠에서 깬다. 밖은 아직 새벽이다. 출근하기에 조금은 이른 시간이다. 그릇 달그락거리는 소리를 따라 나간 부엌에는 아내의 뒷모습이 있다. '일어났어?'라는 말도 없이 아내는 조용히 설거지하고 있다. 상에 차려진 가지무침과 미역국에 대충 아침 식사를 하고 출근준비를 한다. 현관문이 닫힐 때까지도 등 뒤에서는 '잘 갔다 와'라는 말은 들리지 않는다. 시내버스에 타 카드를 찍고 자리에 앉는다. 나의 직장은 서초구 서초동에 있다. 집에서 버스로 30분 거리다. 보통의 출근 버스라면 만원이겠지만 나의 출근길은 다르다. 나의 출근 시간은 남들보다 늘 한 시간 빠르다. 반포대교를 건널 때 차창 밖으로 보이는 한강 물은 새벽빛을 받아 푸르스름하다.

다리를 건너고 얼마 지나지 않아 버스가 한 빌딩 앞에 정차한다. 꽈배기 모양으로 지어진 디자인으로 이 일대의 랜드 마크가 된 40층짜리 빌딩이다. 해 질 녘 건물 외벽을 따라 사선으로 내려오는 유리창에 반사되는 노을빛은 이 일대에서 나름대로 장관으로 손꼽히기도 한다. 이곳이 세무감사 때마다 이름이 오르내리는 그룹의 본사이자 나의 직장이다. 17층 B섹터 총무2과의 출입문을 열고 들어가면 바로 보이는 책상이 내 자리다. 하지만 나는 이번 정류장에서 내릴 수 없다. 나의 업무는 총무2과가 아닌 서초경찰서 정보과에서 시작된다.

회사를 지나 15분가량을 더 가 서초경찰서 앞에서 내린다. 전경들의 구보 소리가 경찰서 건물을 넘어온다. 경찰서 건물 현관은 아직 닫혀있다. 업무 시작시각인 9시 30분까지는 아직 삼십 분 정도 여유가 있다. 휴대폰으로 인터넷 기사를 훑으며 시간을 때우는데 한 남자가 열리지 않는 문을 찰캉 찰캉 거리며 잡아당긴다. 남자는 내 또래로 보인다. 많이 잡아야 30대 후반 정도다. 눌러쓴 빨간색 야구 모자가 가장 먼저 눈에 들어온다. 모자 가운데에는 야구팀 클리블랜드의 마스코트인 홍안의 인디언이 머리에 깃털을 꽂은 채 해맑게 웃고 있다.

나보다 키가 한 뼘쯤 작은 남자의 입 주위의 피부는 하얗게 일어나있다. 거무스름한 남자의 턱은 지난 며칠간 면도를 잊은 듯하다. 턱을 치켜들고 까치발을 세우며 유리문 안을 보려 애쓰는 남자의 모습이 안쓰러워 한 마디 툭 던진다.

"이십 분 정도 기다려야 하실 텐데……. 아홉 시 반 전에는 절대 안 열어요."

"아, 그렇습니까? 혹시 경찰이세요?"

양복을 입고 아침부터 경찰서 현관을 기웃거리고 있으니 정보과 형사인 줄 안 모양이다.

"아뇨. 뭐 그냥 민원 보러 왔어요. 급하신 일이라도?"

"아, 예 집회신청 좀 하려고 하는데 노조장이 뭐 아침부터 가야 되네, 어쩌네, 닦달하는 바람에……."

남자의 말을 끝으로 대화는 끝이 난다. 남자의 대답에 내 말문이 막힌 탓이다. 경쟁 상대의 등장이다. 다행히 남자는 아직 정보과가 몇 층 어디에 있는지 모르는 것 같다. 노조장이 닦달했었다는 말로 미루어 짐작건대 남자는 분명 우리 회사 사옥 앞에 집회신청을 하려는 것이다. 마침 의경이 열쇠 꾸러미를 들고 유리문 건너편에서 다가온다. 의경이 유리문 아래에 열쇠를 꽂고 돌리자 탁하고 걸쇠가 풀리는 소리가 들린다. 남자는 경찰서 로비 벽에 걸린 안내도를 보며 정보과를 찾는다. 나는 곧장 계단을 뛰어오른다. 정보과는 4층이다. 3층을 지날 때 즈음 구두끈이 풀어졌지만, 그따위의 문제는 무시해야 한다. 정보과 문을 열고 미리 써둔 집회 신청서를 담당 형사에게 쥐여준다. 형사가 주는 확인서에 도장을 찍고 정보과 사무실을 나온다. 복도 끝의 엘리베이터 문이 열리고 남자가 두리번거리며 나온다. 신발을 질질 끌며 정보과 사무실로 들어가는 그에게 가벼운 목례를 하고 엘리베이터에 탄다. 오늘도 첫 업무는 무사히 끝났다.

열 시가 넘어서야 회사로 들어간다. 상사와 동료직원들은 이미 각자의 자리에 앉아 키보드를 두들기거나 전화를 받고 있다. 나 역시 부장에게 서류 더미를 받아들고 자리에 앉는다. 이번 달 물품 지급내용을 일일이 대조해가며 엑셀 파일로 정리해나간다. 인사부나 영업부, 대외사업부, 홍보부 등 본사에 있는 수십 개의 부서에서 써대는 종이와 볼펜, 스테이플러, 토너 따위를 수요에 맞게 공급하는 것이 내 본래의 업무다. 서류 작업을 한창 해나가던 중 숫자 뒤로 거뭇거뭇한 글씨가 보인다. 혹시 뒷장을 놓쳤나 싶어 종이를 뒤집어본다. 이력서가 인쇄된 이면지다. 사진과 이름은 물론 군 복무 여부까지 상세하게 나와 있다. 지원자의 출신학교는 수도권 소재의 4년제 대학이다. 픽 웃음이 나온다. 저따위 대학을 나와서 우리 회사에 지원하다니. 패기만큼은 만점을 주고 싶다.

회사 내의 유배지나 다름없는 총무과의 직원들조차도 명문대 출신이 아닌 사람은 없다. 그도 그럴 것이 우리 회사는 취업 원서 철만 되면 조사하는 취업 선호 기업에서 늘 1, 2위를 차지한다. 나 역시 그렇다. 역대 최악의 난이도로 악명이 높은 97학년도 수능을 뚫고 명문대에 입학했다. 입학 커트라인을 맞추기 위해 원래 지망 과인 경영학과 대신 국문학과를 썼지만 어쨌든 명문대라는 간판은 변하지 않았다. 이 세상에서 대학생에게 어느 학교 다니느냐고 묻지 무엇을 공부하느냐고 묻는 사람은 없지 않은가?

97년의 봄바람은 따뜻했다. 꿈만 같던 1년을 보내고 군대에 갔다. 복무를 마치고 사회에서 맞이한 21세기는 내게 너무도 낯설었다. 등록금은 80만 원이나 올랐고 아버지는 직장에서 해고당했다. 집은 아파트에서 빌라로 내려앉았다. 집의 층수도 점점 낮아졌다. 1604호가 101호로 바뀌고 얼마 지나지 않아 숫자 앞에 'B'가 붙었다. 집에 복학 얘기를 꺼낼 엄두조차 낼 수 없었다. 결국, 한 학기 벌어 한 학기 학교에 다니며 3년을 보냈다. 졸업 학기를 1년 남겨뒀을 무렵, 학과 선배에게 연락이 왔다. 선배는 사흘 일하고도 오백 벌 수 있는 자리가 있다며 나를 꼬드겼다. 선배는 재학 증명서와 건강검진 결과서를 들고 다방으로 오라고 했다.

"별거 아냐. 세 번 정도 박아주고 안에다 싸고 돈만 받으면 돼. 어때? 죽이지?"

처음에 나는 선배가 가져온 일자리는것이 호스트바 접대부인 줄로만 알았다. 그러나 십분 뒤 카페로 들어와 우리 앞에 앉은 여자의 옷차림은 마담이라고 하기에는 너무 수수했다. 라운드 티셔츠 위에 회색 카디건을 걸친 여자는 어울리지 않는 커다란 선글라스를 끼고 있었다. 그녀는 내게 서류를 보여 달라고 했다. 준비해온 서류를 가방에서 꺼내 보여주자 그녀는 고개를 끄덕이며 다시 내 쪽으로 밀어 넣었다. 선배가 여자에게 말했다.

"빨리 정하죠? 이런 일은 서두를수록 좋은 거잖아요. 자연으로 하는 게 확률이 높으니까 당연히 그쪽으로 추천해 드리고요, 장소나 시간은 사모님께서 편하신 대로."

결국, 그녀와 나는 일주일 후 서울 외곽의 모텔에서 만나기로 했다. 그날 저녁, 통장에는 선금 250만 원이 들어와 있었다.

오후 여섯 시가 넘어가자 최 과장이 일어나 사원들에게 회식이 있음을 알린다. 오늘은 부장님이 화가 단단히 나셨으니 불참자가 없어야 한다고 당부한다. 부장의 직급은 영원히 부장이라는 사실은 사무실 모두가 안다. 임원이 될 수 없는 부장은 툭하면 성을 냈다. 그러나 나는 당연히 회식에서 열외다. 새벽잠 두 시간과 맞바꾼 것은 자질구레한 행사에서 벗어날 수 있는 권리와 퇴근 때마다 눈치를 보지 않아도 되는 자유였다.

초저녁의 집은 비어있다. 아내는 아직 돌아오지 않았다. 곧장 방으로 들어가 노트북을 켜고 즐겨찾기에 추가해놓은 레벨레이션 닷컴에 들어간다. 어제와 마찬가지로 볼만한 영상은 없다. 혹시나 하는 마음에 자료실에 들어가자 어제 다운 받았던 자료가 눈에 들어온다. 게시물에는 댓글이 50여 개나 달려있다. 어제 달렸던 몇 개의 댓글을 제외하고는 전부 파일 3에 관한 얘기뿐이다. 정작 마지막 편이 없는 미완의 트릴로지에 궁금증을 참지 못한 사람들은 재생이 가능한 '3'을 올려달라고 아우성을 친다. 다만 마지막 댓글의 내용만이 달랐다.

'그거 옛날에 본 적 있음ㅋㅋㅋ 일단 둘이 섹스를 하긴 하는데 아마 여자가 죽을걸? 본지 좀 된 거라 가물가물하네. ㅡㅡ'

현관문이 열리는 소리에 재빨리 창을 닫는다. 이건 남에게 보여줄 만한 취미는 아니다. 아내가 차려준 저녁을 먹고 방으로 들어가 일찍 잠을 청한다. 아내도 자신 방으로 들어가 침대에 눕는다. 각방을 쓴지 어느덧 일년이 다되어간다. 결혼을 한순간부터 아내는 아이를 갖고 싶어 했지만 나는 아내를 안을 수 없었다. 그렇다고 해서 발기가 제대로 되지 않는다든가 정자에 꼬리가 달렸지 않다든가 따위의 문제는 아니다. 아내와 살갗이 닿고 그녀의 질 속에 정액을 쏟아내는 것. 그것이 두려울 뿐이다.

어제처럼 휴대폰 알람 소리에 잠에서 깬다. 아침에 늘 들리던 설거지 소리가 들리지 않는다. 거실로 나와 보니 아내 방의 문은 닫혀 있다. 노크해볼까 하다가 이내 관둔다. 시리얼이 담긴 그릇에 우유를 붓는다. 하얀 우유가 링 모양의 시리얼 구멍 사이를 채운다. 한 숟갈 떠서 입에 넣는다. 찬 우유 때문에 이가 시리다. 시리얼 한 그릇을 간신히 비워내고 방으로 가 옷을 갈아입는다. 양복 마이를 만지작거리다 장롱문을 닫는다. 폭염주의보가 내린 서울은 새벽도 후덥지근하다.

첫 번째 출근지는 당연히 경찰서다. 일찌감치 포기한 것인지 어제의 그 남자는 보이지 않는다. 이윽고 문이 열리고 나는 여유롭게 1층 로비를 가로질러간다. 발걸음을 옮길 때마다 울리는 구두 소리가 경쾌하다. 4층에

도착했음을 알리는 엘리베이터의 종소리도 지금 들어보니 꽤나 앙증맞다. 정보과로 들어가 담당 형사에게 구김 한 줄 없는 집회신청서를 건넨다. 담당 형사가 집회신청서를 서랍에 넣으며 말한다.

"이제 슬슬 긴장하셔야겠네. 어제 봤죠? 빨간 모자. 이미 신청됐다고 하니까 문 앞에서 서성이던 양복쟁이가 회사에서 온 사람이냐고 묻더라고. 그래서 그렇다고 했지. 그랬더니 분해가지고 씩씩거리면서 나가던데 선수 안 뺏기려면 조심해야겠어."

인디언이 그려진 빨간색 모자를 쓴 그는 예상대로 노조에서 온 사람이었다. 어느 노조에서 온 지는 모르겠다. 이 회사가 원수지고 있는 하청업체 노조는 한 두 군데가 아니니까. 다만 체격이나 말투로 보아 경호나 경비 쪽에서 온 사람 같지는 않다. 지난겨울에는 본사의 경비를 담당했던 위탁업체의 노조가 회사 앞에서 집회하려던 통에 여간 골치를 썩였다. 꼭두새벽부터 십여 명의 남자들이 와서 경찰서 앞을 지키고 섰다. 다들 용역현장에서 몇 년을 굴러왔던지라 보통내기가 아니었다. 자기들끼리 현관 앞에서 둥글게 스크럼을 짜고 그 가운데에 집회신청을 할 사람이 문을 꼭 잡고 있었다. 나는 서둘러 지금의 경비업체에 전화를 걸어 지원을 요청했고 간신히 집회신청을 먼저 할 수 있었다. 아마 그날 몇 분만 늦잠을 잤다면 철옹성과도 같은 회사의 앞마당이 집회로 소란을 겪었을 터이다. 집회 신청을 선점하기 위해 새벽부터 나오는 데에는 이런 이유가 있는 것이다.

정보과 형사실의 문을 열고 나가다 낯선 사람과 어깨를 탁, 부딪친다. 하필 어제 그 남자다. 숨을 헐떡이는 그의 손에 들린 집회신청서는 잔뜩 구겨져 있다. 상기된 남자의 얼굴은 모자에 그려진 인디언의 얼굴처럼 붉다. 인디언은 나를 못 본 모양인지 서둘러 형사실로 들어간다. 집회 신청하겠다는 사람이 이렇게나 늦게 오다니. 노조의 윗대가리들도 못 배운 놈들만 모여 있나 보다. 그러니까 저렇게 당하고 사는 것이다. 엘리베이터에 오르기 전 자판기에서 밀크커피 한 잔을 뽑는다. 그런데 옆의 캔 자판기에서 남자아이가 손이 닿지 않아 돈을 넣지 못하고 낑낑거리고 있다.

"뭐 마시고 싶니?"

아이는 잠깐 놀라는가 싶더니 손가락으로 레몬 맛 데미소다를 가리킨다. 주머니에서 동전을 꺼내 데미소다를 뽑아주자 아이는 내게 손바닥을 펴 보인다. 아이의 작은 손바닥 위에는 백 원짜리 동전이 그득하다.

"됐으니 그걸로 과자나 사 먹으렴."

경찰서를 빠져나와 정류장에서 회사로 갈 버스를 기다린다. 그런데 건너편 정류장 다시 인디언 남자의 실루엣이 보인다. 옆에는 그의 손을 꼭 잡은 한 아이가 있다. 아이는 제 아빠의 손을 꼭 잡고 캔을 홀짝인다. 아들인 모양이다. 그러고 보니 아이의 코가 퍽 잘생겼다. 큰 콧대에 비해 콧방울이 작은 것이 내 코를 닮은 것 같기도 하다.

사무실의 공기 사이로 잡다한 소음들이 끊임없이 기어 다닌다. 키보드 두드리는 소리에 섞여 이따금 전화벨이 울려댄다. 책상 한구석에 쌓인 결재서류 더미를 괜히 몇 번 들춰보니 어느새 점심시간이다. 부장이 회사 뒷골목에 복어집이 생겼다며 가자고 설레발을 떤다. 어제까지만 해도 히스테리를 부리던 인간이 돈이라도 주웠는지 오늘은 기분이 좋은가보다. 동료 직원들과 들어간 복어집은 식사를 하러 나온 회사원들로 북적인다. 복어탕의 허연 국물 위를 떠다니는 미나리를 건져 씹는다. 향이 쌉싸름하다. 어딘가 맛이 익숙하다. 미나리에서 단내가 나도록 씹으며 기 209

억의 바닥을 되짚어본다. 언제 복어탕을 먹은 적이 있던가. 그리고 문득 떠오른 기억에 나는 입에 있던 것들을 휴지에 뱉어버렸다.

선금을 받고 여자와 일을 치르기 위해 약속 장소로 향했던 날이다. 노크하자 문 너머로 들어오라는 여자의 목소리가 들렸다. 램프 하나 켜놓지 않은 모텔방은 꺼진 모니터만큼이나 어두웠다. 대낮이었지만 검게 선팅된 유리창으로는 조금의 불빛도 들어오지 않아 방안에는 어둠뿐이었다. 손가락의 감각에 의지해 여자의 소음순을 찾아 사타구니를 더듬어갔다. 살짝 물기가 묻어나온 주름을 찾아 조심스럽게 성기를 삽입했다. 애무와 유희 따위는 필요 없었다. 한창 허리를 움직여대다가 나도 모르게 여자에게 키스하려고 했다. 그러자 여자는 두 손으로 나를 밀쳤다.

십 분쯤 뒤 여자의 질 속에 힘껏 사정하면서 일은 마무리됐다. 그게 나의 첫 섹스였다. 여자는 이불을 뒤집어쓴 나보고 먼저 가라고 했다. 옷을 챙겨 입고 걸어 나오는데 갑자기 견디기 어려울 정도로 허기가 느껴졌다. 모텔에서 나오자마자 보이는 복어집으로 곧장 걸어 들어가 복어탕 한 그릇을 시켰다. 입맛에 썩 맞지 않았지만, 공복감 때문에 허겁지겁 먹어치웠다.

“왜 그러나? 맛이 별론가?”

부장이 내게 묻는다. 아침에 먹은 게 잘 소화가 안 되는 것 같다고 둘러대고 먼저 일어난다. 편의점에서 보리차 한 잔을 사서 회사로 향한다. 그런데 회사 앞이 소란스럽다. 스무 명 정도 되는 사람들이 경비원들과 몸싸움을 벌이고 있다. 점심식사를 마치고 회사로 돌아가던 사람들이 걸음을 늦추며 그들을 구경한다. 천막을 치려고 했던 모양인지 인도에는 천과 쇠막대가 널브러져 있다. 순경이 확성기로 해산하라고 소리를 질러대지만 아랑곳하지 않는다. 5분 정도 지나자 두 대의 닭장차가 와서 그들을 모두 연행해간다. 어느 노조에서 온 시위대의 지랄 맞은 비명은 그렇게 사그라진다.

텅 빈 사무실로 들어와 컴퓨터를 켜고 레벨러이션 닷컴에 접속한다. 사무실 사람들은 10분은 지나야 들어올 테니 잠깐 살펴보는 정도는 괜찮을 것이다. 커뮤니티의 화제는 여전히 '3'이다. '3'을 보았다는 증언 글 수십 개가 올라와 있다. 그러나 그들의 말은 모두 제각각이다. 여자가 목 졸려 죽은 다음 시간(屍姦)을 당한다는 글이 있는가 하면, 여자가 촬영하고 있는 남자를 칼로 찔러 죽인다는 황당한 얘기도 있다. 그중에서 가장 추천을 많이 받은 글은 '파일 3과 무주 토막살인 사건'이라는 글이다. 글의 작성자인 'Ω'는 파일 1과 2를 캡처해 올려놓고 주위 배경을 미루어보아 동영상의 배경이 무주라는 나름의 근거까지 내놓았다. 그리고 7년 전 발생한 여대생 살인사건인 무주 살인사건의 기사를 가져와 피해자와 동영상 속의 여자가 동일인물이며 세 번째 파일은 그 범행 영상이 찍혀 있다는 꽤 논리적인 주장을 폈다. 'Ω'는 글의 말미에 자신은 세 번째 파일을 본 적이 있으며 얼마 전 포맷을 했기 때문에 캡처 화면을 첨부할 수 없어 안타깝다는 말까지 덧붙였다.

식사를 마친 직원들이 사무실로 들어온다. 나는 재빨리 창을 닫고 지난달 구매 물품 목록 창을 띄운다. 세 번째 파일에는 무슨 영상이 담겨있을지 궁금하다. 정말 'Ω'의 말대로 동영상 속의 여자는 토막 살인 된 피해자일까. 직원들이 각자의 자리에 앉는 것을 확인하고 다시 창을 띄운다. 이른바 '딥 웹'은 이럴 때 유용하다. 인터넷 익스플로러가 아닌 특수한 웹 브라우저를 통해 인터넷의 심연으로 들어간다. 네이버나 구글 같은 일반 검색엔진으로는 접근조차 할 수 없는 곳이다. 딥 웹에는 온갖 영상들과 사진들이 돌아다닌다. 소아성애자들을 위해 연령대별로 나체 사진과 섹스 영상을 구비해놓은 곳이 있는가 하면 나 같은 사람을 위해 갖가지 스너프 필름을 올려놓은 곳도 있다. 말 그대로 표면이 아닌 깊숙한 곳에 있는 웹이기 때문에 아무리 잔인한 영상이라도 여기서는 폭력성 따위의 사유로는 삭제되지 않는다.

나는 천천히 이 사이트 저 사이트를 기웃거린다. 그런데 주위의 시선이 여간 신경이 쓰인다. 딥 웹 사이트에 적나라하게 걸려있는 시체 사진을 동료 직원에게 들키는 날이면 그날부로 미친놈으로 찍히고 말 것이다. 결국, 사이트 몇 군데 찾아보지도 못하고 브라우저를 닫는다.

아내는 블라우스를 입은 채 거실 소파에 누워 자고 있다. 일부러 아내를 깨우지 않고 방으로 들어간다. 행여 소리가 날까 봐 문고리를 돌린 채로 문을 당겨 닫는다. 책상 위의 노트북을 켜고 바로 딥 웹에 접속한다. 찾아볼 사이트 몇 곳을 업무를 보면서 미리 생각을 해두었다. '3'이 있을 법한 곳부터 들어간다. 오래간만에 접속한 딥 웹에는 눈길을 잡아끄는 영상들이 많다. 오토바이 묘기 중에 목이 부러져 죽는 사람도 있고, 펴지지 않은 낙하산을 맨 사람의 헬멧에 설치되어 있던 카메라의 영상도 있다. 감상을 해보고 싶지만, 지금의 목표는 세 번째 파일을 찾는 것이다. 파일명이 다를 수 있으므로 하나씩 일일이 재생을 해 확인한다. 그러나 어디에도 세 번째 파일은 없다. 다른 사이트로 가 한창 영상을 재생하고 있는데 잠에서 깬 아내가 방문을 두드린다. 오늘은 글렀다.

아내가 차려준 밥을 먹고 일찍 방으로 들어가 눕는다. 내일도 경찰서로 출근해야 하기 때문이다. 거실에서 텔레비전 소리가 들려온다. 세 번째 파일에 대해 고민을 하다가 잠깐 잠이 들었다. 거실에서 들려오던 텔레비전 소리가 멎었다. 아내도 방에 들어가 잠든 모양이다. 나는 침대에서 일어나 다시 노트북 켠다. 아직 찾아보지 못한 사이트가 열 군데가 넘는다. 딥 웹으로 들어가 모니터링을 한다. 하지만 세 번째 파일은커녕 첫 번째와 두 번째 파일의 출처조차도 흔적을 찾을 수 없다. 그럴수록 궁금증은 커져만 간다. 잠시 쉴 겸 접속한 레벨레이션 닷컴은 세 번째 파일로 이미 난리가 났다. 한 호기로운 유저는 세 번째 파일을 찾아오는 사람에게 천만 원을 주겠다며 현상금까지 붙였다. 단 이틀 만에 파일 '3'은 전설이 되어 있었다.

새벽 세 시까지 딥 웹을 뒤지다가 결국 포기하고 침대에 눕는다. 자다가 문득 깨보니 휴대폰의 전원이 꺼져 있다. 벽시계의 작은 바늘은 이미 여덟 시를 넘어갔다. 나는 서둘러 옷을 챙겨 입고 집을 뛰쳐나간다. 아내의 방문은 닫혀있다. 길거리로 나가자마자 택시를 잡아타고 경찰서로 향한다. 그러나 제시간에 가기에는 시간이 부족하다. 경찰서 정문을 지나칠 때는 이미 아홉 시 반이었다. 하지만 인디언 녀석이 어제만큼만 늦게 왔다면 아직 승산은 있다. 계단을 뛰어 올라가며 서류가방에서 집회신청서를 꺼낸다. 마침 정보과 형사실 문이 열리며 인디언이 나온다. 인디언의 손을 잡은 아이가 나에게 아는 체를 한다.

"어? 아빠, 어제 이 아저씨가 나한테 음료수 사줬어. 아저씨, 안녕하세요?"

아이는 배꼽 인사까지 하며 반가움을 표시한다. 인디언은 그의 모자에 박힌 마스코트처럼 미소를 지어 보이고는 경찰서 복도를 당당히 걸어나간다. 머릿속이 새하얘지며 참담한 기분이 몰려온다. 나는 실패했다. 회사가 나에게 준 막중한 임무를 망쳐버렸다. 영원한 집회 청정 구역이라 불리는 회사 앞을 더럽히게 됐다. 아마 기사도 나갈 것이다. 우리 회사 앞에서 노조들의 시위가 벌어지는 일은 보기 어려운 진풍경일뿐더러 운동권의 사람들에게는 좋은 씹을 거리도 된다. 임무에 실패한 나에게는 머지않아 징계위원회가 소집될 것이다. 처분으로는 권고사직 정도가 적당하겠지.

4층 복도에 서서 유리창 너머를 바라본다. 경찰서를 빠져나가는 인디언과 아이의 뒷모습이 보인다. 승리를 거두고 유유히 전장을 떠나는 그들의 뒷모습을 나는 그저 바라볼 뿐이다. 작은 체구라고 생각했던 인디언의 등짝이 더 넓어진 것 같다. 뒤를 돌아본 아이와 눈이 마주쳤다. 아이는 돌아서서 내게 손을 흔든다. 그러고 보니 앞니 두 개가 다른 이들보다 유난히 큰 것도 같다. 아침마다 마주치는 거울 속 내 모습처럼.

그날 이후, 보름 가까이 여자에게서는 연락이 오지 않았다. 아직 임신이 확실하지 않았기 때문에 잔금 250만 원은 입금되지 않은 상태였다. 내가 먼저 연락을 하기도 꺼림칙했고 그렇다고 마냥 연락을 기다릴 수 없어 아르바이트를 다시 시작했다. ATM 기기에 현금을 보충하는 일로 돈만 나르면 됐다. 현금수송차가 한 번 움직일 때마다 3억 원씩 현찰이 실렸기 때문에 일은 꽤 바빴다. 수도권 일대를 돌아다니며 현금이 떨어진 ATM 기기에 돈을 채워 넣었다. 일이 많은 금요일이나 월말에는 하루에 50군데까지 점심을 걸러가며 돌아다녔다. 첫 섹스의 흥분은 그렇게 가라앉는 듯싶었다.

일이 한창 바쁜 월말이었다. 마지막 ATM 기기에 돈을 찾고 나서 혹시나 하는 마음으로 통장을 넣었다. 5,210,958. 잔금이 들어와 있었다. 이윽고 주머니 속의 휴대전화가 짧게 울렸다.

'오늘 테스트기 써봤는데 임신이래요. 돈은 계좌로 보내드렸으니까 확

인해보세요.'

여자에게 온 문자였다. 이제 졸업 학기까지 여윳돈은 충분했다. 그날로 아르바이트를 그만두었다. 길거리로 나와 돌아다니다가 PC방으로 들어갔다. 스너프 필름을 처음 본 건 그날이었다. 멍하니 모니터를 바라보며 아무 사이트나 집히는 대로 클릭해 들어갔다. 유독 조회 수가 높은 게시글이 보였다. 클릭하자 창이 바뀌며 동영상이 자동 재생됐다. 영상의 가운데에는 검은 천으로 눈이 가려진 한 동양인 남자가 울먹거리며 영어로 무어라 중얼거렸다. 언뜻 보니 한국인 같았다. 그의 뒤에는 두건을 칭칭 감고 총은 든 세 명의 남자가 기립하고 서 있었다. 그가 말을 마치자 뒤에 서 있던 남자들이 정글 도를 꺼내 그의 목을 썰기 시작했다. 참수를 당하는 남자의 표정은 고통으로 일그러지고, 칼질하는 남자는 낑낑거리며 목 깊숙이 박힌 정글 도를 앞뒤로 흔들었다. 결국, 남자의 목이 잘리고 그의 목을 타고 침과 눈물과 피가 뒤섞여 바닥으로 떨어졌다. 중간에 창을 닫으려고 커서를 가져갔지만 끄지는 못했다. 마우스를 잡은 손가락을 떨면서 나는 그 영상을 끝까지 보고야 말았다.

회사로 출근하자 예상대로 날벼락이 떨어진다. 나는 말이 채 끝나기도 전에 부장이 던진 스테이플러에 이마를 맞고 휘청거렸다. 아프다. 지금껏 수많은 스너프 필름을 감상했지만 직접 느끼는 고통에는 익숙하지가 않다. 맞은 머리 쪽의 눈을 제대로 뜰 수 없을 정도로 고통이 심하다. 마치 누군가 나의 두개골을 프레스로 짓눌러 으깨는 것 같다. 동료직원들이 부장을 데리고 사무실 밖으로 나간다.

부장은 두 시간에 후에야 들어왔다. 회사 우 층을 바쁘게 돌아다니며 임원진들을 만나고 왔을 부장의 모습을 생각하니 안쓰러운 마음마저 든다.

징계 위원회는 나흘 후쯤 열릴 것이고 지금은 대책 회의에 여념이 없을 것이다. 부장이 자리에 앉으며 나를 부른다.

"지금 회사에 계신 이사님들께 보고를 드렸더니 모두 아주 사색이 되더군. 얼마나 큰 잘못을 저질렀는지 아나? 자네의 실수에 대한 책임은 분명히 물을 거야. 일단 업무나 보게. 그리고 집회신청 업무는 다른 적임자를 찾아볼 테니 그렇게 알고 있어."

자리에 앉아 앞일을 예상해본다. 이렇게 된 이상 권고사직을 피할 수 없다. 지금 내 경력을 고려해보면 경력자를 찾는 중소기업의 과장 자리쯤 노려볼 수 있다. 임원들이 호출했는지 전화를 받고 사무실을 나간 부장은 돌아오지 않는다. 점심때가 되자 직원들은 식사하러 사무실을 나선다. 텅 빈 사무실에 홀로 남은 나는 사무실 구석에서 남는 상자 하나를 가져와 내 짐을 정리해 챙긴다. 더 이상 회사에 뭉개고 앉아 있어 봐야 소용이 없다. 어차피 나가야 할 사람은 빨리 나가는 것이 모두를 위해 좋다.

사직서를 대충 써놓고 나가려는데 문득 컴퓨터가 떠오른다. 혹시 스너프 필름이 남아있을지 모를 일이다. 곧장 컴퓨터를 켜서 동영상 파일을 검색해나간다. 검색 작업을 걸어두고 만약을 대비해 딥 웹 접속 브라우저와 접속 기록을 삭제한다. 레벨레이션 닷컴 접속 기록까지 말끔히 지우고 나니 검색이 완료됐음을 알리는 창이 뜬다. 내가 예상했던 것보다 컴퓨터에는 많은 양의 동영상이 저장되어 있다. 파일명을 확인해가며 하나씩 지워나가는 데 익숙한 이름의 파일이 보인다. 파일명 '3'

회사 컴퓨터로는 세 번째 파일을 다운로드 받은 기억이 없다. 다운로드 받은 날짜를 확인해보니 일 년 전이다. 여러 편의 스너프 필름을 받을 때 딸려온 모양이다. 삭제를 멈추고 영상을 재생시킨다. 파일이 깨졌다는 메시지가 뜨지 않고 그대로 재생이 된다.

이제 막 걸음마를 시작한 아기가 팔을 휘적거리며 걸어간다. 그리고는 여자에게 안긴다. 아기를 안으며 웃는 여자의 눈 주위에 주름이 몇 가닥 잡힌다. 파일 2의 시점에서 몇 년이 흐른 듯하다. 촬영자는 삼각대에 카메라를 고정하고 여자에게 가 함께 아이를 안고 바라본다. 영상이 끝날 때까지 남자의 얼굴은 나오지 않고 뒷모습만 보인다. 부부는 품에 안은 아기에게 손장난을 친다. 콧방울이 조그마한 것이 퍽 귀여운 아기다. 그러다가 남자가 다시 카메라를 떼어내고 베란다 밖을 찍는다. 시내의 풍경이 잡힌다. 신호가 떨어지자 정지해있던 차들이 일제히 출발하고 차도 옆을 지나는 사람들은 천천히 거리를 걷는다. 아무것도 다를 게 없는 일상의 풍경이다.

카메라는 다시 삼각대에 고정된다. 여전히 남자의 얼굴은 나오지 않는다. 화장실에라도 갔는지 화면에서는 남자가 사라지고, 여자는 일어나 베란다로 나간다. 베란다 아래로 아는 사람이 지나가는지 여자는 까치발을 들어 창 너머로 손을 흔든다. 하얀 양말을 신은 여자의 작은 발이 살짝 떨리는 듯하다. 그리고 갑작스럽게 이어지는 검은 화면. 이것이 파일 3의 끝이다.

컴퓨터 본체를 들어내고 뽑아낸 하드디스크는 아직도 따뜻하다. 창문을 열어 고개를 내밀고 본 하늘은 싸늘한 파란빛이다. 그 아래에는 파일 3의 거리보다 더 높게 솟은 빌딩들이 아주 오래전부터 그곳에 있었던 것처럼 서 있다. 사람들의 머리가 빌딩 사이를 검은 진딧물처럼 꿈틀거리며 지나간다. 그 사이로 있는 힘껏 하드디스크를 던진다. 허공으로 던져진 작은 쇳덩어리 위로 발작하듯 햇빛이 반짝인다.

주머니 속 휴대전화가 짧게 울린다. 아내의 문자 메시지다. 이제 그만하고 싶어. 나도 모르게 웃음이 피식 새어 나온다. 다른 부부들이 다 하는 것조차 해오지 못한 우리인데 무엇을 그만한다는 말일까. 문득 휴대전화에 달린 카메라 렌즈가 눈에 들어온다. 눈동자만 한 검은 원 안에는 흑요석 조각 같은 렌즈가 박혀있다. 오랫동안 사진이나 동영상을 찍은 적이 없어 휴대전화에 카메라가 달려있다는 사실이 새삼 새롭다. 이것으로는 무엇을 찍을 수 있을까. 휴대전화를 바지 주머니에 넣고 사무실을 나선다.

정말, 아무런 일도 벌어지지 않을 것 같은 오후다.

트랙

· 김지민 (고양예고 2학년) ·

나는 흔들리는 조의 뒤통수를 바라본다. 조는 이미 트랙의 저 끝으로 달아나 있는 상태다. 숨을 크게 내쉰다. 가슴 끝까지 차 있던 숨이 한꺼번에 몰려나가는 기분이다. 거칠게 숨을 몰아쉬는 나와 달리 조는 태연하게 달리고 있다. 왼발 오른발을 번갈아 가며 공중 위로 내딛는 조는 꼭 날아가려고 준비하는 것 같다. 흔들리는 내 시야 안에, 달리고 있는 조가 있다.

새로 이사 온 아파트는 도무지 적응되지 않았다. 아파트 오른쪽에는 101동… 왼쪽에는 103동, 102동은 슈퍼방향에……. 나는 작은 안내도를 꽉 채운 그림을 머릿속에 새기려 노력하고 있었다. 전에 살던 빌라의 구조는 이렇게 복잡하지 않았는데. 나는 엄마가 내미는 아파트 안내도를 받아들며 불평을 삼켰다. 전에 살던 빌라의 더러운 계단이 생각나서였다.

결국, 내가 선택한 방법은 손을 이용하는 거였다. 아파트의 외벽을 손끝으로 천천히 따라가는 것. 이쪽에서 꺾이고 앞에는 나무 한 그루, 여긴 219

101동이다. 손끝으로 천천히 벽을 따라가면 아파트의 구조가 머릿속에 그려지는 것 같았다.

그날도 마찬가지로 나는 천천히 벽을 만지며 걷고 있었다. 아파트 중앙에 있는 가로수는 거대한 원형 모양으로 심겨 있었다. 앞에는 환풍구 하나가 있고, 나는 그걸 기억하려고 노력하며 가로수를 천천히 따라 걸었다. 힘을 주면 밀린 정도로 가늘고 약한 나무 몇 그루가 만져졌다. 주변에는 꺾인 나뭇가지 몇 개가 흩어져 있었다. 나는 왠지 궁금해졌다. 이 안엔 뭐가 있을까? 텅 비어있을까? 아니면 안에도 나무가 빽빽하게 심겨 있을까. 가로수를 잡고 있던 손에 힘을 주었다. 의외로 나무는 쉽게 밀렸다. 작게 만들어진 틈 안에서 나는 작은 형체 하나를 발견했다. 그건 내 또래의 남자아이였다.

"…어?"

내 목소리를 들은 건지 남자아이가 내가 있는 쪽으로 고개를 돌렸다. 아이는 조금 놀란 표정을 짓다가 이내 태연한 얼굴로 되돌아왔다.

"안녕? 들어올래?"

아이가 내게 건넨 첫 마디였다. 나는 고개를 끄덕였다. 아이는 내게 좀 더 힘을 줘 공간을 더 크게 벌리라고 말했다. 나무들은 내가 힘을 더 세게 줄수록 통로의 형태를 갖춰가고 있었다. 나는 조금 크게 벌어진 틈에 다리를 밀어 넣었다.

원형으로 심어진 가로수들 안으로 들어가자 보이는 건 교실보다 조금 작은 공간이었다. 아마 가운데에 나무를 심지 않아 그런 것 같았다. 나는 천천히 주변을 둘러보았다. 그곳에서는 밖의 모습이 흐릿하게 보였지만 밖에서는 내부가 전혀 보이지 않았다. 나무를 밀어 틈을 만들지 않는 이상 그 내부를 쉽게 파악하기 어려운 구조였다. 나는 그게 꼭 섬 같다고 생각했다. 아파트 한가운데 위치한 섬. 아이는 그 가운데 놓인 커다란 돌 위에 앉아 학습지를 풀고 있었다. 흘긋 넘겨다보자 학습지 종이에는 어지러운 수학 기호들이 펼쳐져 있었다.

"내 이름은 조야."

나는 뭐라 대꾸해야 할지 몰라 그냥 고개를 끄덕였다. 나이는 열두 살. 조는 그렇게 덧붙이며 내게 먼저 손을 내밀었다. 나는 어색한 기분을 숨기고 조의 손을 잡았다. 나도 동갑이야. 내가 작게 대답했다.

너 되게 조용한 애구나. 조가 말을 건넸다. 꼭 그런 성격은 아닌데. 말은 나오지 않았다. 우리 친구 하지 않을래? 학습지를 무릎 위에 올려놓은 채로, 조가 웃으며 물었다. 나는 조를 마주 보고 웃는 것으로 대답을 대신했다.

그 이후 그곳은 우리의 아지트가 되었다. 조는 주로 그곳에서 학습지를 풀었고 나는 조 옆에 앉아 조가 문제를 풀어내려 가는 것을 보고 있었다. 그럴 때면 나는 쉽게 심심해졌다. 그래서 나는 동네 중학교에 떨어진 분필들을 모아 주머니에 넣어오기 시작했다. 내가 유행하던 캐릭터를 바닥에 그리고 있으면 조는 그림을 쳐다보곤 '그게 뭐야?'라고 물었다. 내가 캐릭터의 이름을 말해도 조는 알아듣지 못했다. 조의 집에 티브이가 없다는 건 나중에서야 알게 되었다. 조는 그저 너 그림 잘 그린다, 라고 말하며 다시 학습지에 눈을 두었다.

바닥에 낙서하는 게 취미 아닌 취미가 되어버렸을 때, 나는 조가 학습지 대신 바닥을 가르는 분필을 쳐다보고 있다는 걸 알게 되었다. 너도 할래? 그렇게 질문하며 조에게 분필을 내밀면 조는 한참 분필 끝을 바라보다가 고개를 저었다.

조가 문제를 푸는 것보다 더 잘하는 것이 있다는 걸 알게 된 건 여름이었다. 조는 다 푼 학습지를 가방에 밀어 넣으며 내게 문방구에 가자고 했다. 가방 지퍼에 밀려 뜯어져 나온 학습지 몇 장이 바닥에 나뒹굴었다. 종이에 총 모양이 커다랗게 그려져 있었다. 저건 무슨 내용이야? 내가 그렇게 묻자 조가 무표정하게 대답했다. 러시안룰렛이라고, 총으로 하는 게임에 관한 거야. 진 사람은 죽는 게임. 나는 잠깐 공포를 느꼈다. 그런 게임이 어디 있어. 조는 대꾸하지 않고 종이를 발로 꾹 밟았다. 가자. 나무를 밀어 나갈 만한 공간을 만든 조가 밖으로 나갔다. 조의 표정은 보이지 않았다.

문방구에서 조가 집어 든 것은 이백 원짜리 아이스크림과 천 원짜리 화약총이었다. 플라스틱으로 만들어진 총은 갈색 손잡이를 가지고 있었다. 색감은 플라스틱답게 어딘가 어색했다. 그저 이천 원짜리 만화집에나 나올 것 같은 싸구려 화약총이었지만 왠지 나를 두렵게 했다. 내가 화약총을 빤히 바라보자 조가 웃었다. 우리 달리기하자. 그리 어려운 부탁이 아니었으므로 나는 대충 아이스크림을 집으며 고개를 끄덕였다.

계산을 마치고 문방구 밖으로 나오자 조가 총을 조립하고 있었다. 아마 화약을 끼우는 것 같았다. 조그만 탬버린 모양의 화약은 조가 손을 움직이자 그 안으로 손쉽게 끼워졌다. 조는 오래된 영화의 주인공처럼 내게 총을 겨눈 채 방아쇠를 당겼다. 탕. 총알은 나오지 않았지만 커다란 소리가 났다. 나는 움찔 몸을 떨었다. 조가 말했던 놀이가 생각나서였다. 총을 발사한 조는 태연한 표정으로 총을 주머니에 집어넣으며 아이스크림을 입에 물었다. 이미 절반가량 녹아버린 조의 아이스크림이 뜨겁게 달아오른 보도블록 위에 원을 그리며 떨어졌다.

 공터로 돌아왔을 때 분필을 집어 든 건 조였다. 조는 한구석에 쌓여 있는 흰 분필들을 들고 삐뚤빼뚤한 선을 그리기 시작했다. 뭘 그리는 거야? 조에게 묻자 조는 작게 트랙이라고 대꾸했다. 문득 웃음이 터져 나왔다. 너 진짜 그림 못 그리는구나. 그렇게 말하며 조의 손에 들린 분필을 뺏어 들었다. 조는 조금 자존심이 상한 표정이었다. 나는 예전에 티브이에서 보았던 트랙을 떠올리며 천천히 선을 그었다. 동그란 트랙을 그리는 건 순식간이었다. 나는 어느새 짧아진 분필을 구석으로 집어 던지고 조에게 눈짓했다. 조가 트랙 가장자리에 선 채 주머니에서 화약총을 꺼냈다. 하나, 둘, 셋. 탕 소리와 함께 손에 총을 쥔 조가 트랙 끝을 향해 달려나갔다. 함께 출발한 나는 어느새 뒤처져 있었다. 달려나가는 조의 머리꼭지가 서서히 멀어졌다. 열심히 다리를 움직여 조를 따라잡으려 했지만 역부족이었다. 조는 꼭 날아가는 것 같았다. 흡. 나는 숨을 짧게 들이켜며 움직이던 다리를 멈췄다. 조의 등이 위아래로 흔들리고 있었다. 달리고 있는 조는 어떤 어려운 문제들을 풀 때보다 더 컷져 보였다.

"라이카 어때?"

"라이카?"

나는 뜬금없는 조의 말에 고개를 갸웃거렸다. 조는 막 달리기를 끝마친 상태였다. 거친 숨을 몰아쉬는 조는 그 어느 때보다 활기차 보였다.

"여기 이름 말이야."

조가 공터를 한 번 둘러보더니 마치 지구를 그리는 것처럼 동그랗게 팔을 벌렸다. 나는 천천히 공터를 훑어보았다. 약한 나무들이 빽빽하게 들어서 밖에서는 안을 볼 수 없는 공터. 나는 이곳에 이름을 붙이는 게 마음에 들었다. 조와 내가 이 공터의 주인이 되는 것 같은 느낌이 들어서였다. 나는 고개를 반쯤 옆으로 기울인 채 조에게 라이카의 의미가 무엇이냐고 물었다.

“예전에 학습지에서 본 건데, 최초로 우주로 갔던 개 이름이래. 멋지지 않아?”

조의 말과 함께 우주복을 입고 우주를 떠다니는 개 한 마리가 머릿속을 파고들었다. 그 개도 조처럼 우주에서 달리기하고 있었을까. 나는 라이카라는 이름이 마음에 들었다. 내가 곰곰이 생각하는 동안 조는 손목시계를 한 번 바라보고는 급하게 가방을 챙겼다. 나는 그런 조의 모습을 바라보다가 고개를 끄덕였다.

“그래.”

조가 나무를 붙잡은 채로 나를 돌아보았다. 나와 조는 서로를 마주 보고 웃음을 터트렸다.

조는 항상 바빴다. 반면 나는 조와 라이카에서 놀며 그림을 그리는 것 말고는 딱히 하는 것이 없었다. 내가 옆에서 만화를 그리고 있으면 그동안 조는 학습지를 풀고 있거나, 이해조차 할 수 없는 영어책을 들여다보고는 했다. 조는 학년이 올라가고 나서 학원도 세 곳이나 더 신청했다고 했다. 동네에 있는 수학학원과 피아노학원, 차를 타고 나가야 나오는 큰 영어학원이 그것이었다. 너는 왜 그렇게 열심히 해? 내 질문에 조는 조용하게 대꾸했다. 몰라. 그냥 태어나보니 엄마 아빠가 공부를 잘해서? 나는 공부 잘하는 사람의 아이는 항상 공부를 잘해야 하는 건가 묻고 싶었다. 조의 부모님이 명문대를 나왔다고 했던가. 나는 동네를 떠돌던 이야기에 대해 생각했다. 조는 라이카 안에 잠깐 있는 시간에도 새로 등록했다는 영어 학원의 숙제를 하고 있었다. 문제를 푸는 조를 물끄러미 바라보던 나는 그림을 그리던 종이를 책가방 안으로 집어넣었다. 가방 안에는 그렸던 그림들이 구겨진 채 엉켜 있었다. 물끄러미 그것들을 바라보다가 분필을 들어 트랙을 덧칠했다. 조의 학원 가방 안에는 두꺼운 교재들과 예전에 가지고 놀았던 화약총이 들어 있을 것이 뻔했다. 그럼에도 달리기를 하자고 먼저 말을 걸지 않는 조가 이상했다. 조는 최근 말수가 줄고 조용해졌다. 나는 문득 조가 체육대회의 주자로 뽑혔던 일을 떠올렸다. 조의 엄마가 반대해 무산된 일이었다. 조의 엄마는 조가 달리기를 연습할 시간이 없다며 반장의 집으로 직접 전화를 걸었다고 했다. 그리고 그다음 날 학교에는 하루 종일 그 얘기가 떠돌았다. 그 이후 조는 한동안 라이카 안에 들어오지 않았다. 아마 그 일 때문이 아닐까. 나는 그때를 생각하다 일부러 분필을 바닥에 더 세게 그었다. 이미 작아져 버린 분필 때문에 손끝이 흙바닥에 조금 쓸렸다. 괜히 기분이 상했다. 분필을 저 끝으로 던지고 조를 향해 몸을 틀었다. 조는 오래전 나 분필 끝을 바라보았던 것처럼, 트랙을 쳐다보고 있었다.

"우리 달리기할래?"

이번에는 내가 먼저 조에게 물었다. 늘 항상 조가 내게 먼저 말을 걸어주었기 때문에, 왠지 그래야겠다는 생각이 들었다. 조는 나를 물끄러미 바라보다가 영어 교재를 가방 안으로 밀어 넣었다. 가방을 뒤적거리며 화약총을 꺼낸 조가 고개를 끄덕였다. 트랙 끝에 선 조가 상기된 얼굴로 총을 쏘았다. 탕. 큰 소리와 함께 조가 달려나갔다. 조의 흔들리는 뒤통수, 뛰어갈 때마다 위로 올랐다가 아래로 가라앉는 어깨 같은 것들이 내 시야 안으로 들어왔다. 조가 나를 한참 앞질러 갔기 때문에 나는 조의 표정을 잘 볼 수 없었다. 조를 따라잡기 위해 열심히 발을 저었지만 역부족이었다. 몸이 풍선처럼 천천히 부풀어 오르는 것 같았다. 제대로 순환되지 못한 숨이 고통스러웠다. 나는 천천히 다리를 멈췄다. 이번에도 조를 이길 수 없었다. 그래도 기분은 나쁘지 않았다.

달리기를 마친 조는 바닥에 화약총을 내려놓았다. 총을 넣지 않고 가방을 매는 거로 보아 화약총을 두고 갈 심산인 것 같았다. 우리 곧 졸업이야. 중학교 가면 더 열심히 공부해야겠지. 조가 그런 말을 덧붙였다. 나는 별다른 말을 하지 않았다. 조가 나무를 밀어 틈을 만들었다. 라이카 밖으로 나가는 조의 다리에 자꾸 나무가 스치는 것이 보였다. 예전에는 그냥 지나갈 수 있었는데. 그런 생각을 하다가 고개를 저었다. 라이카 안에는 그림이 담긴 가방과 나뿐이었다.

졸업과 입학은 순식간이었다. 나는 촌스러운 동네 중학교 교복을 입은 채 라이카 안에서 조를 기다리고 있었다. 중학교에 입학하고 나서도 나는 딱히 할 일이 없었다. 엄마는 학원에 돈을 버리느니 아이를 하나 더 낳아 잘 키우겠다는 우스갯소리를 종종 했다. 물론 실현될 수 없는 계획이었다. 나는 학원에 가는 대신 만화를 그렸다. 달리기를 아주 빠르게 할 수 있는 영웅에 관한 이야기였다. 영웅은 높은 곳에서 추락하는 아이를 구하기도 했고 살인사건의 범인을 뒤쫓아 은신처를 알아내기도 했다. 같은 반 아이들에게 내 만화가 인기를 탄 것도 그쯤이었다. 일렬로 나뉜 책상 분단을 이리저리 돌고 있는 내 공책을 보면 왠지 모를 뿌듯함이 밀려왔다. 나는 내가 그린 그림들과 만화를 조에게 보여주고 싶었다. 매고 있는 학교 가방 안에는 조에게 보여 줄 그림들이 잘 정리된 채 들어 있었다.

그때 라이카 앞에 봉고차 하나가 서는 것이 보였다. 옆에 파란색으로 학원 이름이 붙어 있는 거로 보아 동네 학원 차인 것 같았다. 저 안에 조도 있겠지. 나는 틈새로 보이는 차들을 더 자세히 보기 위해 노력하고 있었다. 차 문이 부드럽게 열리고 아이들이 쏟아져 나왔다. 끊임없이 쏟아지는 아이들은 모두 같은 가방을 멘 채 피곤한 표정을 짓고 있었다. 나는 예전에 보았던 개미들이 떠올랐다. 각각 다른 짐들을 이고 있던 개미들은 모두 똑같은 개미굴을 향해 걸었다. 한참 아이들이 나오고 서서히 봉고차 안에 사람이 줄어드는 것이 보일 때 그 안에서 조가 나왔다. 조 또한 다른 아이들과 똑같았다. 같은 가방에, 피곤한 표정을 한 조. 조는 라이카를 한 번 흘긋 쳐다보았다가 이내 자신의 집을 향해 걸어갔다. 나는 조의 이름을 소리쳐 부르려다가 입을 막았다. 라이카를 들키면 안 돼. 그런 생각이 들어서였다. 나는 대신 조에게 전화를 걸어야겠다고 생각하며 손에 쥔 휴대폰을 내려다보았다. 아, 멍청한 소리가 입 밖으로 터져 나왔다. 조는 휴대폰이 없었다. 휴대폰이 공부에 도움이 되지 않는다는 이유에서였다. 다시 고개를 들어 라이카 밖을 바라보았을 때, 조는 이미 사라지고 없었다.

조가 그렇게 사라진 이후 조와 연락이 뜸해졌다. 그렇다고 내가 전화를 걸지 않았던 것은 아니었다. 단지 조에게 먼저 연락이 오지 않았던 것뿐이었다. 조가 휴대폰을 가지고 있지 않았기 때문에 집으로 전화를 걸어야 했다. 가끔 조가 전화를 받기도 했지만, 대부분은 조의 엄마가 전화를 받았다. 조 지금 공부하는데. 나중에 전화 줄래? 내가 계속 전화를 걸자 아주머니의 목소리는 조금 날카로워졌다. 조는 학원 갔어. 너는 공부 안 하니? 전화 저편에서 한심하다는 듯한 한숨이 새어 나왔다.

그런 일이 자주 일어났기 때문에, 조가 우리 반 교실 앞에 서 있었을 때 나는 당황할 수밖에 없었다.

예전과는 다르게 조는 차분한 인상이었다. 나는 매고 있던 가방끈을 꽉 쥐었다. 조의 시선이 잠깐 내 손에 머물렀다. 나도 조를 따라 잠시 내 손을 바라보았다. 온종일 만화를 그리던 손은 곳곳에 흑연이 묻어 얼룩덜

룩했다. 나는 더러운 손을 가방 뒤로 숨겼다. 나랑 라이카 가지 않을래? 잠깐 가만히 서 있던 조가 내게 물었다. 나는 천천히 고개를 끄덕였다. 그런데 너 학원은? 내 질문에 조는 괜찮아, 라고 대꾸했다.

나무를 벌리고 다리를 라이카 안으로 밀어 넣던 조가 갑자기 짧은 비명을 질렀다. 나는 조가 붙잡고 있는 오른쪽 다리를 내려다보았다. 교복 바지 끝자락이 조금 찢어져 있었다. 조는 짧은 비명을 끝으로 조용하게 라이카 안으로 사라졌다. 조가 라이카 안으로 들어간 후, 나도 황급히 나무를 밀었다. 이번에는 나무를 너무 세게 밀었던 것인지 어린 가지 몇 개가 바닥으로 추락했다.

조는 마치 낯선 곳에 발을 들인 방문객처럼 천천히 라이카 안을 배회했다. 조의 발치에 화약총이 떨어져 있는 것이 보였다. 화약총은 조가 버리기 전보다 많은 상처를 달고 있었다. 몇 번인가 내렸던 비 때문인지 갈색 손잡이 부분은 물이 빠져 정말 볼품없었다. 조가 천천히 허리를 숙여 그것을 집어 들었다. 나는 조금 전 들어왔던 나무 앞에 선 채 그런 조를 바라보고 있었다. 조가 방아쇠에 검지를 건 채 자신의 관자놀이에 총구를 들이밀었다. 나는 침을 삼켰다. 화약총은 그다지 위협을 가할 수 없다는 걸 알고 있었는데도 긴장이 됐다. 조의 표정에 묘한 흥분이 깃들어 있었기 때문이었다. 조는 이 상황을 충분히 느끼려는 것처럼 눈을 꽉 감았다. 방아쇠를 잡은 조의 검지가 위태로워 보였다. 조는 총구에 관자놀이를 더 가까이 댔다. 마치 총에 기댄 것 같은 모습이었다.

"러시안룰렛 기억나?"

조가 여전히 총을 내려놓지 않은 채로 내게 물었다. 나는 짧게 고개를 끄덕였다. 예전에 바닥에 떨어져 있었던 학습지 한 장이 문득 머릿속에 떠올랐다. 근데 그것 좀 내려놓으면 안 돼? 내가 덧붙였지만 조는 내 말을 그다지 신경 쓰지 않는 눈치였다. 조가 천천히 눈을 떴다.

"그게 어떻게 하는 거냐면, 이런 총에다 총알을 한 발만 넣어. 그리고 게임에 참여한 사람들한테 그 총을 돌리는 거야. 그럼 사람들은 자기 관자놀이에 대고 돌아가면서 방아쇠를 당겨. 누가 죽을지는 아무도 몰라. 총알이 발사된 순간, 머리를 겨누고 있던 사람은 죽고 게임이 끝나."

나는 대답할 말을 찾지 못했다.

"나는 그걸 가끔 우리 엄마랑 하는 상상을 해. 누가 죽을까? 나?"

조가 방아쇠를 당겼다. 그러나 습기에 오래 노출된 화약총은 아무런 소리도 내지 못했다. 달각. 조가 방아쇠를 당기는 소리만이 몇 번 반복될 뿐이었다.

"조, 달리기하지 않을래?"

나는 조가 제발 그러자고 해주기를 바라고 있었다. 달리고 있을 때면 항상 상기되곤 하던 조의 얼굴이 떠올랐다. 그러나 조는 총을 바닥에 던지며 고개를 저었다. 아니. 우린 이제 못 달릴 거야.

"트랙이 너무 작아졌잖아."

천천히 트랙을 둘러보았다. 확실히, 예전에 넓다고 느꼈던 트랙은 이미 작아져 있었다. 우리가 너무 빨리 자라버린 건 아닐까? 나는 조에게 그렇게 묻고 싶었다. 조는 지친 표정이었다. 나는 문득 학원 차에서 내리던 조와 내가 조의 집으로 전화를 들 때면 듣던 한심하다는 투의 목소리를 떠올렸다. 조는 이미 다른 트랙에서 오래도록 달리고 있던 것이 아닐까. 벗어날 수 없는 단단한 트랙. 누군가가 조를 끊임없이 채찍질하는 그곳에서 끊임없이 달리고 있는 조의 모습이 그려지는 것 같았다.

라이카 밖에서 조를 찾는 소리가 들렸다.

"조!"

라이카 밖에는 어떤 아주머니가 조의 이름을 부르며 빠른 걸음으로 걸어오고 있었다. 한 번도 본 적은 없었지만 나는 그게 조의 엄마라는 걸 알 수 있었다. 매번 전화를 걸 때마다 익숙하게 듣곤 했던 목소리였기 때문이다. 조는 아무 말도 하지 않고 조용히 라이카 밖으로 나갔다. 나는 그런 조와 오래전 티브이에서 보았던 죄수의 모습이 겹쳐 보였다. 내가 급하게 조를 따라 나가자 조의 엄마가 멍하니 서 있는 조의 팔목을 잡아채는 모습이 보였다.

"너 학원도 안 가고 뭐 하는 거야! 하루 수업료가 얼만지는 아니! 정말 대학도 안 가려고 그래? 너는 애가 왜 그러니 정말."

빠르게 말을 뱉은 아주머니는 조의 옆에 서 있는 내게 시선을 돌렸다.

"넌 누구니?"

"어, 전……."

매번 전화를 걸었던 친군데요, 라고 말할 자신은 없었다. 그러나 내가 그것을 말하지 않았어도 아주머니는 내가 아주머니를 알아본 것과 똑같이 나를 알아본 모양이었다. 아주머니가 조의 손목을 붙잡은 채로 인상을 찌푸렸다.

"너는 아직도 이런 애랑 노니? 네가 애야?"

아주머니의 눈은 나를 향해 있었지만 나는 그것이 조를 향한 말이라는 걸 알았다. 조는 그저 가만히 고개를 숙이고 있었다.

조에게서는 한 통의 전화도 오지 않았다. 나도 더는 조에게 연락해야겠다는 생각 같은 건 들지 않았다. 나는 다시 똑같은 일상을 반복했다. 그곳에서 라이카가 빠져버렸다는 것만 빼면, 예전과 똑같았다. 여전히 나는 그림을 그렸고, 반에서 내 만화는 그리는 족족 1분단에서 4분단까지 온

종일을 돌아다녔다. 온갖 그림으로 가득 차 무거운 가방을 들고 집으로 돌아올 때면 아무런 생각이 나지 않아 좋았다

그런데 갑자기 라이카가 떠오른 것은 왜일까. 라이카는 최초로 우주로 간 개라고 했다. 나는 아주 오래전, 달리기를 마친 조가 말해주었던 라이카의 의미를 떠올리다가 마우스를 움직였다. 오래 사용하지 않아 꺼졌던 화면이 다시 하얗게 밝아졌다. 그 개는 도대체 어떻게 됐을까. 나는 커서를 끌어 검색창을 딸각거렸다. 이상한 궁금증이라는 것을 알고 있었지만, 검색창에 라이카를 치고 확인 버튼을 누르는 내 손엔 일말의 망설임도 없었다. 곧 화면에 뜬 라이카는 동네를 돌아다니는 보통 개들의 모습과 똑같았다. 나는 라이카의 이야기가 첫 번째로 포스팅된 게시글을 클릭했다. 라이카는 최초로 우주로 쏘아진 개입니다, 로 시작된 글은 의외의 이야기를 담고 있었다. 라이카가 그저 사탕을 잘 따르던 떠돌이 개였다는 것, 그리고 우주로 발사된 지 5시간 만에 우주선 내 온도조절장치의 결함으로 죽어버렸다는 것들이었다. 라이카는 죽기 전 엄청난 스트레스에 시달렸다고 했다. 그러니까 우주복을 입은 채 우주를 달리고 있는 개 따위는 처음부터 없었던 거였다. 나는 게시글 위에서 천천히 마우스 커서를 돌렸다. 커서가 동그랗게 빙빙 그 자리를 돌았다. 꼭 트랙을 돌고 있는 것처럼. 게시글의 마지막 줄은 '라이카는 지구로 귀환할 가능성은 아예 배제된 채 설계된 우주선 안에 타고 있었습니다.'였다. 나는 그 문장을 바라보다가 조용히 인터넷 창을 껐다. 그러니까 이 이름은 정말, 하나도 멋있지 않았다.

나는 조의 반 앞에 서 있었다. 조가 나온다면 태연하게 달리기를 하지 않겠냐고 물어볼 심산이었다. 그러나 조는 나오지 않았다. 대신 다른 아이

들이 나올 뿐이었다. 나는 막 조의 반에서 빠져나온 아이들을 바라보았다. 아이들은 마치 다른 사람들이 듣길 바라는 것처럼 크게 이야기를 했다.

"조 전학 간다던데."

"뭐? 어디로?"

"학군 좋은 데로 간다는 거 같아. 우리 엄마 학교 운영 위원이라 그런 거 잘 안단 말이야. 걔네 엄마 조 공부시킨다고 초등학교 때 달리기 주자도 못하게 했대."

"걘 반에서 한 마디도 안 하고 조용하더니 달리기는 잘 했나 보네."

아이들은 순식간에 화제를 바꾸며 복도 끝으로 걸어갔다. 그 자리에 굳은 듯 서 있던 나는 문득 조가 말했던 러시안룰렛 이야기를 떠올렸다. 결국, 조와 엄마의 게임에서 이긴 건 누구일까. 나는 몸을 틀어 학교를 빠져나왔다.

집으로 돌아오는 길에 라이카가 보였다. 아파트 한가운데 위치한 우리의 섬. 아무도 들어가지 않는 라이카를 멍하니 바라보다가 몸을 돌렸다. 나는 천천히 발을 돌려 달리기 시작했다. 저 끝으로. 발을 멈추고 올려다본 곳은 동네에서 가장 큰 미술학원이었다. 매일 개미 같은 아이들을 내뱉곤 하던 곳. 나는 학원 문을 열었다.

학원에서는 들어오기 전에 테스트한다고 했다. 그러나 내가 그렸던 것이라고는 온갖 캐릭터와 만화들뿐이었다. 나는 테스트지에 만화 한 컷을 그려 넣었다. 유명한 미대를 나왔다는 여선생님은 내 그림을 보고 '독특하긴 한데, 이렇게 해선 예고나 대학은 못 가' 라며 못을 박았다. 나는 고개를 끄덕였다. 선생님은 입시 반에 내 이름을 적어 넣었다.

그 이후 내 일과는 학원에 가는 것이 되었다. 학원에서는 아주 지루한 것들만 그렸다. 사과 하나를 들여다보며 몇 시간을 스케치한다거나 하는 것들이었다. 선생님은 아이들 사이사이를 돌아다니며 그림의 이곳저곳을 지적했다. 수업이 끝나고 책상 위에 올라와 있는 아이들의 사과는 모두 똑같은 모습이었다.

나는 라이카 옆을 걷고 있었다. 안에 들어가지 않은 지는 이미 오래되었다. 나는 라이카 안에 있던 조를 떠올렸다. 내 기억 속의 조는 항상 달리고 있거나, 문제를 풀고 있었다. 라이카 안에서 작은 웃음소리 같은 것이 들렸다. 순간 귀를 의심했지만, 소리는 계속해서 들리고 있었다. 나는 얇은 나무 틈새로 손을 넣었다. 나무는 순식간에 안이 보일 만한 구멍을 만들어냈다. 구멍 안에 시선을 집중했다. 안에는, 체구가 작은 아이 둘이 어느새 거의 지워져 버린 트랙 위를 달리고 있었다. 아이들의 웃음소리가 작게 틈새로 빠져나왔다. 나는 천천히 나무에서 손을 뗐다. 벌어졌던 나무가 다시 닫히고 라이카는 아무 일도 없었던 것처럼 되돌아갔다. 그저 아파트 중심에, 모두가 무심코 넘기곤 하는 섬으로. 나는 목적지를 향해 걸었다. 등에는 커다랗게 미술학원의 로고가 그려진 가방이 메 있었다.

멀리 보이는 조는 이제 결승선을 앞두고 있다. 분필로 그어놓은 결승선은 수없이 달렸던 탓인지 조금씩 지워지거나 번져 있다. 조를 따라잡는 것은 이미 포기한 지 오래다. 하나, 둘, 셋. 나는 달리는 대신 조의 등 뒤에서 작게 수를 헤아린다. 마지막 수를 세는 순간 조의 오른발이 결승선을 통과했다. 조가 높이 날아오르고 있다.

당선

제1420호 10월 13일 월요일

2014 가람이병기청년시문학상·최명희청년소설문학상 : 대학부 시

멧돼지

· 황익순 (명지대 문창 4학년) ·

견고한 산맥은 그럴듯할 뿐
멧돼지를 만족하게 할 수는 없다

어디라도 가서 당장 그곳 숨을 들이켤 준비가 되어 있는
멧돼지는 고궁보다 오래된 숲의 외곽을 순례하고 있다 마치
움직이는 네 발짜리 언덕처럼

음영을 제 발밑에 둔 채 비탈진 등 위로
울창한 수목의 대기를 걷는다 나뭇잎들의 온갖 색채를 밟으며
가죽 속 뜨거운 혈기를 지닌 멧돼지, 고대 대장간 같은 열기를 내뿜는다
멧돼지는 모든 비밀 통로를 행보한다 무덤을 파헤치고
유해마저 짓혀버리는 어금니를 계속 끄덕거리며 계절을 감지하고 있다

미숙한 포수는
마침내 사냥감과 마주쳤으나 총을 겨눌 생각을 못 한다

멧돼지는 너무 멀리 있으나 이미 그 앞까지 와 있고
희미한 표석과 같은데 이미 포수의 그림자까지 밟고 서 있다 멧돼지가
단단한 발굽 속에 고인 힘으로 젖은 땅을 미끄러뜨리려 할 때
두 귀를 멧돼지의 눈에 기울이면 포수의 심장 기척 소리
북이 고동치고 있을 때 마치 멧돼지 가죽 속 가득 찬
소리의 무게에 짓눌린 듯 포수는 두 발을 돌릴 생각도 못 하고 멧돼지가
뜀박질을 내리치려 할 때 튀어나온 귀신같은 사냥개 무리 짐승들은 엉켜

이제 없는 이리 떼로부터
이제 없는 호랑이로부터
이제 없는 곰으로부터
이제 없는 과거의 횃불로부터
이제 없는 구석기로부터
그러나 이제 바로 등 뒤의 죽음으로부터
도망치고 있다 멧돼지는 석순 같은 어금니로
지금을 찢고 싶다

멧돼지의 비명이
온 숲에 메아리 울린다
죽음의 무게가 두텁다
그러나 멧돼지는

이제는 사라진
불타버린 과거의 숲속에서
다시 이곳으로 돌아오기 위해
모든 허공을 들이박고 있다

달리의 악몽

· 이세인 (상현고 2학년) ·

화상을 치료하기 위해서는 내과로 가자
내 상처는 이미 외상이 아니므로
붉어진 손은 계속 등 뒤로 숨겨 두었다가
의사를 만나거든 그때 꺼내야 한다

살바도르 달리의 그림처럼
내 안의 모든 것이 녹고 있다는 사실
녹은 시계가 나무에 걸려 있고
책상 위에도 늘어져 있다

꿈속은 언제나 뜨겁다
차가운 방바닥에서의 악몽
녹은 시계는 움직이지 않는다
축 처진 시곗바늘을 돌리려 하면
초침보다 날카로운 열기가

손끝을 마구 찔렀다
빨개진 손을 얼른 숨겨보지만
내 안에는 내과가 없다

잠에서 막 깨어났을 때
내 눈꺼풀에는 잠이 늘어져 있다
천장은 꿈속 바다보다 멀다
귓가를 울리는 아득한 뱃고동 소리

머리맡 핸드폰 전원을 끈다
알람이 꺼지고,
녹은 줄 알았던 시곗소리가 들려오고,
파란 물결이 흩어져버리고,
흐릿해진 내 손이 보인다
새벽 달빛을 두르고 있는 손
흉터는 아직 등 뒤에 숨어 있었다

가람이병기청년시·
최명희청년소설문학상

•

2009~2017

어항

· 김채원 (한양여대 문창 2학년) ·

아이는 포근하게 쌓인 먼지 더미 주변에서 몸을 뒤척이고 있었다. 바닥에 누워 반쯤 감긴 눈으로 천천히 눈을 깜빡였다. 아이는 방안을 파고드는 희미한 햇볕의 난간에 기대어 있는 것처럼 보였다. 방바닥에 깔린 노란 비닐장판은 칼로 찢긴 듯 여기저기 그어져 있었다. 벌어진 틈새로 단단하게 굳은 시멘트 바닥이 드러나 석회가루와 먼지가 함께 뒤섞여 흩날렸다.

거실 귀퉁이에서 여자가 라면 냄비를 옆으로 밀어내며 자리에서 일어났다. 여자는 손목에 올라와 있는 두툼한 흉터들을 더듬었다. 그리곤 상위에 놓인 끈이 두꺼운 손목시계를 오른쪽 손목에 찼다. 여자의 상처가 금세 자취를 감추었다. 여자는 로션을 손바닥에 짜고 세수하듯 얼굴에 세게 문질렀다. 여자의 손등은 곰팡이가 핀 것처럼 거뭇하게 변색하고 갈라져 있었다. 건조한 바게트를 문지를 때 나는 소리가 여자의 손등 너머로 새어 나왔다.

아이가 방에서 나와 여자가 있던 자리에 앉았다. 아이는 냄비 안의 남은 면발을 한 가닥씩 입으로 집어넣었다. 아이가 플라스틱 의자를 밟고 싱크대에 올라가 수도꼭지를 돌렸다. 물이 나오지 않았다. 아이가 수도꼭지를 만질 때마다 삐걱대는 소리가 여자의 등을 꼬집었다. 여자는 돌아보지 않고 현관 앞으로 걸어갔다.

현관 앞에 놓인 푸른 양동이에는 토막 난 고등어가 대여섯 개 담겨있었다. 축축한 물기에서부터 올라오는 비린내가 현관 주변을 메웠다. 여자는 베이지색의 얇은 외투 소매를 걷어 올리고 양동이를 집어 들었다. 잘린 고등어의 눈은 마치 살아있는 것처럼 팽팽했다. 그에 반해 살아있는 여자의 눈은 목이 잘린 듯 탁해 보였다. 현관문이 닫혔다. 아이는 두 손을 바닥에 짚은 채 목을 살짝 빼어 여자가 나간 현관을 바라보았다.

여름 내내 비가 내리지 않았다. 삼십 도가 넘어가는 더위에 식물도 동물도 말라가고 있었다. 바닷가에 사는 사람들만이 남의 이야기인 것처럼 축축한 바다를 껴안고 살아가는 중이었다. 하지만 오늘은 조금 달랐다. 짙은 구름이 바다 위를 잠식해가고 있었다. 거센 바람이 나뭇잎을 흔들며 바깥에 있는 것들을 깨울 때 즈음 아이가 집 밖으로 나왔다. 아이는 낮은 하늘색 철제문을 조심스럽게 닫으며 여자의 빠른 걸음을 쫓기 위해 반은 뛰고 반은 종종걸음으로 걸어갔다. 아이의 하얗게 일어난 무릎 사이에 든 멍이 바쁘게 스치고 있었다.

여자가 일하는 곳은 집에서 바로 보이는 건너편의 작은 돌고래 수족관이었다. 이름이 마린 월드였는데, 작은 도로 하나를 사이에 둔 가까운 거리 덕에 여자는 때때로 중간에 건물에서 나와 집에서 낮잠을 자기도 했다. 한 동물보호단체의 노력으로 마린 월드는 가로 팔 미터, 세로 칠 미터의 수조에 돌고래를 집어넣고 전시하는 관상용 역할에 충실하게 되었다. 그간 진행했던 화려한 돌고래 쇼는 언제 그랬냐는 듯 자연스럽게 사그라들었다. 관객의 박수갈채에 매 맞던 지난 시간은 이제 돌고래의 기억 속에만 남은 잔상이 되었다.

관람객들은 수조 안에 있는 한 마리의 돌고라와 그에 딸린 커먼클라운, 로얄도티백, 블루탱과 같은 형형색색의 어류들을 보며 경이로움을 온몸으로 느끼고 돌아가는 것처럼 보였다. 간혹 배가 부른 임산부들은 수조 밖에서 자신의 배를 쓰다듬으며 눈을 빛내곤 했다.

아가야. 어때. 저게 돌고래야. 돌고래도 우리 아가보고 웃나 보네.

그들은 그걸 태교라 불렀다.

여자는 이곳 수조의 물을 닦고 주변의 물때를 제거하는 일을 맡고 있었다. 여자는 마린 월드의 운영시간이 아닌 이른 새벽과 밤에는 면허 없는 조련사가 되었다. 여자는 마린월드가 문을 열기 전 돌고래에게 줄 먹이를 직접 손질해 가져갔고 문을 닫은 후에는 수조에 들어가 돌고래와 함께 물속을 거닐었다. 물론 이 두 가지 모두 마린월드의 규정에는 어긋나는 일이었다.

여자가 번호를 누르자 전자음과 함께 건물의 문이 열렸다. 들어서자마자 보이는 전신 거울에 여자의 모습이 비쳤다. 여자의 얼굴 뒤로 까무잡잡한 아이의 모습이 나타났다. 끝이 살짝 올라간 눈매를 지닌 여자와 아이는 일정한 거리를 사이에 두고 겹쳐지고 있는 것처럼 보였다. 아이는 어깨로 문을 밀며 건물 안으로 들어왔다. 여자는 아이를 아는 체하지 않았다. 아이도 마찬가지였다. 여자는 곧바로 이 층으로 올라가는 계단을 걸어 올라갔다. 뒤꿈치를 끌면서 걸어가는 여자의 버석거리는 발소리가 조용한 복도 끝을 울렸다.

이 층에 올라온 여자는 자신의 락커에서 검은색 고무 바지와 흰색 티셔츠를 꺼냈다. 외투를 벗자 수영복을 입은 여자의 야윈 등허리가 드러나 보였다. 직각으로 뻗은 마른 어깨가 여자의 전신을 힘없이 누르고 있었다. 여자는 가슴 부분에 회색빛 돌고래가 수놓아져 있는 흰색 티셔츠를 목에 끼우고 의자에 앉아 고무 바지에 다리 한쪽을 넣었다. 물기가 완전히 마르지 않은 탓에 뜻대로 잘 올라가지 않았다. 여자는 대충 다리를 끼워 넣고 탈의실 오른편에 나 있는 문을 열었다. 진회색의 등줄기에 하얀 뱃가죽을 드러낸 돌고래가 한쪽 눈만 감은 채 수조 안에서 잠들어 있었다.

여자는 돌고래가 있는 수조의 벽면을 대걸레 자루로 세게 두드렸다. 그리곤 목에 걸고 있던 얇은 피리를 힘껏 불었다. 피리 안에서 인공 플라스틱이 맞부딪혀 찢어지는 소리가 났다. 얼마 지나지 않아 돌고래가 잠에서 깨어나 굼뜬 움직임으로 물속을 돌아다니기 시작했다. 돌고래는 더딘 움직임으로 깊숙이 물 안쪽을 파고들었다. 미미하게 울리는 돌고래의 심박소리가 수조 안으로 느릿하게 퍼져나갔다. 돌고래는 자신의 기억 속에 자리한 심해를 잠결에 더듬고 있는지도 몰랐다. 하지만 이곳에서 돌고래가 끝내 닿을 자리는 차가운 시멘트 바닥뿐이었다.

여자는 가끔 돌고래의 지난 시간을 하나의 필름처럼 읽어낼 수 있었으면 좋겠다고 말하곤 했다. 사냥이 시작되던 날 쇠파이프가 울려대던 진동의 바다를, 피 냄새가 짙게 밴 물의 온도를, 네트에 갇힌 채 부모의 몸이 창살로 관통되는 것을 지켜봐야 했던 순간 따위를 여자가 짐작할 수 있을 리 없었다. 돌고래의 숨구멍에 남아있는 코르크 마개의 잔재가 그때의 시간을 기억하고 있는 듯 보였다. 돌고래는 동료도 가족도 이미 세상에서 사라진 지 오래였다. 그들은 나이 들었기 때문에 맞아야 했고 상처가 있기에 죽어야 했다.

여자를 따라 이 층으로 올라온 아이는 탈의실 맞은편에 있는 한 입구에 들어서고 있었다. 어두운 터널 한가운데에서 길을 잃은 것처럼 보였다. 왼쪽과 오른쪽 그리고 천장까지 온통 유리로 되어있는 이 공간은 돌고래가 있는 커다란 수조의 바깥이었다. 아이의 눈이 어둠에 익숙해지기 위해 분주히 움직였다. 어둑한 수조 안에 있는 작고 색이 선명한 물고기들의 잔 움직임이 어렴풋이 보이기 시작했다. 여자가 작동시킨 환풍기와 정수시설의 잔잔한 기계음이 검푸른 물결에 둘러싸인 아이의 귀를 멍하게 만들었다.

곧이어 수조 안에 희미한 불빛이 퍼져 나오고 어두웠던 수조의 물이 초록빛을 띠며 아이를 에워쌌다. 일렁이는 물결이 아이의 얼굴 위로 잔잔하게 뻗어 나갔다. 아이는 수조 안을 올려다보았다. 돌고래의 꼬리가 옅게 얼비쳐 보였다. 아이는 기웃거리며 돌고래와 여자가 있는 수조 위를 오랫동안 들여다보고 있었다.

여자는 수조 난간에 서서 돌고래의 입에 조각난 생선 하나를 던지듯 집어넣었다. 돌고래가 꼬리로 물을 한 번 쳐낸 뒤 먹이를 삼켰다. 여자는 코끝을 닦아내며 돌고래의 머리 위로 손바닥을 들어 올렸다. 돌고래가 여자의 손바닥에 자신의 코를 갖다 대었다. 가볍게 들어 올려진 꼬리는 누군가 실을 매달아 놓은 것처럼 공중에 가만히 떠 있었다. 여자는 양손으로 돌고래의 머리를 살며시 잡고 돌고래의 눈에 자신의 볼을 비볐다. 돌고래의 눈이 여자의 볼에 눌려 느리게 움직였다. 이어 돌고래가 연속으로 물 위를 뛰어올랐다. 여자가 서 있는 수조 밖으로 도달하려는 것처럼 보였다. 여자의 머리 위에 큰 그림자가 드리웠다가 삽시간에 사라졌다. 여자는 자기도 모르게 반 발자국씩 뒤로 물러났다. 여자는 입고 있던 유니폼과 고무 바지를 벗고 수조 한쪽에 놓여있던 남색 잠수복으로 갈아입었다. 그리곤 물속으로 들어갔다. 돌고래가 여자의 주변을 넓게 맴돌다 서서히 여자와의 간격을 좁혀왔다. 여자는 오리발을 낀 다리를 천천히 구르며 돌고래가 맴도는 동선에 따라 고개를 움직였다. 언뜻 보기에 둘은 교감을 나누는 것 같아 보였다. 그러나 한편으로는 돌고래가 여자를 탐색하고 있는 것처럼 보이기도 했다. 돌고래가 돌연 여자의 목덜미를 물어뜯어 수조 안에 핏빛의 물줄기를 만들어도 전혀 이상할 것 없는 시간이었다.

둘의 모습을 밖에서 지켜보던 아이가 작은 손가락으로 수조를 톡톡 건드렸다. 수조에는 미동조차 일지 않았다. 이번에는 손가락을 접어 똑똑 두드렸다. 수조 밖에서만 소리가 울릴 뿐이었다. 아이는 유리에 손가락을 문지르고는 다시 그 손가락을 떼어 만지작거렸다. 아이의 밀린 지문이 수조 밖에 혼자 남았다.

아이가 마린 월드의 문을 열고 건물 밖으로 나왔다. 그 사이 비가 내리기 시작했다. 잎이 무성한 나무 밑은 아직 물기가 닿지 않아 있었다. 아이는 추적추적한 아스팔트 거리를 우산 없이 걸어갔다. 아이의 흰 티에 잠겨있던 찌든 때가 비를 맞아 점점 더 짙어져 갔다. 흙냄새와 섞인 아이의 냄새가 지나는 길 곳곳에 배었다. 걸어가는 아이의 주변으로 트럭, 스쿠터, 또래 아이들의 축구공까지 빠르게 지나쳐갔다. 아이는 마치 제자리 걸음을 하는 것처럼 보였다.

점심시간이 되자 여자는 남자와 함께 집으로 들어왔다. 마린 월드의 유니폼을 입고 있는 남자였다. 같은 수조에서 일하는 조련사 두 명 중 한 사람이었다. 서른을 갓 넘긴 여자보다 나이가 좀 더 많아 보이는 남자는 팔에 아무렇게나 잡힌 근육이 자리 잡혀 있었다. 현관에서부터 남자는 여자의 쇄골에 얼굴을 파묻기 시작했다. 여자는 자신의 아래로 들어오는 남자의 왼손을 밀어내는 척하며 고개를 뒤로 젖혔다. 여자가 남자의 목덜미에 입을 맞추고 등을 찍어내듯 두 손으로 껴안았다. 여자의 왼쪽 허벅지가 남자의 허리를 감싸 올렸다. 남자의 손이 골반을 타고 아래로 내려가자 여자는 숨을 짧게 들이마시고 길게 뱉어냈다. 남자는 여자의 몸 곳곳에 미세하게 돋아난 돌기를 더듬고 있었다. 그러다 남자가 갑자기 몸을 뒤로 빼며 여자의 양팔을 풀었다.

아. 오늘은 시간이 별로 없어.

여자가 바로 남자의 바지 벨트로 손을 옮겼다. 남자는 급하게 자신의 성기를 붙잡고 여자의 밑을 헤맸다. 여자가 남자의 성기를 잡고 위치를 잡아주자 남자는 멋쩍게 웃었다.

넌 콘돔이 필요 없어서 좋아.

남자의 수줍은 고백을 뒤로하고 반쯤 열려있던 방문이 천천히 열리며 아이가 거실로 나왔다. 아이는 남자의 얼굴을 한 번 쳐다보았다. 그리고는 작은 상 위에 있는 천 원짜리 한 장을 쥐고 현관을 나섰다. 남자는 짧게 욕을 읊조리며 여자의 머리채를 조금 세게 쥐고 당겼다. 여자의 입 막힌 신음이 반쯤 열린 현관 사이로 희미하게 빠져나오고 있었다.

밖으로 나온 아이는 잠이 덜 깬 건조한 눈을 비벼댔다. 눈꺼풀이 늘어지듯 느리게 제자리로 돌아왔다. 아이는 집을 힐끗 돌아보았다. 곁에 누가 있지 않은데도 아이는 누군가의 눈치를 보았다. 아이는 입을 꾹 다물고 문가에 서서 자신의 아랫도리를 떨리는 손으로 살짝 건드렸다. 그리곤 서둘러 손을 떼었다. 아이가 눈이 시린 듯 눈꺼풀을 계속 깜빡였다. 두 손을 바지춤에 연신 닦아내며 입술의 각질을 물어뜯었다. 아이는 동정을 잃은 여자아이처럼 천천히 울먹였다. 비가 바람에 흩날릴 정도로 가늘게 내리고 있었다.

아이가 바닷가 주위에 있는 돌무더기 위에서 걸음을 멈추었다. 일자로 뻗은 가느다란 두 다리가 돌 더미 위에 살짝 얹어져 있는 것처럼 보였다.

까만 바위 구멍 사이로 바람이 스쳤다. 아이는 자리에 앉으며 반팔 티 안으로 두 팔을 집어넣었다. 그때, 아이와 꽤 가까운 거리에서 노파 하나가 파도 소리와 함께 구부려있던 허리를 펴며 일어났다. 아이가 오기 전부터 앉아있었던 바싹 마른 할아버지였다. 작고 야윈 노파의 얼굴은 주름지고 낡아있었다. 건조한 피부는 금방이라도 바스러질 것처럼 파르르 했다. 노파는 금방이라도 꺼질 것 같은 가는 숨소리를 내며 아이의 곁으로 걸어오기 시작했다. 바다와 노인이 평소보다 빠른 속도로 멀어져갔다.

노파의 눈은 아이가 아닌 아이의 주변에 고정되어 있었다. 아이는 부산한 노파의 걸음걸이에 주위를 빼앗기다 이내 노인이 뚫어지라 노려보고 있는 쪽으로 시선을 돌렸다. 반쯤 밟힌 주먹밥이었다. 잿빛의 밥 위에 찢어진 김 가루가 눌어붙었고 밥알 사이에는 날치알과 모래가 함께 끼어있었다. 아이가 열 발자국만 걸으면 닿을 거리였다. 아이는 바위를 짓누르며 재빨리 첫발을 내디뎠다. 노파보다 먼저 주먹밥을 한 움큼 집어 들었다. 노파가 허망한 듯 걸음을 멈추고 아이를 바라보았다. 이런 일은 부둣가에서 비일비재한 일이었다. 외지 사람이 버리고 간 추억의 부스러기를 이곳의 굶주린 사람들이 주워 먹곤 했다.

아이는 빗물에 잔잔히 부서지는 밥알을 서둘러 입안에 집어넣었다. 꿉꿉한 날씨에 노릿한 기름이 올라온 아이의 볼이 쉴 새 없이 움직였다. 빗방울이 서서히 굵어지고 까만 돌 위에 놓인 주먹밥의 형체가 서서히 분리되기 시작했다. 아이가 입 안에 넣은 밥알을 다 삼킬 때 즈음 노파가 아이 앞에 멈춰 섰다. 아이는 죄인이라도 된 것처럼 고개를 숙였다. 노파의 눈은 늙은 독수리처럼 깊게 팬 주름 속에서 홀연히 빛나고 있었다. 아이는 끈적거리는 손가락을 만지며 노파의 발 언저리만 바라보았다. 노파는 말없이 자신의 발로 남은 밥알을 세게 짓밟았다. 소리 나게 밟고 밟고 또 밟았다. 아이는 노파의 발소리가 들릴 때마다 움찔거렸다. 노파는 발을 떼고 자리에 쪼그려 앉아 눌린 밥알을 하나씩 떼어먹기 시작했다. 양이 적었는지 아까보다 더 화가나 보였다. 뱃속에 음식이 들어오자 더 허기가 지는 것이었다. 노파는 씩씩거리며 걸어가다 돌연 뒤를 돌았다. 자기 분을 이기지 못한 노파의 서툰 걸음에 노파의 뼈는 고장 난 태엽 인형처럼 덜그럭거렸다. 아이는 목께로 느껴지는 한기에 움츠러들고 있었다.

이 개 같은 시끼….

오목하게 모은 뼈뿐인 노파의 단단한 손이 아이의 왼뺨을 갈겼다. 아이의 두 다리는 노파의 공격에 미처 대비하지 못하고 허물어졌다. 그대로 고꾸라진 아이의 오른쪽 얼굴이 거친 돌의 표면에 깊게 팼다. 아이의 살점은 돌 틈 사이에 끼어 너덜거렸다. 귀에 얇은 장막이 끼인 것처럼 소리가 희미해졌다.

아. 아.

아이가 입가를 씰룩이며 노파를 올려다보았다. 아이의 눈가가 붉게 물들었다. 노파가 아이의 뺨을 보고는 갑자기 고장 난 레코드판처럼 고개를 양쪽으로 흔들기 시작했다. 그러다 혼자 다른 욕을 곱씹으며 서둘러 아이를 등졌다. 다리에 힘을 주며 걸어가는 노파의 마른 엉덩이가 골반에서 올라오는 반동으로 더 바쁘게 움직였다. 아이는 자리에서 일어나 노파의 뒤로 한 두 걸음을 따라가려다 이내 멈춰 섰다. 어느새 파도가 사라졌었다. 주변을 장식하던 찰찰 한 잔음이 언제 그랬냐는 듯 아무 말이 없었다. 썰물이 끌고 온 걸쭉한 갯벌에서 작은 게가 빠르게 움직이고 있었다. 진흙 안에서 조개가 뻐끔뻐끔 거품을 일으켰다. 아이는 고개를 돌려 힘없이 걸어갔다. 서로 반대 방향으로 멀어지는 아이와 노인의 걸음걸이는 진흙의 생물들에 비해 턱없이 더딘 걸음 같아 보였다.

여자가 마린 월드로 돌아와 대걸레를 들고 수조 안으로 들어섰다. 여자와 함께 돌아온 조련사가 꾸물대며 돌고래의 체온을 체크하기 시작했다. 아까 함께 집으로 들어왔던 그 남자였다. 남자는 돌고래의 머리 위에 뚫린 작은 숨구멍에 노란 전선을 끼워 넣었다. 돌고래의 체온은 정상수치에서 일도씩 점차 떨어지고 있었다. 출산이 앞당겨졌음을 알리는 신호였다. 어린 돌고래의 출산은 이 바닥에서 꽤나 중요한 이슈이기도 했다. 아빠가 누군지 모른다는 문제가 하나 있었지만 마린 월드에서 이들의 족보는 그다지 중요한 것이 아니었다. 남자는 서둘러 노란 전선을 빼내고 다른 조련사 한 명과 수의사를 호출했다. 여자는 옆에 대걸레를 든 채 가만히 서서 분주한 조련사들과 수의사를 구경하듯 바라보았다. 여자는 돌고래의 배에 차가운 청진기를 가져다 대는 수의사의 손에 시선이 머물렀다. 투박하게 마디가 굵게 튀어나온 중년 남자의 손이었다. 여자는 머리를 가볍게 두어 번 저었다. 그리곤 흰 벽에 기댄 몸을 일으켜 돌고래가 누웠던 자리의 물기를 닦아냈다.

아이가 대문이 열려있는 집 앞을 서성이고 있었다. 고장 난 하늘색 철제문에 동그랗게 걸린 붉은 노끈을 만지작거리며 집 안의 동태를 살폈다. 아이는 그렇게 몇 초간 가만히 서 있다가 노끈을 힘주어 잡아당겼다. 아이의 까만 피부는 가죽이 벗겨진 개처럼 불긋하게 얼룩져있었다.

아이는 집으로 들어와 신발장 주변부터 둘러보았다. 남자의 신발이 보이지 않았다. 그제야 아이의 굳은 어깨가 조금 내려갔다. 아이는 방으로 들어가 장롱문을 열었다. 왼쪽 문짝에 달린 거울이 보였다. 아이는 까치발을 들었다. 눈만 겨우 보였다. 아이는 잠시 동안 거울 아래에 서 있다가 이내 결심한 듯 살짝 뛰어올라 순간적으로 비치는 자신의 얼굴을 확인했다. 노랗고 붉게 부푼 그리고 부분적으로 검게 피딱지가 앉은 아이의 얼굴이 빠르게 지나갔다. 아이는 장롱 안에 있는 여자의 옷을 마구 빼내어 밟고 올라섰다. 거울 속에 아이의 오른뺨이 선명하게 나타났다. 아이는 자신의 얼굴을 꽤나 오래 바라보았다.

아이의 얼굴은 노파에게 맞은 왼뺨의 붓기가 눈까지 치달아 마치 다른 아이의 얼굴 같았다. 오른뺨은 오래된 소보로처럼 진물이 굳어 눅눅하게 갈라져 있었다. 아이는 숨을 삼키듯 목에 힘을 주었다. 아이의 목에 굵은 뼈줄기가 나타났다 이내 사라지기를 반복했다. 옹알이에 가까운 목소리가 들렸다. 아이는 계속 칭얼거리다 자신의 손등을 깨물었다. 작은 유치 모양으로 원이 새겨졌다. 아이의 눈에서 굵은 눈물이 툭툭 떨어져 내렸다. 목 틈새를 비집고 억지로 나오는 아이의 울음소리는 어딘가 이질적이고 어색하게 들렸다. 아이는 울음이 터질 때마다 불규칙적으로 바뀌는 호흡을 어떻게 달리 해야 하는지 알지 못했다. 아이는 울음에 갇혀 그렇게 한참을 서 있었다. 소꿉놀이라고 하기 엔 꽤나 가혹한 시간이었다.

돌고래의 출산이 직전으로 다가오고 있었다. 돌고래는 옅은 청남색으로 보이는 수조의 물에서 천천히 돌아다녔다. 흔들리는 물 안에서 일렁이는 빛이 돌고래의 움직임을 따라 비추었다. 촬영을 위해 설치한 조명판에 반사되는 빛이 더 강해질수록 돌고래의 그림자는 더 짙어졌다. 돌고래가 지나는 자리에 생기는 거품들이 돌고래의 흔적을 대신 삼켜냈다. 돌고래의 배 밑으로 뾰족한 새끼의 머리가 삐져나왔다. 수조 바깥에 있는 관객들은 저마다의 환호와 탄식을 내뱉으며 돌고래의 출산을 올려다보고 있었다. 돌고래의 출산 소식을 세간에 전하기 위해 찾아온 몇몇 기자들과 그들이 몰고 온 카메라의 빨간 불빛이 켜지는 순간, 물속으로 흐릿한 붉은 띠가 돌고래 주변을 휘감았다. 이내 작은 돌고래 한 마리가 따뜻한 피를 딛고 수조 안에 버려지듯 부유했다. 어미 돌고래의 진통이 세상 밖으로 나왔다.

빨리 찍어.

기자들의 열띤 카메라 세례로 사방이 깜빡거렸다. 돌고래의 눈동자에 하얀 알갱이가 순식간에 몇 개씩 박혔다 일순간 사라졌다. 새끼가 움직이지 않고 수조 안으로 점점 더 깊게 가라앉았다. 돌고래가 새끼를 수면 위로 올리기 위해 계속 몸으로 밀어냈지만 역부족이었다. 조련사가 재빨리 수조로 들어가 새끼를 데리고 나왔다. 새끼는 힘없이 수조 밖 시멘트 바닥 위로 떨어져 내렸다. 새끼의 피가 스민 수조 안에서 어미는 같은 자리만 계속 맴돌았다. 여자는 회색빛 새끼 돌고래의 늘어진 시체를 가만히 내려다보며 문득 혼자 아이를 낳았던 스물셋의 여름을 떠올렸다.

네가 돌고래였으면 좋았을 텐데.

낡은 텔레비전이 전파를 감지하듯 깨진 기억의 파편들이 여자의 머릿속에서 하나둘 맞춰지기 시작했다.

여자는 진통이 시작된 지 두 시간이 채 지나지 않아 아이를 낳았다. 큰 대야의 물을 한꺼번에 버리듯 여자의 몸에서 대량의 물과 아이가 묵직하게 빠져나갔다. 화장실 변기 안에서 아이는 울고 있었다. 변기 물을 머금은 아이의 울음소리가 화장실 타일에 부딪혀 귓가를 어지럽혔다. 여자는 잘 들지 않는 주방용 가위로 탯줄을 얼기설기 잘라냈다. 가닥 진 머리카락을 베개 삼아 누운 여자의 동공이 이리저리 떠돌고 있었다. 여자는 장님이 주변을 파악하듯 배꼽 주변을 연신 더듬었다. 더 아래까지 손을 내리다 말고 서둘러 자리에서 일어났다. 여자는 집안의 서랍을 다 빼놓고 싱크대에 놓인 세제를 집어 한참을 들여다보았다. 정신없이 무언가를 찾던 여자가 구석에 놓인 소독약을 낚아채듯 집어 들었다. 여자의 집 거실에 깔린 노란 비닐장판에 찐득한 핏덩이가 뚝뚝 떨어지고 있었다. 작은 해파리 같은 덩어리가 비연속적으로 떨어져 내렸다. 툭. 툭. 툭. 둔탁한 소리가 집 안의 빈 공기를 타고 떠다녔다.

여자는 저린 손으로 소독약 뚜껑을 열어 자신의 배꼽과 질 안에 들이부었다. 콸콸 쏟아져 나오는 소독액과 함께 여자의 밑에서 이제는 말간 피가 쏟아졌다. 여자는 빈 소독약 통을 바닥에 떨어트렸다. 허벅지 사이로 흐르는 피를 내버려 둔 채 여자는 다시 화장실로 향했다. 여자의 눈에 변기에 들어있는 아이가 들어왔다. 여자는 두 팔로 아이의 목과 다리를 들어 올려 차가운 방바닥에 내려놓았다. 옷소매로 아이의 얼굴에 묻은 때를 천천히 닦아내던 여자는 아이를 방 한구석에 밀어 넣었다. 여자가 장롱 속에서 두꺼운 솜이불을 꺼내 아이의 위에 던지듯 덮어 올렸다. 아이의 머리꼭지조차 보이지 않았다. 쌓인 이불 옆에 기댄 여자의 눈이 창가 쪽으로 다다랐다. 여자는 제 곁에 남은 남자의 흔적을 외면하고 있었다.

아이는 화장실에서 나와 두꺼운 암막 커튼이 쳐진 거실을 바라보았다. 커튼 틈으로 가는 빛 한 줄이 마치 커튼의 끈 같아 보였다. 아이는 매트리스 두 개를 쌓아 올린 고동색의 엔틱 침대에 안착하기 위해 능숙한 움직임으로 다리를 최대한으로 뻗어 올렸다. 남자와 여자가 함께 했을 침대 위에 아이가 얼굴을 파묻었다. 남자의 정액이 묻은 침대맡에서 아이는 온기를 느끼며 서서히 잠에 빠져들었다. 하얀 베개 커버에 아이의 진물이 덕지덕지 달라붙었다. 평소보다 뜨거운 아이의 숨이 베개에서 튕겨져 코끝에 닿았다.

파도가 거친 소리를 내며 육지로 올라오기 시작했다. 썰물로 빠져나갔던 바닷물이 몸을 불려 더 큰 바다를 몰고 오는 중이었다. 바닥을 내리치는 파도 소리가 까만 하늘을 살아있게 만들고 있었다. 파도의 잔음을 따라 여기저기서 천을 찢는 소리가 울렸다. 갯벌에 살던 생물들은 바다에 잠겨 더 이상 보이지 않았다.

여자는 혼자 계단을 내려와 수족관 내 일 층에 있는 기념품 가게에 들렀다. 입사한 지 수년이 지났음에도 이곳에 온 것은 처음이었다. 여자는 가벼운 표정으로 주변을 둘러보다 캐릭터 모자가 진열되어있는 공간에 멈추어 섰다. 작은 거북이부터 상어에 이르기까지 온갖 해양생물의 귀여움을 극대화한 모자들이 즐비했다. 여자는 그중에 하늘색 돌고래 모자를 집어 들었다. 지느러미 부분이 분홍빛으로 물든 털로 된 모자였다. 여자는 계산을 마치고 곧바로 집으로 향했다.

여자가 집에 들어오자마자 반쯤 열린 아이의 방문 앞에 다가섰다. 여자의 침대에서 잠들었던 아이는 어느새 자신의 방에서 방문을 등진 채 잠들어 있었다. 여자는 아이의 뒷모습을 바라보며 방으로 들어와 바닥에 앉았다. 여자는 어깨를 으쓱였다. 아이의 어깨를 자신의 쪽으로 돌렸다. 아이의 양 볼이 보였다. 여자는 살짝 얼굴을 찌푸리며 아이의 상체를 일으켰다. 아이가 비몽사몽인 채로 여자와 얼굴을 마주했다. 여자는 아이의 머리에 돌고래 모자를 꾹 눌러 씌웠다. 어떤 의식을 치르는 것도 아니었는데 여자는 아이의 모자 쓴 모습을 하나하나 뜯어 눈에 담고 있었다.

아 예쁘다.

여자가 아이를 보며 미소 지었다. 여자의 입꼬리가 길게 올라갔다. 아이는 목을 어색하게 앞으로 뺀 채 여자의 눈 주변을 바라보았다. 발그레한 아이의 얼굴엔 밴드 대신 먼지와 머리카락이 뭉쳐져 있었다. 여자는 아이의 볼을 손가락으로 살짝 쓸어보았다. 아이가 한쪽 눈을 떨며 움찔거렸다. 아이의 볼에서 노랗고 투명한 진물 가루가 조금 묻어났다. 여자는 아이의 얼굴을 가만히 내려다보았다. 불룩한 눈두덩이, 밑으로 길게 내린 속눈썹, 작고 짧은 코에 올라간 입꼬리…. 아이는 여자와 닮아있었다. 그러나 계속 보다 보면 어느 순간 그 누구도 닮지 않은 것처럼 보였다.

여자는 다시 마린 월드로 돌아왔다. 남자와 조련사가 돌고래를 수조 안으로 밀어내고 있었다. 여자는 멀뚱히 서서 두 사람을 바라보았다.

어디 갔다 왔어. 얘 갑자기 여기로 올라와서 지금 난리도 아닌데.

같이 좀 밀어줘요. 빨리 수조로 넣게.

여자가 돌고래 곁으로 다가갔다. 축축한 껍질을 두른 단단한 돌고래의 피부가 여자의 손에 미지근하게 만져졌다. 굳은 시멘트 위에 얇게 씌워진 젤리 같은 촉감은 어느 순간 여자가 손을 떼게 만들었다.

세 사람은 돌고래를 작은 포크레인 앞까지 밀어냈다. 끝으로 작은 포크레인을 이용해 돌고래를 다시 수조 안에 집어넣었다. 그런데 돌고래는 왜 수조 밖으로 올라온 걸까. 여자가 지친 기색이 역력한 얼굴로 수조 안을 벗어났다. 남자와 조련사가 나가는 여자를 흘끗 보곤 다시 수조 안으로 시선을 돌렸다.

야 근데. 이거 얘. 그거 아냐?

뭐.

자살하려는 거 아니냐고.

입 다물어. 재수 없게 무슨.

남자가 담배를 피워 물었다. 돌고래가 물 위로 올라와 남자의 앞에 서 있었다. 씰룩이는 숨구멍에서 바람 빠지는 소리가 연거푸 들려왔다. 남자의 얼굴에 소년 같은 미소가 번졌다. 남자는 돌고래의 숨구멍에 담뱃재를 털어냈다. 돌고래의 비명이 간헐적으로 들려왔다. 숨구멍에 들어찬 가루가 쉰 소리를 내게 만들었다. 남자가 이를 다 드러내며 환하게 웃었다.

이따 물에 넣고 헹구면 돼.

옆에 서 있는 조련사의 시선을 느낀 남자가 고개를 돌리며 말했다.

여자는 로비로 나와 대기자들이 앉는 의자에 앉았다. 로비의 한 쪽 벽면에 벽걸이 티비 하나가 걸려 있었다. 심각한 표정으로 티비를 보고 있는 사람들의 얼굴이 보였다. 물을 무서워하는 사람들이었다. 가족 단위로 오는 이곳에는 가족을 위해 불가피하게 끌려온 사람들이 항상 존재했다. 이들은 로비에 앉아 다른 가족들이 나오길 한없이 기다려야 했다.

티비에서 방영되는 프로그램은 오랜 경력의 돌고래 조련사와 한 동물보호 단체장의 대화로 이루어지는 대담형식의 영상으로 지난주에 보았던 직원교육 영상이었다. 돌고래의 자살이 존재하는 것인지에 대한 찬반이 오가는 내용이었는데, 지금 이 비디오가 틀어져 있는 건 당연히 잘못된 일이었다. 여자는 고개를 돌려 로비의 직원을 바라보았다. 그러나 직원은 컴퓨터 모니터에 안면을 고정한 채 어떤 방해도 받고 싶지 않아 보였다. 여자는 다시 고개를 돌려 의자에 몸을 던지듯 기댔다. 눈을 감은 여자의 귀에 영상의 음성이 들려왔다.

돌고래는 지능이 칠 십 정도입니다. 인간으로 치면 세네 살의 아이 정도라고 할 수 있습니다. 때문에 돌고래는 다른 동물들보다 더 예민하고 그렇기 때문에 더 섬세하게 다루어야만 합니다. 작년에 미국에서 일이 하나 발생했었죠. 돌고래가 실수로 수조 밖으로 올라왔던 사건이었습니다. 돌고래와 오랜 시간 교감했던 조련사가 신속하게 조치를 취하지 않았더라면 그 돌고래는 차가운 바닥에 누워 천천히 죽어갔을 겁니다. 돌고래가 다시 물 위로 올라와 조련사를 보며 입을 벌리고 웃는 모습은 신문에도 크게 날 정도로 감동적인 순간이었던 걸로 기억하는데요. 인간과 동물의 유대관계가 어디까지 발전할 수 있을지 모두가 관심을 기울이고 있는 가운데 귀감이 되었던….

그게 아닙니다.

패널로 앉아있던 단체장이 나이든 조련사의 말을 잘랐다.

돌고래는 그 날 수조로 다시 들어가게 되지만 끝내 계속 살아가지는 못했습니다. 그 일이 있고 난 일주일 뒤에 돌고래가 수조에 잠긴 채 사체로 발견되었던 건 모르셨나 보군요. 물론 단순한 이슈 거리를 기억하기엔 일주일이라는 시간이 꽤나 긴 시간일지도 모르겠습니다만, 어찌 되었든 매 순간 의식적으로 숨을 들이쉬고 내뱉어야 하는 돌고래가 숨을 들이킨 채 그대로 수조 바닥으로 가라앉았다는 건 실수가 아닌 명백한 자살이라는 증거 아닙니까? 죽고 싶어 하는 돌고래를 살린다는 게 과연 어떤 귀감이 될 만한 일이었는지 저로선 잘 이해가 가지 않지만, 무사히 죽음을 맞이한 돌고래에게 박수라도 쳐줘야 할 것 같군요.

화면이 깨지고 외부입력 화면이 티비를 가득 채웠다. 곧이어 작은 실벌레가 화면을 가득 메운 채 꿈틀거렸다. 리모컨을 쥔 직원이 황급히 달려와 비디오를 꺼내고 있었다. 여자의 앞에 앉은 삼십 대 정도의 여자 두 명은 꽤나 충격을 받은 듯 움직이지 않았다. 직원이 비디오를 꺼내 로비를 나갈 때까지 그 누구도 항의하지 않았다. 어떤 일에 대한 다른 시각이 열리게 된 것이 꽤나 큰 인생의 전환점이라도 되는 듯 그곳에 앉아 있는 사람들은 누구보다 진지하고 엄숙해 보였다. 여자는 영상이 나오는 내내 그들의 뒤에서 시큰둥한 표정으로 눈을 감고 있었다. 일순간 침묵이 깨지고 웅성거리는 사람들을 여자는 가만히 바라보았다. 스스로 목숨을 끊는다는 건 끝없이 이어지는 절망의 상념들이 절단되는 그 몇 초의 찰나를 잡는 것이라고. 그때를 놓치면 어떻게든 다시 살아가게 된다는 걸 여자는 알고 있었다.

날이 어둑해지고 어느덧 폐장시간이 되었다. 남자와 조련사는 여자에게 뒷정리를 맡기고 자리를 떠났다. 반짝이던 조명이 연이어 꺼지고 수조 안의 푸른 조명 하나만 켜져 있었다. 모두가 퇴근한 마린 월드의 안에는 이제 여자와 돌고래만 남았다. 여자는 대걸레를 양동이에 집어넣고 수조 난간에 두 발을 담그며 자리에 앉았다. 돌고래가 수조의 물 가장 아래로 들어간 후 얼마 지나지 않아 여자가 있는 곳으로 고개를 내밀었다. 펑하는 소리와 함께 씩씩거리는 돌고래의 숨소리가 들려왔다. 두 눈을 감았다가 뜨며 여자를 바라보는 돌고래의 눈동자는 까맣게 빛났다. 투명하고 단단한 유리막이 눈에 씌어있는 것처럼 보였다. 여자는 고개를 옆으로 늘어뜨린 채 힘없이 앉아 돌고래를 마주했다.

아니지. 그치. 네가 왜 그런 짓을 해.

돌고래가 다시 물속으로 들어갔다. 여자는 오리발을 한쪽에 팽개친 채 돌고래를 기다렸다. 주변의 공기가 굳은 듯 고요했다. 물속에서 숨을 고른 돌고래가 다시 여자의 밑으로 올라왔다. 숨구멍이 씰룩거렸다. 코르크 마개 조각이 오늘따라 눈에 띄었다. 돌고래를 포획할 때 숨구멍에 코르크 마개를 끼우는 것은 상대적으로 힘이 빠져 저항을 덜 하기 때문이라고 했다. 처음 수족관에 들어오고 나서 큰 마개 덩어리를 빼고 부서진 조각들을 핀셋으로 뽑아내는데 유독 이 돌고래의 숨구멍에 끼인 조각은 단단히 끼어 빼낼 수가 없었다. 여자는 마개 꼭지에서 시선을 거두고 돌고래 머리 위의 지느러미를 쓰다듬었다. 여자는 평소와 다른 울퉁불퉁한 감촉에 돌고래의 지느러미를 자세히 들여다보았다.

뭐야.

지느러미 위로 균열이 일어난 것처럼 굵은 상처가 크게 벌어져 있었다. 피가 나지는 않았다. 그래서 더 보기 힘든 모양새였다. 푸른 생선에 칼집을 낸 것처럼 조각조각 갈라진 상처 주변에는 굵고 잔잔한 핏줄이 제멋대로 튀어 올라 뻗어 나갔다. 갈라진 틈으로 여자의 손가락이 스쳤다. 여자는 흠칫 놀라 급하게 손을 떼었다. 손가락을 문지르는 여자의 파리한 몰골이 더 하얗게 질려있었다. 돌고래가 소리를 내며 입을 벌렸다. 촘촘히 박힌 이빨들이 줄을 지어 보였다. 여자는 긴장이 풀린 듯 바닥에 궁둥이를 붙였다 다시 일어났다. 젖은 짐을 챙기던 여자의 눈에 물에 떠 있는 담뱃재가 보였다. 여자는 인상을 구기며 한숨을 뱉었다. 여자가 빠르게 굵은 호스를 수조 안에 끼워 넣었다. 스위치를 누르자 요란한 기계음이 울렸다. 여자는 경비의 눈치를 살폈다. 밖은 아무런 인기척도 느껴지지 않았다.

수조 안의 물이 빠르게 빠져나가기 시작했다. 돼지비계를 걸러내듯 꾸역꾸역 물이 모두 빠져나가고 돌고래는 단단한 시멘트 바닥에 누워있었다. 물이 다 빠져나가자 스위치가 자동으로 눌려 기계가 멈추었다. 여자는 물끄러미 돌고래를 내려다보다가 이내 머리를 털어내며 다시 호스를 갈아 끼웠다. 이번에는 수조 안에 대량의 물이 들어오기 시작했다. 돌고래의 꼬리가 둔탁하게 한번 씰룩였다. 여자는 기계를 켜둔 채 어두운 복도를 지나 마린 월드를 나섰다.

아이가 바닥에서 몸을 일으켰다. 이마에 머리카락이 가닥 진 채 달라붙어 있었다. 아이는 자신의 머리 위를 더듬었다. 돌고래 모자가 손에 잡혔다. 아이는 모자를 벗어 내려다보고는 손으로 모자를 꽉 움켜쥐었다. 땀에 전 아이의 머리 사이로 바람이 스쳤다. 조금 열린 창문 틈새로 강한 바람이 요란한 소리를 내며 비집고 들어오고 있었다. 마당으로 나갈 수 있는 방 안 창문은 바닥에서 한 뼘 정도 올라온 턱이 있었다. 일반 창문보다는 큰 유리문에 가까웠다. 아이는 다시 모자를 눌러 쓰고 열린 창문을 겨우 닫았다. 검은 파도가 바깥에서 펄럭이고 아이는 웃옷을 찾기 위해 뒤

돌아 방 안을 살폈다.

아이의 눈에 문 뒤에 놓인 여자의 까만 잠수복이 보였다. 아이의 머리에서 식은땀이 뺨을 타고 흘러내렸다. 엄지손가락이 미세하게 떨리고 있었다. 아이는 문 뒤에 있는 잠수복을 그대로 가로로 벌려 맥없이 안으로 들어가 누웠다. 검게 코팅된 잠수복이 아이를 감쌌다. 아이의 눈동자가 힘없이 눈꺼풀에 덮였다. 얼마 지나지 않아 아이의 몸을 감싸던 잠수복 뒤쪽이 무겁게 내려앉았다. 땀에 젖은 흰 티셔츠 때문에 아이는 등으로 전해지는 한기를 배로 받아야 했다. 아이가 몸을 일으켜 욕실로 향했다. 노란 비닐장판에서 발을 떼는 아이의 주변으로 쩍쩍 갈라지는 소리가 들렸다.

아이는 세면대 밑에 있는 수도꼭지들을 손으로 다 풀기 시작했다. 하나를 풀고 숨을 몰아쉬고 또 하나를 풀고 팔을 떨어뜨리기를 반복했다. 수도꼭지의 너트가 그대로 빠져 나뒹굴어 졌다. 아이는 욕조에 들어가 본체에 붙은 오른쪽 수도꼭지를 돌렸다. 차가운 물이 나왔다. 손가락을 연신 가져다 대며 온도를 확인했다. 이번에는 왼쪽 수도꼭지를 돌렸다. 또 차가운 물이 나왔다. 아이가 욕조 밖으로 나와 양쪽 수도꼭지를 다 돌린 채 욕조 난간에 양팔을 올리고 가만히 앉아있었다. 뜨거운 물이 나오기 시작했다. 욕조에 담기는 물 위로 희뿌연 물안개가 피어올랐다.

돌고래가 반쯤 물이 찬 수조에 점프하며 튀어 올랐다 다시 들어갔다. 호스에서 나오는 물이 이끼 낀 수조를 가득 채우고 있었다. 아이가 욕조로 들어갔다. 수도에서 뜨거운 물이 콸콸 나와 누렇게 변색한 욕조를 녹물로 가득 채우고 있었다. 돌고래가 빠른 속도로 물속을 돌아다니기 시작했다. 초 단위로 물 밖으로 나왔다 다시 들어가기를 반복했다. 돌고래가 뛰어오르는 순간 떨어지는 물방울들이 수조의 물을 흔들었다. 아이가 샤워기를 집어 욕조 위에 꽂았다. 샤워기에서 뜨거운 물이 쏟아져 내렸다. 아이가 푸닥거리며 입을 연신 닦아냈다. 수조 안이 물로 가득 찼다. 딸각 소리를 내며 수조의 스위치가 내려갔다 호스에서 나오는 물이 멈추고 그에 따라 돌고래의 움직임도 느려졌다 돌고래가 서서히 물 위로 올라왔다 내려갔다. 돌고래가 웃고 있었다. 끼웃대는 울음소리가 들려왔다. 아이의 욕조에 물이 가득 찼다. 아이가 수도를 잠갔다. 아이가 물 위로 천천히 고개를 젖혔다. 귀가 멍해졌다. 뜨거운 물이 얼굴 위로 올라왔다. 눈이 흐릿해졌다. 화장실 불빛이 하얀 띠처럼 일렁였다. 아이가 웃고 있었다. 태어난 그 날처럼 물을 머금은 울음소리가 들렸다. 돌고래가 수조 안으로 깊숙이 들어갔다. 돌고래의 갈라진 지느러미가 물을 머금었다. 지느러미 위에 선 붉은 실핏줄이 꿈틀거렸다. 아이가 욕조 안으로 깊숙이 들어갔다. 아이의 볼에 붙어있던 갈라진 딱정이들이 물을 머금었다. 붉게 변해 상처가 풀어졌다. 아이가 양손으로 욕조 난간을 붙잡았다. 벽에 붙어있는 오른쪽 욕조 난간에서 한 손이 미끄러졌다. 돌고래가 수조 위로 올라오지 않았다. 아무 소리도 들리지 않았다. 아이가 욕조 위로 올라오지 않았다. 아무 소리도 들리지 않았다.

다음 날, 돌고래가 사체로 발견되었다.

돌고래는 숨을 삼킨 채 그대로 물속에 가라앉아 있었다. 물에 빠진 사람이 일정 시간 중력에 의해 물속에서 부유하듯 돌고래는 물의 한가운데에 서 있는 것처럼 보였다. 여자는 목에 걸려있는 피리를 힘껏 불었다. 바람 새는 소리만 들려왔다. 여자는 경비에게 인터폰을 하려다 말고 핸드폰을 꺼내 남자에게 문자를 보냈다. 남자와 조련사가 도착하기 전까지 여자는 걸레 자루로 계속해서 수조의 물을 치우고 또 치웠다. 이번에는 물속에 피리를 넣고 불었다. 수많은 거품이 여자의 주변으로 물을 튕겨

냈다. 여자는 다시 일어서서 물 위를 바라봤다. 아무것도 올라오지 않았다. 여자는 짝다리를 짚고 선 채 헛웃음을 흘렸다.

메시지를 보낸 지 십 여분이 지나고 남자와 조련사가 수조 안으로 들어왔다. 조련사들은 별다른 핑곗거리를 찾을 수 없어 서로 발끝만 바라보고 있었다. 여자는 눈을 찌푸리며 왼쪽 팔만 기지개를 켰다. 그때 관리담당자가 수조로 들어왔다. 생각보다 덤덤해 보이는 모습에 여자는 의아한 듯 고개를 움직였다.

평소에 스트레스받게 할 만한 게 뭐가 있었나?

담당자의 질문에 남자와 조련사가 서로를 흘끗거리며 눈치를 살폈다. 남자는 별일 없었다는 듯 입을 삐죽이며 어깨를 으쓱해 보였다. 짧은 정적을 깨고 옆에 있던 조련사가 고개를 숙이며 말을 꺼냈다.

새끼가…. 그러니까 자기 새끼가 바로 눈앞에서 죽지 않았습니까.

담당자는 천천히 고개를 끄덕였다. 그 옆에서 여자는 아. 그렇구나. 하고 학습된 연민의 감정을 바닥부터 끌어올리고 있는 것처럼 보였다. 눈썹이 아래로 내려가며 측은한 표정을 성실히 재현했다. 곧이어 담당자 옆으로 경비 하나가 다가왔다. 그는 무언가 막중한 사명을 띤 듯 어깨에 힘이 잔뜩 실려 있었다.

담당자님. 씨씨티비 다 확인했습니다. 우선 최근 한 달간 기록을 먼저 살펴봤는데….

경비는 말끝을 흐리며 여자를 빤히 쳐다보았다.

저 아가씨가 항상 새벽부터 건물로 들어가더니 영업 끝나고 나서도 나오질 않더라고요. 그래서 수조 쪽 방향의 씨씨티비를 싹 다 돌려보니까 새벽부터 와서 돌고래 수조를 마대자루로 마, 막 두들기고 그러지 뭡니까. 어찌나 거칠게 치던지….

담당자는 고개를 뒤로 젖히며 목을 길게 나 뺐다. 여자는 주변에 서 있는 사람들을 둘러봤다. 그러나 여자의 그간 행동을 아는 사람은 여자뿐이었다. 아니 이제 그간의 행동을 아는 사람은 여자와 경비와 담당자뿐이었다.

동물을 학대하는 건 철면피나 하는 짓이지. 자네는 자네의 그 행동이 동물에게 얼마나 스트레스가 될지 생각 안 해봤나?

담당자가 단단한 어조로 여자에게 물었다. 담당자의 표정은 처음보다도 한결 더 가벼워 보였다. 책임을 물을 사람이 있다는 것은 꽤나 명쾌한 일이었다.

더 좋은 먹이를 주려던 것뿐입니다….

여자가 말끝을 흐렸다.

아. 그래서 돌고래가 우리가 주는 생선은 잘 안 먹고. 먹어도 자꾸만 토하고.

곧바로 남자가 끼어들었다. 남자는 비아냥대는 어투로 여자의 말끝을 따라잡았다. 여자가 남자를 바라보며 침착하게 말을 받았다.

그건 너희가 표백제를 수조에 푸니까 그런 거고.

야. 네가 뭘 안다고.

남자는 가슴을 부자연스럽게 펴며 여자를 자신의 아래로 몰았다. 남자의 목소리가 크게 울리자 담당자는 오른팔을 살짝 들어 남자를 자신의 뒤로 밀어냈다. 남자는 이내 조용해졌다.

그럼 정리하지.

예?

경비가 놀라 되물었다. 경비는 대답 없이 자리를 뜨는 담당자와 가만히 서 있는 여자를 번갈아 보더니 이내 담당자의 뒤를 따랐다. 담당자의 정리라는 말을 끝으로 여자에겐 약 오천 육백만 원에 달하는 빚이 생기게 되었다. 조련사가 축 처진 여자의 어깨를 두어 번 다독이며 자리를 떠났다. 여자의 심장은 어릴 적 부두슈퍼에서 라면을 훔칠 때보다 더 빠르게 뛰고 있었다. 담당자가 말한 정리라는 게 차라리 해고였다면 여자는 지금쯤 노란 종이박스에 여유롭게 짐을 챙겨 나와 한 번쯤 뒤를 돌아 건물을 올려다보는 여유를 부렸을지도 몰랐다. 집으로 향하는 여자의 발걸음은 건물을 벗어날수록 더 빨라지기 시작했다. 여자의 불안이 여자의 뒤를 바짝 쫓고 있었다.

여자가 문을 요란스럽게 닫으며 집으로 들어왔다. 현관에 서서 숨을 골랐다. 여자는 주방 서랍에서 냄비를 꺼내 가스레인지에 물을 올렸다. 찬 바람이 여자의 굽은 허리에 켜켜이 끼어있는 것처럼 보였다. 물이 금방 끓기 시작했다. 여자는 라면과 냉장고에 있던 고등어 반 토막을 집어넣었다. 퍼렇던 고등어가 붉게 익어갔다. 여자가 헛구역질 하며 가스 불을 껐다. 그리곤 냄비에 있는 라면을 싱크대에 던지듯 버려냈다. 싱크대 속 작은 하수구에 끼인 고등어가 눈에 보였다. 여자는 마른 침을 삼켰다.

바깥이 시끄러웠다. 천둥소리가 울리고 파도는 바닥을 때리듯이 귀를 짓이기고 있었다. 여자는 신경질적으로 커튼을 치고 침대 위로 올라가 한쪽으로 몸을 뉘었다. 두꺼운 커튼의 장막 틈으로 여자의 눈이 비쳤다. 바깥에 있는 검은 바다에서 누군가 여자를 지켜보고 있는 것 같았다. 여자는 몸을 일으켜 침대 밑에 있는 커다란 백팩을 꺼내 들었다. 여자는 지갑에서 카드를 빼내어 바닥에 떨어뜨리고 현금만 남겼다. 곧바로 옷을 챙기기 위해 방 안으로 들어가려던 여자가 잠시 멈칫하며 아이의 방 앞에 섰다. 여자는 좁은 반경을 반복적으로 돌며 한참을 망설이다 땀이 밴 손에 힘을 주어 살짝 열려있는 방문을 밀어냈다. 아이는 없었다. 새까만 잠수복과 돌고래 모자만 남아있었다. 여자는 그제야 숨을 내쉬었다.

여자는 옷가지 몇 벌을 가방에 구겨 넣으며 거실로 나왔다. 현관으로 걸어가다 말고 여자는 거실 맡에 있는 작은 상위에 천 원 한 장을 올려놓았다. 그리곤 다시 만원을 더 올려놓고 그다음 지갑에 있는 돈을 모조리 꺼내 십 원짜리 하나까지 상 위에 꺼내놓았다 여자의 손등 위에 갈라져 있던 상처의 틈이 더 벌어졌다. 피부 사이사이에 굵은 피의 도로가 만들어진 것처럼 보였다. 여자가 현관문을 열고 밖으로 나갔다.

현관문이 닫혔다. 아이는 나오지 않았다. 화장실 안의 작은 창문 너머로 달빛이 스며들었다. 아이의 휘어진 등뼈를 축으로 잠자리 날개처럼 곧게 뻗어 나간 뼈마디가 그림자 져 도드라지게 피어올랐다. 아이의 숨소리는 이제 아이에게도 여자에게도 들리지 않게 되었다.

당선

제1438호 10월 14일 금요일

2015 가람이병기청년시문학상·최명희청년소설문학상 : 고등부 소설

곡선의 무게

· 임동민 (안양예고 2학년) ·

sur la pointe 쒸르 레 뿌엥뜨[1]

발은 중력을 벗어난다. 크고 뭉툭한 고가 발등 위로 솟는다. 조명 하나만 켜진 스튜디오 안에서 보이는 건 거친 발뿐이다. 컴컴한 바닥 위로 곡선 두 개가 떠오른다. 둥그렇게 구부러진 발 모양은 맹금류의 그것과 닮았다. 딱딱하게 휘어진 갈고리에 팽팽한 긴장이 머문다. 발끝을 뻗자 고가 더욱 높이 솟아오른다.

pirouettes 삐루엣[2]

빽빽한 문고리를 돌렸다. 연습실은 출입문이 있는 벽을 제외한 모든 곳

---

1 토슈즈(toe shoes)를 신고 발가락 끝으로 수직이 되게 서는 것을 말한다.

2 '제자리에서 돈다.'라는 뜻. 한쪽 다리로 몸의 중심을 잡고 팽이처럼 도는 '회전하는 빠'이다. 화려하고 인기를 끄는 스텝이다.

이 거울이었다. 거울들은 서로 마주 보며 말끔하게 빛났다. 나는 바닥에 서린 차가운 공기를 발바닥으로 스쳤다. 검은색 레오타드를 입은 두 다리를 끌어당겨 양다리를 넓게 벌렸다. 다리의 뭉친 근육들을 부드럽게 늘이며 이완했다. 허벅지 안쪽으로 당겨지는 통증이 저릿하게 올라왔다. 숨을 내쉬며 다시 무릎을 밖으로 밀었다. '흔들린 축이 전체를 무너뜨린다.' 미하일 바리시니코프가 그의 책 「Dancing without danger」에 남긴 말이었다. 내가 스트레칭 자세를 유지하는 동안 거울 안에는 하나둘 타이츠를 입은 아이들이 채워졌다. 타이츠를 뚫고 나오는 탄탄하게 다져진 다리 근육의 곡선. 온몸에 달라붙는 의상은 탄탄한 근육들에 어울리지 않지만, 이곳 무용원에서만큼은 전혀 이상하게 느껴지지 않았다. 연습실은 여전히 조용했다. 마지막으로 들어온 재훈은 조심스럽게 문을 열었다. 아이들은 모두 정면을 바라보고 있었다. 그러나 거울에 반사된 시선들은 모두 재훈을 향해 있었다. 재훈은 붉게 상기된 볼을 두드렸다. 재훈까지 자리에 앉자 거울 안이 가득 찬 기분이 들었다. 무용원의 공기가 달아오르는 순간이었다.

어떤 역할이든 대기자 수는 줄어들지 않았다. 내 순서까지 두 차례가 남았을 때, 발끝은 창백하게 얼어있었다. 대기실에 히터가 들어오지 않은 탓이었다. 핏줄은 비늘의 문양처럼 이리저리 엉키며 발등 위로 돋아났다. 옆방 문틈 새로 빠져나오는 아이들의 간지러운 웃음소리가 차가운 발등을 쿡쿡 찔렀다. 히터기를 고장 낸 것도, 나를 이 대기실에 가둔 것도 옆방에서 흘러나오는 저 간지러운 소리일까. 내가 뒤돌아보자 반쯤 열려있던 문이 순식간에 닫혀버렸다. 허공에는 냉기만이 맴돌았다. 발을 억지로 오므려 포인을 만들어보았다. 발등에 굵은 핏줄들이 돋았다. 발끝에서부터 올라오는 뜨거운 맥박을 느꼈다. 아이들의 웃음소리는 그렇게 몸 구석구석으로 들어왔다.

학교에서도,

무용원에서도.

웅진과 짝이 된 날도 그랬다. 이름에 곰'熊'이 괜히 들어간 게 아니라는 듯 웅진은 육중한 몸을 겨우 의자에 뉘었다. 의자를 끌어 빼고 옆자리에 앉자마자 웅진은 한쪽 팔로 턱을 괸 채 한참이나 나를 응시했다. 그건 신호였다. 맹수가 사냥감을 찾을 때 쓰는 수법 같은 것이었다. 그동안 웅진에게 덜미를 잡힌 아이 중에 살아남은 아이는 없었다고 했다. 혼자가 되거나, 웅진이 밑에서 빌빌대거나. 그런 아이들을 내려다보며 낄낄거리는, 웅진은 그런 아이였다. 그건 익히 들어본 소문이었기에 나는 웅진과 눈을 마주치지 않으려 애썼다. 그러나 시선을 피하면 피할수록 웅진이의 얼굴은 내 앞으로 한 뼘 더 다가와 있었다. 다음 날은 더 가까이, 그다음 날은 더. 사냥은 이미 시작되었다. 웅진은 내 몸 이곳저곳을 쿡쿡 찔러보았다. 나는 반사적으로 피하려 했지만 웅진 앞에선 멈추어 있어야 했다. 웅진의 신호엔 어떤 의미도 이유도 없었다. 단지 그가 정한 룰일 뿐이었다.

웅진의 사냥은 더 격렬해졌다. 어느 날부터인지 나는 웅진이에게 존댓말을 해야 하는 입장이 되어 있었다. 아무 일 없이 버티자. 나는 무용 가방을 구겨 쥐었다. 그때였다. 발끝부터 내 온몸을 훑는 시선이 느껴졌다.

- 남자 새끼가 몸이나 흔들고.

내 어깨를 쥔 웅진의 악력이 느껴졌다. 그 말을 하는 동안에도 여전히 알듯 모를 듯한 미소를 띠고 있었다. 순간, 거구의 무게를 실은 발이 내 발등 위를 지그시 눌렀다. 웅진이의 입 끝이 점점 올라갔다. 그 순간 어금니를 깨물며 참고 있던 비명을 터뜨렸다. 그 소리에 당황했는지 웅진은 잠시 발을 들었다. 발등이 뜨거워지며 떨리기 시작했다. 핏줄이 팽팽하게 솟는 것 같았다. 나는 발 없이 어떤 도약도 할 수 없었다. 순간적으로 옆 책상에 있는 샤프를 들어 웅진의 손 위에 내리꽂았다. 그때 발을 밟혔다는 것 외엔 그 어떤 것도 느껴지지 않았다. 샤프 끝에는 심 대신 뜨겁고 붉은 핏방울이 매달렸다. 나는 샤프를 쥔 손에서 힘을 빼지 않았다. 한 번 남에게 넘겨준 기회는 영원히 다시 잡을 수 없었다. 내가 무용원에서 가장 처음 배운 법칙이었다. 웅진이를 뺀 모두가 조용한 교실을 둘러본 후에야 내가 어떤 일을 벌였는지 분간할 수 있었다. 샤프에 힘을 풀자 웅진은 손을 입에 문 채 소리 질렀다. 샤프 끝에서 피가 뚝뚝 떨어졌다. 반 아이들은 일제히 사냥 현장을 바라봤다. 사냥은 성공적이었지만, 그들이 생각한 먹이사슬과는 전혀 다른 흐름이었을 것이다.

뒷문을 열고 나가자 아이들의 시선이 일제히 나를 향하는 것이 느껴졌다. 발등의 고를 높이 세우며 복도를 걸었다. 실내화에는 핏방울이 번져 있었다. 나는 그것이 잘못됐다고 생각하지 않았다. 사냥감을 건져 올린 새처럼 둥그렇게, 발을 굽혔다. 힘이 과하게 들어가 발끝이 파르르 떨렸다.

fouetté 뿌에떼[3]

스튜디오의 흐릿한 조명은 나와 재훈을 번갈아 비췄다. 이미 한 마리 백조로 선발된 재훈은 도약할 때마다 깃털같이 우아한 그림자를 떨어뜨

---

3 '회초리로 때린다.'라는 뜻. 몸의 중심을 둔 다리를 다른 다리가 때리는 듯 빨리 움직이는 모습이다.

렸다. 그 실루엣을 본 적이 있다면 누구나 재훈이 백조 역을 따낸 사실을 인정할 것이었다. 우아했다. 나 또한 그걸 인정하면서도 아니라고 말할 뿐이었겠지. 인기척을 느낀 재훈이 돌아봤다. 나는 서둘러 뒤로 돌며 턴을 했다. 깊은숨을 내쉬며 눈을 감았다. 조명이 시야에서 사라졌다. 그러나 눈을 감아도 재훈의 실루엣이 일렁거렸다. 다시 눈을 떴다. 눈앞에서 그랑 주떼를 하는 백조가 아니, 재훈이 보였다. 실루엣은 조명을 등져 스튜디오를 가득 덮을 만큼 거대해졌다. 가벼운 스텝을 밟던 재훈은 공중으로 뛰어올라, 긴 다리를 양 갈래로 뻗었다. 주떼, 주떼, 그랑 주 떼. 나는 어느새 재훈의 호흡을 따라 숨을 쉬고 있었다.

나처럼 늦게 무용원에 발을 들인 아이들은 모두 자신이 훌륭한 무용수가 될 수 없다는 것 정도는 알고 있었다. 사 년 전쯤인가 엄마는 걱정스러운 표정으로 원장실 문을 두드렸다. 엄마와 원장은 조용한 분위기 아래 유자차와 믹스커피를 홀짝거리며 얘기를 나눴다. 나는 무용원의 모습을 둘러보기로 되어 있었지만 온 신경이 문 너머를 향해 있었다. 수다를 떨다 가끔 웃는 것 같기도 하고, 심각해 보이는 것 같기도 하고. 도통 뭔 얘기를 나누는지 알 수 없었다. 그저 삼면의 거울을 통해 원장실 안에서 오가는 표정들을 살피는 게 다였다. 그러다 가끔 문틈으로 단어들이 새어나오면 훔쳐 듣곤 했다. 발레 상담실 안에서는 오직 '입시 무용'이란 무미건조한 단어만이 떠돌았다. 그러나 나는 반박할 수 없었다. 발레를 하겠다고 처음 말했을 때, 엄마를 설득한 것도 결국 그 단어 때문이었으니까. 나는 입을 꾹 다문 채 기다렸다. 이 길이 아니면 나는 평생 한 번도 도약하지 못하리란 생각이 들었다. 잘만 하면 나도 위로 우뚝 설 수 있을 것 같았다. 한 치의 흔들림 없는 모습으로.

- 발등에 고가 있네. 고가 정말 예쁘다.

타이츠를 입은 이래 원장이 내게 처음으로 건넨 칭찬이었다. 발레를 할 때 선을 한층 더 아름답게 만들어주는 고는 고된 훈련 속에서 빚어지는 것이었다. 평평한 고를 가진 아이들은 남들보다 더 커다란 통증을 느껴 가면서까지 과도한 포인을 만들곤 했다. 그렇게 연습을 하다 보면 발등 주변에 근육이 붙어 아주 조금이나마 둥글어 보이기 때문이었다. 무용에 있어서 곡선은 그만큼 중요했다. 그런 걸 내가 가지고 있었다니. 못생겼다고만 생각했던 나의 큰 발이 뿌듯해지는 순간이었다. 그러나 원장의 말이 끝나자마자 거울 뒤로 나를 노려보는 아이들의 시선들이 느껴졌다. 한참이나 응시해 나는 죄를 지은 것 같은 기분이 들었다. 발톱 속까지 퍼지는 감각에 나는 둥그런 발을 안쪽으로 끌어모았다.

배역 오디션이 있기 하루 전날, 아이들은 웃음을 띤 얼굴로 재훈에게 다가갔다. 재훈을 탈의실 안으로 불러들였다. 연습을 마친 재훈이 머리를 헝클리며 왔다. 남성적이지만 부드럽게 갈라진 근육들은 다비드상을 떠올리게 했다. 그 순간 뒤편에서 한 아이가 수건으로 재훈의 얼굴을 감아 뒤로 넘어뜨렸다. 아이들은 순식간에 그를 제압했다. 초점을 멀리하면 그 모습은 장난치는 것 같기도, 초점을 당기면 그것은 잔혹하게 보이기도 했다. 타이츠가 찢어지며 재훈의 몸을 적나라하게 드러냈다. 아이들이 빠지자 깃털이 몽땅 빠진 듯한 몸이 눈에 들어왔다. 샤워기가 멈출 때까지, 아니 멈춘 후에도 물줄기는 그 위에서 비처럼 떨어졌다. 아이들은 카메라에 담은 영상을 보며 낄낄거렸다. 물소리와 함께 퍼지는 재훈의 신음이 화면 위에 떠다녔다. 순간 발등에서부터 올라온 이상한 희열이 몸을 간질였다. 이번 〈백조의 호수〉에선 '백조'가 날 수 없을지도 모른다는 생각이 들었다. 그날 찢어진 타이즈는 쓰레기통에 처박혔다. 누구나 재훈이 주연이 될 것을 알았기에 그를 추락시키는 법도 늘 품고 있던 것이었다. 원장은 그 당시 재훈처럼 골골대는 아이들에게 해주던 말이 있었다.

독해져라, 그것이 무용을 하는 방법이다.

스튜디오 안에서 살아남는 법을 터득한 순간이기도 했다.

이제 나의 차례였다. 모든 사람이 나의 동작 하나하나를, 곡선의 변화를, 숨을 고르는 순간을 주시했다. 뜨겁게 달아오른 숨을 진정시켰다. 숨을 고르게 뱉으며 발끝으로 포인을 만들었다. 발등은 여전히 얼어붙어 있는 상태였다. 나는 발등에 더 힘을 주어 구부렸다. 나를 응시하는 재훈과 아이들을 훑어봤다. 백조 왕자와 어린 백조들을 눈앞에 둔 악마, 로트발트처럼. 눈을 감았다가 뜨자 스튜디오 전체가 눈 안에 담겼다. 춤을 추는 방법은 독해지는 것. 나는 아직 녹지 않은 발끝을 움직이며 도약을 시작했다. 스튜디오의 허공을 가로질렀다. 허공에선 아이들의 간지러운 웃음소리도 경멸스런 눈초리도 느껴지지 않았다. 거울 벽 안에 공중에 떠 있는 나의 모습이 담겼다. 내 등 뒤로 얼핏 검은 깃털들이 떨어지는 것 같았다. 그런 나의 그림자를 올려다보는 아이들의 시선을 뿌리쳤다. 스튜디오 위에 떠 있는 순간 발끝이 날카롭게 변해 아이들의 시선을 찢고 지나갔다. 공중에선 모든 것을 노릴 수 있었다. 나는 그렇게 배역을 따냈다.

en dehors 앙 드오르[4]

사건 후 이틀 동안 학교를 나오지 않던 웅진이 돌아왔다. 왼손엔 붕대를 감은 채로. 얼굴을 들이미는 습관은 여전히 변하지 않았다. 이번엔 조금 다른 방식이었다. 내 앞으로 얼굴을 들이민 건 미련한 웅진이의 얼굴이 아니었다. 웅진을 뒤를 따라다니던 아이들이 등 떠밀려 내 앞으로 왔다. 하지만 그 순간, 나는 그들과 나 사이에 흐르는 공통된 기류를 느꼈다. 그들도 나도 어떤 일을 하고 싶은 생각이 없다는 것을. 니들 뭐하는 거야. 아이들의 뒤통수를 치며 웅진이 그사이를 비집고 들어왔다. 아이들은 이미 나에겐 별 흥미가 없는 듯했다. 웅진의 눈동자가 흔들렸다. 그러나 아무도 그의 시선을 받아주는 사람이 없었다. 주위를 두리번거리던 웅진은 대책 없이 내게 달려들었고, 이상하게도 나는 그때 웅진을 받아칠 수 있을 것만 같았다. 패딩 점퍼까지 껴입은 그 덩치를 말이다. 하지만 내가 무얼 하기도 전에 웅진은 바닥으로 넘어졌다. 먼저 움직인 건 아이들이었다. 그들은 숨겨왔던 것을 꺼내듯이 각자 발을 위로 들어 올렸다. 누군가를 내리찍는 건 한순간이었다. 부풀어 있던 패딩 점퍼는 아이들의 발길질에 찌그러져 버렸다. 웅진은 내 앞에서 다시 널브러졌다. 나는 쪼그려 앉아 웅진과 마주 보았다. 헝클어질 대로 망가진 머리카락과 먼지로 얼룩진 얼굴을 보니 나도 모르게 웃음이 튀어나왔다. 장난기가 발동한 것일까. 나는 지금 기회를 잡았다는 걸 알았다. 놓치면 다시는 잡지 못한다는 기회를 말이다. 이제 아이들은 모두 나를 바라봤다.

---

4 '바깥쪽으로'라는 뜻. 지면 또는 공중에서 다리가 시계 방향으로 원을 그리며 움직이는 것이다.

그때까진 몰랐는데 웅진은 눈물을 잘 참는 편이었다. 어깨를 들썩이는 듯하면서도 주먹을 꽉 쥐고 울음을 끝까지 참았다. 웅진이 덥석 내 발목을 붙잡았다. 구걸하는 것 같은 눈빛이었다. 웅진은 좀처럼 손을 놓지 않았다. 내가 발을 빼려는 그 순간 웅진의 손에 발목이 살짝 뒤틀렸다. 무언가 어긋난 듯한 그 작은 소리는 뼈를 타고 진동했다. 내게 있어 몸에서 일어나는 소리는 더욱 크게 들렸다. 발목이 힘을 잃는 소리였다. 나는 그 사실을 잊기 위해 웅진이를 사정없이 때렸다. 그러나 통증은 서서히 올라오기 시작했다.

나는 그만 멈추고 뒤돌아섰다. 교실을 나가기 전까지 웅진을 한 번도 돌아보지 않았다. 발을 절룩이며 복도를 걸어나갔다. 누군가 다시 발목을 잡아당기는 듯 걸음이 무거워졌다. 발목을 찌르는 통증이 나를 잡아당기는데도 절대 티를 내지 않았다. 사냥은 끝이 났고, 나는 내 자리를 지켜야 했다.

발목을 접질렸단 사실을 아이들에게 들키지 않기 위해 나는 늦은 시간이 되어서야 무용원을 찾아갔다. 겨우 얻어낸 역할인데 이깟 것 때문에 취소될 순 없는 노릇이었다. 아이들과 지도 강사들이 모두 빠져나가고 스튜디오엔 나와 재훈만 남아 있었다. 클래식 음악 소리가 귓가에 스며들었다. 나는 발목이 다친 티를 내지 않기 위해 허리를 꼿꼿이 펴고 걸었다. 한 걸음, 한 걸음 그림자가 바닥에 찍힐 때마다 심장이 땅을 두드리며 박동했다. 클래식 연주가 사람의 맥박에 가장 흡사하다는 것은 이럴 때 하는 말이었다. 쿵쾅거리는 가슴은 좀처럼 잠잠해지지 않았다. 음악이 끊기고, 나와 재훈만이 있는 스튜디오 안은 조용해졌다. 발목이 뒤틀리는 소리가 재훈에게까지 들릴 것만 같았다. 아니나 다를까, 재훈이 오디오를 끈 이유는 나 때문이었다. 내 옆구리를 비집고 재훈의 어깨가 들어왔다. 재훈은 눈치를 챈 것 같았다.

- 이렇게 다쳤으면 좀 쉬지 왜 나왔어.

거울에 비친 나는 파르르 떨고 있었다. 왼쪽 발목의 통증이 저릿하게 올라왔다. 연주 소리가 격하게 울리는 듯이 느껴졌다. 모든 소리가 연주에 묻히듯, 오늘 일도 그렇게 사라질 수 있다고, 나는 생각했다. 모든 것이 잔잔한 음악에 숨겨질 것이었다. 재훈만 말하지 않는다면 가능했다. 나를 이해하건 않건 그건 문제 될 게 없었다. 단지 공연이 끝나기 전까지는 이 사실을 비밀로 해주길 바랐다. 한 번 놓친 기회는 다시 돌아오지 않았다. 오늘의 모든 일은 비밀이어야 했다.

en l'air 앙 레르[5]

- 최소한 양심을 속이는 짓은 하지 말아 주시길.

학생주임은 죽도로 바닥을 탁탁 두드렸다. 애써 침착한 표정을 지었다. 웅이가 신고를 한 모양이었다. 그때 현장에 있던 아이들 모두 고개를 숙인 채 서 있었다. 그는 우리 주위를 맴돌며 한 명씩 얼굴을 훑었다. 눈 마주치지 마. 나는 복화술을 하듯 옆에 서 있는 아이들에게 조용히 중얼거렸다. 흔들리는 눈동자를 보이는 순간 학생주임은 끈질기게 붙잡고 늘어질 것이 뻔했다. 나는 지금 이런 데에 낭비할 시간도 체력도 없었다. 학생주임을 향해 고개를 들었다.

- 곧 리허설 있어요. 먼저 가보겠습니다.

---

5 '공중에'라는 뜻. 몸을 지탱한 다리와 직각이 되게 도는 한쪽 다리가 공중에 있다는 의미이다.

나는 교무실을 빠져나왔다.

짐을 싸고 무용원으로 돌아갈 계획이었다. 의자를 빼고 자리에 앉자 아이들이 나를 힐끔거리며 쳐다보았다. 나는 웅진의 빈 의자 위로 왼발을 올렸다. 크게 부어오른 발목. 발가락을 안으로 구부렸다. 찌르는 느낌이 정강이 끝까지 전해졌다. 웅진은 지금쯤 이렇게 발버둥 치고 있을까. 계속해서 발에 힘을 주어 통증을 느껴 보았지만, 웅진이 느낀 게 어느 정도였는지는 감이 잡히질 않았다. 종이 울리자마자 교실을 빠져나왔다. 다음 날부터 무용제를 본격적으로 준비하느라 학교에 가지 않았다. 그때 이후로 웅진이 어떻게 사라졌는지 나는 알 수 없었다. 그리고 관련도 없는 일이라고, 나는 그렇게 여겼다.

발목은 움직일 때마다 신경을 자극했고, 그때마다 웅진이 신경 쓰였다. 그런데 이상하게도 발끝에 걸리는 것이 없어 허전했다.

bourrée en couru 부레부레[6]

검은 깃털은 살갗을 파고들며 뿌리를 내린다. 분장실에선 역한 화장품 냄새들이 콧속까지 덮었다. 마지막으로 얼굴에 라인만 그려 넣으면 분장은 끝났다. 가장 실수가 자주 일어나는 것도 이때였다. 손을 파르르 떠느라 화장 펜을 제대로 잡지 못하는 아이들이 다분했다. 그중 몇은 학부모나 분장사에게 도움을 받곤 했다. 대개 그런 아이들은 무대 위에서 주목

---

6 미끄러지는 스텝의 대표적인 것 중 하나. 모이를 줍는 참새처럼 가볍고 잘게 발을 옮겨 놓는 스텝이다. 앞뒤가 아니고 좌우로 걸어 다니지만, 몸의 방향을 바꿔 무용수의 위치를 이동시키는 중요한 스텝이다.

받지 못했다. 남이 덮어준 분장에는 한계가 있기 마련이었다. 분장을 그 의미대로 걸칠만 하는 것이 바로 그들의 한계였다. 그들의 분장엔 무대 위에서 뛰어오르고 싶다는 갈망도, 객석에 쏟아내야 할 열정도 느껴지지 않았다. 화려한 겉모습 속 상처가 투영되지 않은 분장은 무대 위에서 어떤 조명도 받을 수 없었다. 나는 검은 색 펜을 들어 눈꺼풀에 갖다 댔다. 로트발트, 그 이름에 걸맞도록 눈꼬리를 날카롭게 추어올렸다. 당장에라도 백조를 잡아먹을 듯이. 그때 문이 덜컥 열리면서 분장실 안의 정적이 와르르 깨졌다. 뾰족하게 촉을 세우던 펜 끝의 집중도 한순간에 부러졌다. 표정을 잔뜩 구긴 원장이 씩씩거리며 안으로 들어왔다.

- 왜 부상을 말하지 않은 거야, 무대 망치고 싶어?

그녀의 콧김이 뺨에 닿았다. 열 오른 체온이 그대로 느껴졌다. 화장이 녹아내릴 것만 같았다. 뒤통수로 시선이 꽂히는 게 느껴졌다. 아이들은 이마를 맞대고 숙덕거리기 시작했다. 익숙한 풍경이었다. 나를 바라보는 아이들은 사냥감을 찾는 중일까. 하늘에서 떨어진 먹이를 눈앞에 둔 것처럼 아이들은 나를 올려다보았다. 만약 내가 조금이라도 동조한다면 아이들이 역할을 빼앗으려 달려들 것이었다. 나는 화장을 한 검은 눈초리로 아이들을 노려봤다.

- 아무렇지도 않은데요? 보세요, 잘만 움직이잖아요.

저릿한 통증을 숨길 순 없었다. 내 통증을 대신 느끼는 듯 원장의 미간에 주름이 점점 깊어졌다. 그녀가 그럴수록 나는 더 밝게 웃었다. 거울 속 내 모습엔 어릿광대의 광기가 비추어졌다.

- …서게 해주세요.

가슴 속에서 웅어리져 있던 것이 터져 나오는 기분이었다. 뜨거운 무언가가 눈 밖으로 흘러나왔다. 그러나 내 몸속 열기를 다 가져가진 못했는지, 도리어 몸이 뜨거워졌다.

원장을 그 이상 길게 말하지 않고 분장실을 빠져나갔다. 원장이 나간 분장실에는 나를 쪼는 시선들만이 남아 있었다. 이런 시선에는 이미 익숙했다. 공연이 끝난 후에도 시선들은 내 뒤를 쫓아다닐 테니까. 타이츠 위로 울긋불긋하게 솟아나 있는 발등의 핏줄을 바라봤다. 구불구불한 핏줄은 문신해 놓은 하나의 문장처럼 느껴졌다. '흔들린 축이 전체를 무너뜨린다.' 순간적으로 그 구절이 머리를 스치고 지나갔다. 나는 그 생각을 지우기 위해 발등을 감쌌다. 발등에 새겨진 구절을 지우듯이 반대쪽 발로 발등을 문질렀다. 차가운 발이 조금씩 녹는 기분이 들었다. 발을 움직일 때마다 고의 곡선이 느껴졌다. 그 선은 미세하게 떨리고 있었다. 작은 떨림은 핏줄을 따라 몸 전체로 퍼지는 듯했다. 이런 긴장감은 무대에 서기 전 무용수들이라면 모두 겪는 법이라며 스스로 안정시켰다. 나는 심호흡하며 분장실의 거울을 바라보았다.

공연 직전, 나는 화장 붓을 들었다. 어느 곳에도 흠집을 보이지 않아야 했다. 몸 구석구석에 강박처럼 떠오르는 구절 위로 분을 덧칠했다. 거울 속의 내가 완벽해지는 기분이었다. 입장까지는 얼마 남지 않았다. 무용수가 가려야 하는 건 표면의 흉터뿐이 아니었다.

arabesque 아라베스끄.[7]

차이콥스키의 잔잔한 선율을 따라 열 명의 아이들이 무대 위로 줄지어

---

7 안정된 정지 상태이며, 발레에 있어서 가장 아름답고 기본적인 동작이다.

나온다. 같은 분장의 백조들 틈에서 재훈이 무대 중앙으로 스텝을 밟는다. 짙은 조명에 재훈의 움직임이 한층 더 부각된다. 재훈이 공중으로 도약할 때마다 관중석에선 박수가 터져 나온다. 등 뒤로 매단 검은 깃털들이 빳빳하게 치솟는다. 그리고 정적. 불이 꺼지고 무대 위엔 아무도 남지 않는다. 다시 음악이 흐르기 시작하면 내가 나설 차례이다. 커튼 뒤로 숨을 내쉰다. 한껏 포인을 만든 발을 엇갈리며 무대 앞으로 나아간다. 한 번도 받아보지 못한 조명이 머리 위로 쏟아지는 것을 느낀다. 낮고 웅장한 등장 음악이 무대를 두드리며 울린다. 그때마다 발목이 저릿하게 진동한다. 시선은 모두 내게로 쏠린다. 정면을 응시한다. 조명이 얼굴에 뜨겁게 내리쬐어 관중들이 어떤 표정을 짓고 있는지 분간할 수 없다. 시선을 쫓다 보니 눈동자가 흔들리기 시작한다. 한참이나 움직임을 보이지 않자 객석에서 웅성거리기 시작한다. 빳빳해진 목을 돌려 뒤를 돌아본다. 커튼 뒤에서는 재훈이 허리를 곧게 펴고 서 있다. 음악과 순서를 되뇌며 호흡을 가다듬는다. 무거운 분위기를 원심력으로 감으며 턴을 한다. 발목에 무게를 싣고 정면으로 나아간다. 음악은 절정으로 치솟으며 거친 선율을 보인다. 조명이 강렬하게 타오르며 두 발에 초점을 맞춘다. 숨을 들이마시며 그랑 주떼, 높게 뛰어오른다. 순간 홀 안의 풍경이 슬로모션처럼 시야를 스친다. 빛 또한 느리게 떨어진다. 조금씩 내 앞으로 떨어지는 빛은 이내 시야를 완전히 삼켜버린다. 중력은 곧장 떨어진다. 발끝이 바닥에 맞닿을 때 무언가 비틀리는 소리가 무대 위로 퍼진다. 느릿하던 풍경이 사라지고 귓가에선 웅성거림이 어지럽게 나돌기 시작한다. 소리가 섞여 무슨 말을 하는지조차 들리지 않는다. 착지하지 못한 고의 곡선은 어긋나 있다. 여전히 춤을 추듯이 경련하는 발을 누군가 다가와 감싼다. 조명에서 깃털 하나가 떨어진다. 발등 위에 올라탄 깃털은 짙은 빛을 받아 흐릿하게 색이 바랜다. 꺾인 발목은 갈고리처럼 헛발질을 한다.

귓가를 맴도는 소음은 그치질 않는다. 결국, 아무것도 낚아채지 못한 나의 발을 본다. 사람들의 시선도 모두 발 쪽을 향해 있다. 퉁퉁 부어오른 못난 발을 숨기고만 싶다. 커튼 뒤에서 사람들이 빠져나온다. 열 마리의 흰 백조 중에는 재훈도 서 있다. 백조에게 보살핌을 받는 로트발트라니. 웃을 상황이 아니란 걸 알면서도 헛웃음 입술을 비집고 나온다. 나를 중심으로 한 무대는 빠르게 돈다. 어지럽다. 눈을 감는다. 천장에서 검은색 깃털들이 떨어져 내린다.

하나, 둘 팔랑거리며 내려오기 시작한 깃털들은 어느새 얼굴을 다 덮을 만큼 수북하게 쌓인다. 눈을 감은 것인지 뜬 것인지 구별이 가지 않을 정도로 어지럽다. 무대는 축이 이동한 듯 옆으로 누워 있다. 무대 어디선가 재훈의 목소리가 들린다. 시야를 덮은 검은 천막 위로 흰 조명이 내려온다. 그쪽을 향해 발등을 길게 뻗는다. 그 순간 그 안에 담긴 것들이 모두 뻗어 나오는 듯하다. 이제 내게서 빠져나오는 것 같다. 어디로 날아오를지 몰라 구부러진 발등의 고. 모든 것이 멈춰 버린 그 순간, 관객도, 아이들도, 모두가 멈춰 버린 공간에서 날갯짓한다. 나는 옆으로 틀어진 무대에 누워 입술을 움직인다.

주떼, 주떼, 그랑 주떼…….

도시의 염부

· 강혜원 (안양예고 2학년) ·

뜨거운 햇볕이 정육각형으로 굳어가는 유리수면
도르래를 풀고 내려오는 청소부가
창문에 쌓인 소금을 한쪽으로 밀어내는 이곳은,
아파트 염전
갈기갈기 찢어진 구름이 칸칸이 나뉜 통유리창에 담겼다가 사라진다
몇 달 저 증발한 동료 하나는
반사된 풍경에서 짜고 쓴 맛이 난다고 했다
하얗게 펴진 소금 벽을 타고 사내는
이쪽에서 저쪽, 이 끝에서 저 끝으로 이동하며
종일 밀대로 얼룩 같은 풍경을 증발시킨다
부서진 알갱이 같은 생계를 쓸어 모으기 위해선
두려움을 빠르게 졸여내야 한다
줄을 당겨 신호를 보내는 대신
발을 굴려 옆 칸으로 움직이는 사내
공중을 지상처럼 디디는 경지에 오른 것인가

땡볕에서 증발되는 것들이 많아
그의 몸은 수분을 빼앗기고, 거칠게 말라가고, 피부는 검게 타
고글을 쓴 자리만이 하얗게 남는다
모든 자국에는 증발의 기억이 있다
목덜미를 쥐어뜯는 열기에
염전과 함께 몸이 뜨거워지는 동안
창문은 더욱 찬란하게 반짝이고
청소부는 말없이 얼룩진 포말자국을 쓸어낸다
얼룩을 보면 무엇이 사라지고 남은 자리일까
추측하는 버릇은 이 일을 시작하면서다
새똥 자국에도 배설의 온기가 한때 깃들여 있었음을
사내는 안다
견딤의 시간 속에서 끝내 그는 가장 작은 소금 결정이 된다
오래된 줄 하나에 온몸을 맡기고
구획된 소금밭을 하루 종일 누빈다
유리창에 비친 무표정한 얼굴,
밀대로 쓱 밀어버린다

가람이병기청년시·
최명희청년소설문학상

•

2009~2017

꽃에서부터

· 윤선미 (서울디지털대 문예창작 3학년) ·

1.

발등이 무겁다. 통증마저 무감각하게 만드는 무언가에 짓눌린 것 같다. 안 탈 거면 뒤로 물러서라는 기사 아저씨의 호통에 겨우 움직여 버스에 올랐다. 너울거리던 거친 햇빛이 유리창을 뚫고 들어와 나를 찌른다. 아프다. 이번에도 엄마를 찾지 못했다. 신호 걸린 버스가 잠시 멈춘 틈을 타 길가에 난 제비꽃을 볼 수 있었다. 언젠가 엄마와 동네 어귀를 거닐며 봤던 것과 흡사했다.

"제비꽃이 다 똑같은 제비꽃이겠지"

감상에 빠진 스스로를 비웃던 중, 문득 그날의 엄마가 떠올랐다. 벽돌 틈에 난 연보라색 제비꽃을 발견하곤 기어이 살겠다고 여기까지 왔구나, 하며 왠지 모를 서글픔을 내비치던 엄마. 엄마는 꽃을 좋아했다. 매일같이 크고 작은 화분들에 매달려 꽃나무를 심곤 했다. 알맞은 화분을 골라 뿌리를 심고 흙을 채울 때의 엄마는 꽤나 신중이 곤두서있었다.

"좀 더 큰 게 필요하겠어.

혼잣말을 중얼거리고는 갑작스럽게 집 근처 꽃집으로 화분을 사러 나가는 일도 다반사였다. 정신없이 옷을 걸치고 지갑을 챙기던 엄마는 문을 나서기 직전에서야 화분 옆에 쭈그려 앉아있는 나를 발견하고는 같이 갈래? 하듯 손을 뻗었다. 그렇게 심은 것들은 정확한 일정에 따라 물을 주고, 줄기를 다듬고, 자리를 옮겨 타죽거나 얼어 죽는 것을 방지했다. 왜 그렇게까지 정성을 들이냐는 나의 물음에 엄마는 웃으며 답했다.

"예쁘잖아"

엄마가 가장 좋아하는 꽃은 튤립이었다. 그래서 내 이름을 튤립으로 짓고 싶었단다. 아빠가 기겁하지 않았더라면 나는 인디아가 아닌 인 튤립이 되었을 것이다. 구근을 심는 10월이 되면 엄마는 발코니에 쭈그려 앉아 한나절을 꼬박 세웠고 그 정성에 보답하듯 개화하는 4월쯤이 되면 집이 온통 튤립으로 가득 찼다.

나는 튤립이 싫었다. 아니, 모든 꽃이 싫었다. 활짝 폈다가 금세 시들어버리는 초라함이 싫었다. 잠깐 피어나는 아름다움을 위해 그 섬세한 노력을 해야 한다는 것도 마음에 들지 않았다. 누군가 나에게 꽃다발을 선물한다면 가차 없이 버릴 수도 있었다. 엄마는 만개한 꽃을 최대한 오래 유지하기 위해 노심초사했다. 때로는 초조해 보이기까지 하며 좀처럼 놔주질 못했다. 집착의 이유를 나는 도무지 알 수가 없었다. 어쩌면 지금도 알지 못하는 것 같다.

"같은 꽃이라도 색깔마다 꽃말이 다른 거 아니"

한참 만에 엄마가 입을 열었다. 화단 손질로 바쁜 엄마 곁을 못마땅하다는 듯 맴도는 나를 본 터였다. 내가 대답을 하지 않자 엄마는 다시 화분으로 눈길을 거두며 낮게 중얼거렸다.

"하물며 꽃도 저마다 의미가 있는데…"

나는 모르는 게 많았다. 꽃의 의미도, 서글프게 사그라지는 엄마도 나는 알지 못했다. 풀리지 않는 공식을 마주했지만 풀릴 거라는 일말의 확신도 가질 수 없었다.

집에 그렇게 꽃이 많은데도 꽃축제기간이 시작되면 두 손을 모으고 환호하던 엄마였다. 내가 아니면

같이 갈 사람도 없었다. 그래서 엄마는 한 번도 가지 못했다. 얼마 전 서재 정리를 하다가 초등학교 때 썼던 일기장을 발견했다. 누렇게 변질한 종잇장엔 엄마의 꽃을 좋아하던 한 아이가 있었다.

10월 9일 월요일, 날씨 맑음

오늘은 월요일 학교 가는 날. 오늘은 엄마가 우리 반에 화분을 가지고 오셨다. 예쁜 국화꽃이었다. 참 예뻤다. 하지만 꽃들 때문에 벌들이 들어왔다. 자세히 보았더니 벌은 말벌이었다. 언제 내가 학교에서 말벌한테 쏘인 적이 있었다. 그래서 무서웠다. 왜냐면 팔이나 다리에 쏘이면 괜찮은데 그때는 목에 쏘인 것이어서 말벌이 아직도 무섭다. 하지만 오늘은 쏘이지 않았다.

2.

엄마는 공부를 강요하지 않았다. 지겨울 정도로 많은 학원을 전전했지만, 대부분은 내가 원한 것들이었고 그만두고 싶다 하면 별말 없이 그렇게 하도록 내버려 두었다. 다만 너는 인내심을 길러야 할 필요가 있어, 라고 한 마디쯤은 들어야 했다. 공부는 거의 다 내가 알아서 했지만 조금 강압적으로 했던 것이 있다면 독서와 일기 쓰기였다. 다 쓴 일기장은 차례대로 묶어서 보관했는데 그 양이 사과 두 박스 정도 되었다.

시간 가는 줄 모르고 일기장을 넘겨보다가 어느 장에서 눈을 멈출 수밖

에 없었다. 실로 놀라운 엄마의 글씨였다. 천하의 악필이라고 불리던 엄마가 또박또박 정성을 들여 쓴 글이었다. 매일 같이 일기 쓰기 숙제를 하는 내 옆에서 엄마는 나는 학교 다닐 때 한 번도 일기 써본 적 없는데, 하며 곧잘 씁쓸한 미소를 지었었다. (그게 씁쓸한 미소라는 것은 시간이 꽤 지나서야 알 수 있었다) 그러니 아마도 이것이 엄마의 처음이자 마지막 일기리라.

7월 25일 수요일, 날씨 맑음

인디아가 몇 주간 시골에서 혼자 지냈다.

오랜만에 아이를 보니 예쁘고 대견했다.

하루하루가 재미있고 즐거운 생활을 했다고 하니 마음이 노인다.

산과 들이 넓은 곳에서 자연과 함께 보내는 인디아가 즐겁고 편안해 보인다.

논에는 벼가 밭에는 수박과 참외가 있는 들녘에서 인디아는 무슨 생각을 하면서 하루를 보내고 있었을까.

우리 인디아가 착하고 예쁜 생각을 하면서 지냈으면 좋겠다.

이때 엄마 나이 스물여덟이었다. 갓 열아홉이 된 소녀가 아이를 낳고 엄마가 되어 피와 눈물로 기른 아이. 처음으로 자신과 떨어져 뛰어놀고 있을 그 아이를 생각하며 한 자 한 자 적어 내린 일기였다.

한참을 들여다보고 있으니 간간이 틀린 맞춤법이 눈에 들어온다. 엄마는 곧잘 편지를 써주곤 했다. 생일이나 졸업, 새해 같은 날이 아니더라도 늘 주던 용돈을 가끔 예쁜 봉투에 넣어 편지와 함께 주는 것이었는데 그때도 꼭 몇 자씩 맞춤법을 틀렸었다.

벌써 또 다른 한 달이 지나가는 군아. 곧 있으면 고등학교에 올라가지?

엄마는 공부를 안 한 게 평생의 한이야. 딸만큼은 후회 없는 학교생활 했으면 좋겠어.

서로 맘이 맞지 않을 때도 대화로 잘 풀어나가자.

용돈 아껴 쓰고, 예쁜 딸로 자라주길 바래.

틀린 맞춤법은 신경 쓰지 않았다. 그럴 수도 있지, 대수롭지 않게 여기고는 화장실을 가려 식탁 위에 잠깐 편지를 놓았는데 마침 방에서 나온 아빠가 그걸 발견했다. 유심히 읽어 내리던 아빠의 말 한마디가 못 들은 척 애쓰는 엄마의 가슴팍에 꽂혔다.

"무식하긴"

3.

엄마는 매년 방학이 되면 나를 몇 주씩은 외할머니댁에서 지내도록 했다. 나는 할머니와 보내는 시간이 좋았고 시골에서 뛰어노는 것도 좋았기 때문에 그 이유를 물어보지는 않았다. 할머니 댁은 집에서 세 시간 남짓 거리에 위치한 시골마을이었다. 지금까지도 북적거리는 도시보다 한적한 시골을 좋아하는 이유는 그때의 기억 때문일 것이다. 아주 어렸을 때부터 느꼈던 것 같다. 도시에서는 집 밖으로 나오면 가장 처음 보이는 것이 높은 건물과 차가운 아스팔트뿐이고, 들리는 소리라고는 바쁘게 움직이는 사람들의 발소리와 여기저기 울려대는 자동차 경적 소리지만 암탉 울음소리로 기지개를 켠 시골의 아침은 시원하게 펼쳐진 논밭과 산, 그것들을 둘러싼 구름과 코끝을 간질이는 따뜻한 바람을 느낄 수 있는 여유가 있었다. 그 여유를 나는 사랑했다.

바다와 산이 공존하는 곳이었다. 엄마와 외할머니가 살던 집은 산 중턱 어딘가에 걸쳐져 있었는데 산길을 따라서 빨간 지붕, 파란 지붕, 몇 채 안 되는 집들을 지나 내려가다 보면 바로 앞에 광활한 바다가 펼쳐졌고 소한테 풀을 주다가도 비릿한 생선 냄새를 맡으며 길가에서 굴과 홍합을 파는 아주머니들을 볼 수 있었다. 할머니도 그렇게 엄마를 키웠다. 딸이 태어나고 4년도 채 되지 않아 남편을 여읜 할머니가 할 수 있는 일은 그날 캔 굴을 까 외지사람들에게 천 원짜리 몇 장을 받고 파는 것뿐이었다.

엄마도 일찍 철이 들어야 했다. 방학이면 할머니 댁에 놀러 가던 시절의 나보다도 어릴 때부터 저수지에서 빨래를 하고 때가 되면 냉이와 미나리를 캐 횟집에 팔았다. 엄마는 바다가 무섭고 냄새난다며 끔찍이도 싫어했는데 바지락 까는 기술만큼은 숙련돼 있었던 걸 보면 얼마나 일을 했을지 실감할 수 있다. 그리고 그토록 싫어하는 바다에서 아빠를 만났다.

나는 바다가 좋았다. 풀 내음 보다는 파도치는 소리에 가슴까지 출렁거리는 그 느낌이 더 짙게 다가왔다. 분명 물소리는 시끄러운데 고요한 기분이 드는 아이러니가 신기하기도 했다. 생선 비린내를 병적으로 질색하는 엄마가 코를 막은 채 내가 먹을 고등어를 고르는 동안 나는 둑 위에 올라가 조금이라도 오래 바다를 눈에 담으려 노력했다. 끝이 보이지 않는 지평선을 바라보고 있노라면 두려움과 떨림이 기분 좋게 어우러졌다. 알 수 없는 세계에 대한 설렘이었을까.

그럼에도 시골에 머무는 내내 엄마는 내 손을 잡고 매일 아침 바닷가로 산책을 나섰다. 목적지보다는 함께 걷는 그 시간을 더 중요시 여겼던 것일 테다. 바다로 향하는 길목엔 쓰레기장이 있었다. 대부분은 마당에 묻거나 태워버렸지만, 병이나 플라스틱은 들고 가 분리수거를 해야 했는데, 무슨 효심이었는지 가장 무거운 쓰레기봉투를 짊어지려는 내게 엄마는 손 미워진다며 늘 가벼운 거로 바꿔 쥐여주었다. 자신의 손은 너무 투박해 반지를 껴도 태가 안 난다는 불만을 입에 달고 살던 엄마였으니 나만큼은 고운 손을 유지하길 바라는 마음이었을 것이다.

4.

매주 한 번씩 엄마를 따라 찜질방에 갔었다. 금요일 오전 열 시였다. 뜨끈하게 누워 흠뻑 땀을 빼고 나면 이루 말할 수 없이 개운해지는 맛을 그때부터 알게 되었다. 땀으로 온몸이 젖었음에도 상쾌하다고 느껴지는 것보다 흥미로웠던 점은 삼삼오오 모여 일상사담을 풀어놓는 아줌마들의 모습이었다. 친척 중 누가 수술을 했다, 옆집 이웃이 살을 십 킬로나 뺐다, 이번엔 김장을 어디서 어떻게 했는데 너무 짜다. 그땐 그게 누군가와 공유를 할 만큼 중요한 일인지 갸우뚱했었다. 내 기억이 정확하다면 엄마는 그 무리에 끼지 못했다. 못한 건지 안 한 건지는 역시 잘 모르겠다. 당시엔 그런 엄마가 제법 근하게 여겨지기도 했었다. 언제부터일까, 찜질방 가는 날이 한 시간 남짓 집에서 하는 반신욕으로 대체되었던 건.

엄마는 아주 가끔 아빠가 늦게 귀가하는 날이면 혼자서 술을 한 잔씩 걸치고는 했는데 그럴 때면 약간 이상해졌다. 취하거나 비틀거리지는 않았지만, 갑자기 기분의 온도가 상승해버려서 말이 많아지고 흥얼거림이 늘어났다. 평소 말수가 적은 엄마였기에 홍겹게 떠드는 모습이 내 눈에는 이상할 수밖에 없었다. 가령 다 먹은 맥주병을 내게 들이밀며 이거 다 먹었지롱, 하고는 웃음을 남발하는 것이 그랬다. 그런 상태에서도 먹었던 자리는 늘 깨끗하게 치웠던 걸 보면 완전히 취한 적은 없는 듯하다. 엄마는 주로 맥주나 와인을 마셨는데 겹상한 적은 없다. 내가 성인이 되던 해에 엄마가 집을 나간 것도 이유였지만 체질적으로 술이 맞지 않는다는 사실을 철없던 시절에 이미 깨우친 나는 일찍이 술을 입에 대고 싶은 마음조차 잃었기 때문이다.

중학교 때였다. 친구가 부모님이 여행을 가셨다며 나를 집으로 초대했다. 그날 그 친구의 집에 있는 소주 네 병을 마셨다. 소주 맛이 뭔지도 모르고 호기심에만 가득 찼던 우리는 소주잔 이라는 것이 따로 있는 줄도 모르고 그저 예쁘게 생겼다는 이유로 친구의 엄마가 생과일주스를 만들어 준다며 사 놨다는 350mL 잔을 꺼내 들었다. 그리곤 그곳에 소주를 가득 채운 다음 어디선가 봤던 원 샷을 외치며 목구멍으로 집어넣었다. 한 잔을 다 들이켜도 아무렇지 않아 또 한 잔을 가득 채워 마셨다. 결과는 참담했다. 화장실 변기도 모자라 세면대, 욕조, 주방 싱크대를 돌아다니며 구역질을 해댔고 그나마 술이 받았던 친구는 제풀에 지쳐 잠드는 것에 그쳤지만 견디다 못한 나는 스스로 119에 전화를 걸어 실려 가야 했다. 응급실에서 해독을 돕는 주사를 맞고 위세척을 한 뒤에야 병원에서 연락을 받은 엄마가 도착했는데 정확한 설명을 듣고 나서는 아주 창피해했다. 걱정하거나 혼낼 틈도 없이 마냥 어이가 없었는지 헛웃음을 지으며 내가 창피해서 못 살겠다는 말만 되풀이했다.

응급실 사건은 엄마와 나의 비밀에 부쳐졌다. 우리 사이에 처음으로 비밀이 생긴 셈이었다. 아빠가 워낙 술을 입에 못 대는 데다가 몸이 허락한다면 무조건이고 마시고 싶어 하는 나와는 달리 술 자체를 혐오하는 편에 속하기 때문이다. 아빠의 아버지, 그러니까 나의 할아버지는 젊은 시절 지독한 술꾼이었는데 덕분에 일찍이 병을 얻어 가장 노릇도 제대로 못 하셨다고 한다. 게다가 돌아가시기 전에 남기신 말이 술은 입에도 대지 말라는 것이었다고 한다. 하지만 아빠가 술을 싫어하는 건 할아버지의 유언을 지킨다는 신념이라기보다는 개인적인 원한이 서린 것이었다. 어린 나이에 아버지를 여의고 홀어머니와 고생하며 자란 것이 술 때문이라고 생각하는 것 같았다. 술을 못하는 나로서는 절대 술은 안 된다고 못 박는 아빠에게 별로 반감을 갖지 않았지만, 엄마는 제법 불만이 있었다.

술을 특별히 좋아하진 않았지만, 맥주 한 캔 정도는 먹고 싶은 날이 있는 법인데 그마저도 못하게 하니 그런 것이다. 하지만 내가 본 엄마는 원할 때마다 문제없이 잘 숨어 마셨다. 연락도 없이 일찍 귀가한 아빠한테 걸리지만 않는다면 말이다. 그런 날엔 대판 싸움이 벌어지는 것이다. 원래도 의견충돌이 잦은 두 분이었지만 술과 재미가 관련된 일이라면 판이 더욱 커졌다. 엄마는 남편 눈치를 보며 마신다는 것 자체가 불만이었고 아빠는 어쩌다 한 번인 엄마의 섭취를 가지고 마치 자신이 알코올 중독자랑 사는 양 한숨을 내쉬었다. 유흥과 관련된 모든 것에는 관심조차 없던 아빠를 두고 엄마는 재미를 모르는 사람이라며 혀를 내둘렀다.

나도 그런 건 좀 불만이었던 것이 아빠는 친구들과 모여 하는 생일파티조차 탐탁지 못해 하였다. 생일에 왜 부모님께 감사를 드려야 하는지 이해도 못 할 나이였으니 어린 마음에 퍽 상처도 받았었다. 내가 친구 타령을 할 때마다 아빠는 어차피 크면 만나지도 않을 친구다, 친구보단 부모에게 충실하라는 질책만 퍼부었다. 조언이랍시고 한 말이 고작 초등학생인 딸에게는 너무하다 싶을 만큼 가혹한 얘기라는 것을 알지 못하는 아빠였다.

자신이 하는 말로 상대방이 얼마나 충격을 받을까에 대해서는 고려하지 못하는 사람이었다. 중학교에 들어가 처음 사귄 친구들과 노래방을 가기로 한 날에 괜히 들떠 아빠에게 말하는 실수를 범했다가 된통 혼나기만 하고 토라져서 며칠 동안 방에만 박혀 있었다. 그다음부턴 절대 어딜 가든 아빠에게 먼저 알리는 법이 없었다. 아빠는 자신이 하는 일 외에는 심하게 무딘 사람이었다. 성공한 사업가로서 대외적으로는 사뭇 존경도 받고 유흥을 전혀 즐기지 않으니 가정적일 것이라는 기분 좋은 오해도 받지만 내 생각에 아빠는 그저 일밖에 모르는 사람이어서 유흥이고 가정이고 관심이 없는 것이었다. 외동딸인 엄마는 언제나 외롭게 자란 자신과는 달리 나만큼은 많은 형제 사이에서 함께 살 부비며 북적거리게 자라길 바랐다.

“동생이 있어야 할 텐데”

그럼에도 결국 내가 혼자인 까닭은 부부관계가 거기까진 이어지지 않았던 탓일 테다. 언젠가 아빠랑

왜 결혼했냐는 내 물음에 엄마는 임신해서, 라고 했다. 꽤나 충격적일 수 있는 말임에도 나는 고개가 끄덕여졌다. 긴 연애를 했다면 분명 결혼까진 도달하지 못했을 것이다. 사랑 없는 결혼생활에 엄마는

외로워했다. 그 외로움은 초등학생인 어린 딸에게까지 느껴질 만큼 깊고 진했지만 나는 신경 쓰지 않았다. 엄마에겐 딸이 있어야 한다는 공연한 말이 무색할 정도로 나는 무심한 딸이었다.

5.

나는 설거지를 싫어했다. 어렸을 땐 빨리 성인이 되어서 돈을 벌면 설거지를 하지 않아도 된다고 생각할 정도였다. 엄마는 이따금 오전에 운동을 하러 나갔는데 그때마다 꼭 엄마와 아빠가 마신 커피잔을 닦아 놓으란 말도 덧붙였다. 그 말이 왜 그리도 싫었는지. 그나마 식기세척기가 딸린 주방이 있는 집으로 이사를 온 후엔 일이 줄어들어 다행이었다. 비데와 붙박이장보다 식기세척기를 더 반가워하는 나를 보며 엄마는 설거지가 뭐 그렇게 힘이 드는 일이라고 세상 힘든 일 다 죽었다, 하며 혀를 찼다.

"어릴 땐 쓸고 닦는 건 뭐든지 좋아했는데 들수록 왜 저러는지 몰라"

엄마는 이런 나를 이해하지 못했다. 나도 엄마를 이해하지 못했고 나조차도 나를 이해하지 못했다. 엄마는 요리보다 청소를 좋아했다. 언젠가는 아침 해가 뜬 순간부터 석양이 지는 시간까지 줄곧 청소만 한 적도 있다. 집에 놀러 온 친구가 너희 집 정말 깨끗하다, 며 감탄하는 것도 예삿일이었다. 이런 엄마가 떠나고 청소기도 돌릴 줄 몰랐던 아빠와 나는 파출부 아주머니의 도움을 받았지만, 그마저도 얼마 안 가 그만둬야 했다. 빨래 개는 것부터, 설거지 후 그릇 정리하는 방식까지 엄마와 너무 달랐다.

6.

입이 텁텁할 땐 엄마가 끓인 누룽지 밥이 단연 최고였다. 음식을 즐겨 하지도 않았고 잘하지도 않은 엄마였지만 특출난 것이 몇 가지 정해져 있었는데 갈비찜과 누룽지가 그랬다. 엄마의 적당히 고소하고 바삭한 누룽지보다 맛있는 건 먹어본 적이 없다. 입맛이 까다로워 칭찬에 인색한 아빠도 인정할 만큼이었으니까.

누룽지는 간단해 보이는 만큼 어느 정도의 내공이 쌓여있지 않으면 별 감흥 없이 끝나버리기 쉬운 음식이다. 라면 같은 간단한 음식이 맛있다는 평을 받기가 더 어려운 것처럼. 입맛 없을 땐 몇 끼니고 그냥 지나치는 나를 위해 엄마는 누룽지 밥을 자주 해주었다. 죽도 탕도 아닌 것이 어찌나 목구멍을 잘 타고 넘어갔는지 모른다.

엄마가 집을 나가고 얼마 지나지 않아 심하게 앓았던 적이 있다. 출근 준비로 바쁜 아빠에게 말도 못 하고 혼자 아파하는 내 모습이 서러워 이불 속에서 한참을 울어야 했다. 엄마가 차려주는 누룽지 밥이 먹고 싶었다. 혹시 엄마도 누군가의 누룽지 밥이 먹고 싶었던 걸까. 자신이 아플 때 아무것도 해주지 못하는 딸을 원망했을까.

스무 살을 맞이한 아침. 엄마가 떠난 자리에서의 아빠와 난 그야말로 어색한 생활의 연속이었다. 모든 걸 챙겨주던 엄마의 공백에 생활이 불편해지자 부녀 사이의 겸연쩍은 감정은 골이 깊어져만 갔다. 어색한 감정의 메아리는 식사시간과 같은 굉장히 사소한 것에서부터 시작되어 끝내는 쉬는 날 아빠를 집에서 쉬지 못하게 했고 나를 집보다 밖이 편하게 만들었다.

아빠의 출근준비를 도와주는 일 또한 곤혹이었다. 계절이 바뀌면서 농에 있는 가을옷을 꺼내야 하는데 아빠가 원하는 재킷을 찾을 수가 없었다. 분명 엄마가 어딘가 넣어놨을 텐데, 엄마라면 단번에 찾아 줄 수 있었을 텐데. 모든 것에 엄마의 손길이 닿아있었다. 아빠의 셔츠를 찾다가 가장 낮은 서랍에 있는 엄마의 옷가지들을 발견했다. 늘어난 티셔츠, 짝도 안 맞는 속옷, 낡은 코트.

"내가 창피하니?"

엄마는 물었다. 체육대회 계주로 나선 딸과 함께 뛰며 응원하던 날, 몇 년 사이 부쩍 올라온 살을 부랴부랴 큰옷으로 가리고 딸의 학교를 방문한 날, 귀가가 늦는 딸이 걱정돼 거리로 뛰쳐나온 날, 슬리퍼 차림에 올 풀린 스웨터를 걸치고 엄마는 물었다.

7.

꿈을 꾸면 간혹 엄마가 나온다. 목적지 없이 떠도는 여행자 같은 모습으로 나타난 엄마는 세상의 모든 슬픔과 여린 어둠을 품고 있다. 그러면 나는 소리친다. 다신 내 앞에 나 타 나지 마. 아주 가버리란 말이야. 나의 박대에 엄마는 초점을 찾지 못하고 흩어지다가 어느 순간 사라진다. 나는 또 그렇게 엄마를 보낸다. 어린 꽃씨처럼 금방이라도 부서질 것만 같은 엄마를, 또 그렇게.

늘 허탕만 치고 돌아오는 내게 아빠는 더 이상 엄마를 찾지 말라고 했다.

"왜?"

"너도 다 컸으니 알아서 살 수 있잖아. 찾을 거 없어 네 할 일이나 열심히 해"

자세히 묻지는 않았다. 왠지 알고 싶지 않은 대답을 들을 것만 같았다. 엄마가 집을 떠날 수 있는 사람이라고는 생각해 본 적 없었다. 게으른 사랑의 대가가 이런 이별일 거라고는 가늠하지도 못했다. 엄마가 나가고 며칠이 지나 서까지도 어지간히 한 뒤돌아오겠거니 했을 뿐이다. 엄마와 나는 모녀지간이라고는 믿기지 않을 만큼 공통점이 없었다. 외모, 식성, 취향, 성격 모든 것이 달랐다. 조금 튀어나온 광대뼈를 제외하고는 외모도 아빠를 더 많이 닮았고 나는 생선과 바다를 좋아했지만, 엄마는 채소와 산을 더 좋아했다. 나는 친구들과 어울리며 노는 걸 좋아했지만 엄마는 혼자만의 사색을 즐겼다. 나는 엄마에 대해 아는 것이 없었다.

학년이 올라갈수록, 아는 게 많아진다고 착각하는 횟수가 늘어날수록 나는 나만의 공간을 원했고 또 만들어갔다. 알지도 못하면서, 참견 좀 하지 마. 내 말이 비수가 되어 박히면 엄마는 그 공간 속에 끼지 못한 채 주변을 맴돌았고 그 마음을 알면서도 모르는 척 무시하는 나를 보며 또다시 고개를 돌려야 했다.

엄마가 해줄 수 있는 일 또한 줄어들었다. 엄마의 손을 빌려야만 가능했던 귀지 파기도, 헝클어진 머리칼을 묶는 것도 거뜬히 혼자 해냈고 오랜만에 손톱을 깎아주고 싶다는 엄마 곁에 앉아 못마땅하게 손을 내어주면 이쪽이 더 길다. 저쪽이 삐뚤다. 짜증만 부리다가 끝이 났다. 엄마가 떠난 뒤엔 왜인지 전보다 손톱이 빨리 자라고 아무리 파도 귓속이 간지럽고 머리칼도 이유 없이 자주 헝클어졌다.

언제부터인가 엄마는 내가 실수를 할 때마다 눈에 띄게 기뻐하곤 했다. 꾸중하는 듯 보이지만 얼굴을 보면 굉장히 기뻐하는 표정을 하고 있었다. 안도감이었을까. 세월이 흐른다는 것, 나이 들어가고 있다는 것, 실수한다는 것, 잊혀간다는 것, 모르는 것이 많아진다는 것. 이것들이 자신만의 일은 아니라는 안도감. 딸에게서 받을 수 있는 최소한의 보상.

내겐 별거 아닌 실수라서 신경 쓰지 않고 있으면 엄마는 옆에서 미소 띤 얼굴로 머리를 써, 생각 좀 해. 언젠가 자신이 들었던 말들을 모조리 쏟아내고 있었다. 어느덧 엄마의 정수리를 차지한 흰머리, 엄마만큼이나 위태롭게 자신의 존재를 내세우던 그것들이 엄마의 내면까지 잠식해버린 것 같았다.

"일어나자마자 더부룩하게 왜 이런 걸 먹으래"

여느 때처럼 엄마가 챙겨주는 비타민제를 뿌리치며 못된 성질을 부리던 날, 엄마는 내 앞에서 눈물을 터뜨렸다. 주저앉아 얼굴을 감싸 쥐고 어린아이처럼 목 놓아 울며 굳어있는 나에게 학교나 가라고 소리쳤다. 그날, 비명 같은 울음과 함께 찢겨버린 엄마의 고독과 사무침은 내가 감히 감쌀 수도 위로할 수도 없는 무엇이었다.

8.

엄마의 짜증이 늘어갔지만 심각하게 생각하진 않았다. 엄마가 짜증을 내면 나도 짜증을 냈다. 엄마의 지장이 찍힌 이혼서류를 발견한 것도 그 무렵이었다. 아빠의 서명란만 남겨둔 채 언제라도 떠날 준비가 되어있음을 알리듯 화장대 서랍 안에 고이 놓여있었다.

엄마는 더 이상 화단을 가꾸지 않았다. 집안 가득 퍼진 꽃향기로 곧 벌떼들이 몰려들 것만 같아야 하는 시기에 척박한 흙냄새만 풍기고 있었다. 아빠가 출장에서 돌아오기 전날 밤에는 피어나지 못한 꽃 화분 앞에 앉아 담배 연기를 뿜어내는 엄마를 보았다. 마른기침을 토해내며 힘겹게 담뱃불을 끈 엄마는 가장 좋아하는 튤립 화분에 꽁초를 버렸다. 그날 이후로 담배를 손에 든 엄마를 꽤 자주 보았지만 달려가 뭐하는 짓이냐고 나무라 할 생각은 없었다. 그러기엔 엄마가 너무 절박해 보였다.

엄마는 빛깔을 잃어갔다. 삶에 찌들고 외로움에 지친 혼곤함만이 엄마를 표현하는 유일한 색이 되었다. 꽃이 시들어가듯 엄마는 몇 시간이고 누워만 있었다. 그 뒷모습이 불안한 존재처럼 나를 애타게 만들었다. 너무 오랫동안 움직이지 않아 떨리는 손으로 엄마의 허리춤을 건드려 본 적도 있었다. 엄마가 꼭 죽은 것만 같았다. 그러면 구겨진 백지장 같았던 엄마는 아주 천천히 한쪽 팔을 들어 내 뺨을 쓰다듬었다. 아, 떠나지 않았구나. 그때야 마음을 놓았다.

엄마에게 일찌감치 폐경기가 왔음을 알게 된 건 며칠 전 오래된 청바지를 꺼내려 손을 넣은 옷장 깊숙한 곳에서 찾아낸 우울증약 때문이었다. 어쩌면 알고 있었는지도 모른다. 이울어지는 엄마를, 식어가는 엄마를, 점점 공허해지는 엄마의 눈빛을. 하지만 나는 모른 척해야 했다. 몰라야 내가 편하니까.

처음으로 화분을 심어봤다. 엄마가 그랬듯 꾹꾹 눌러 흙을 담고 뿌리를 심고 물로 적시기를 반복하다 보니 어느새 망가진 화단이 제법 모양새를 갖춰갔다. 엄마가 떠난 후에야 고독을 찾게 되었다. 성심껏 엄마를 이해하기 위한 나름의 노력이었을지도 모른다. 자신이 가꾸어 놓은 꽃들을 바라보며 엄마는 무슨 생각을 했을까. 안아주고 싶었다. 엄마도 여자임을 깨닫게 되면 엄마는 세상에서 가장 위대한 사람이 아닌 가장 불쌍한 사람이 된다. 소녀는 여자가 되고 여자는 엄마가 되고 엄마는 이제 나라는 사람이 되고자 했다.

나를 찾아 떠나.

엄마의 마지막 편지는 이 한 마디가 전부였다.

야간비행

· 윤정은 (안양예고 2학년) ·

이슬비가 내리는 밤이다. 반짝이며 내려오는 게 빗방울인지, 별들의 서리인지 분간이 가지 않았다. 가로등 하나 켜지지 않은 좁은 골목길은 밤을 품고 있었다. 짙은 남색 우비를 입은 지우 또한 그랬다. 지우는 자꾸만 축축해지는 얼굴을 거칠게 쓸어내리며 우비 모자 끝자락을 잡아 내렸다. 앞이 잘 보이지 않았지만, 얼굴이 젖는 것보다는 나았다. 고르지 않은 돌계단 사이사이의 홈을 주의하며 끝없이 계단을 올랐다. 앞코가 반들반들하게 젖은 지우의 운동화가 턱턱 물웅덩이를 밟을 때마다 부서진 물의 파편이 튀어 올랐다.

"여기다 여기. 아 이놈의 집이 뭐가 좋다고 삐뗑 기며 지랄을 해쌌냐."

지우와 상철이 한참을 걸어 도착한 곳은 희미한 조명이 켜진 낡은 집이었다. 지우는 옆에 선 상철을 바라봤다. 정확히는 상철의 오른쪽 어깨에 걸쳐진 검은색 스포츠 가방을 바라봤다. 상철은 가방 안에서 빈 화분과 유리병을 꺼내 지우에게 쥐여주며 자신은 붉은 스프레이를 꺼내 들었다. 구멍이 숭숭 뚫린 돌담에 상철의 손을 따라 욕설이 뿌려졌다. 하필 '꺼져'의 'ㅓ'를 쓸 자리에 큰 구멍이 나 있어, '끼져'라는 우스꽝스러운 협박이 쓰였지만, 지우도, 상철도 알지 못했다.

"하나둘 셋 하면 던지는 거다."

상철이 옆에서 손가락을 하나씩 펴 보였다. 중지 손가락이 치켜 올려진 순간 지우는 빈 화분과 유리병을 집 안으로 던져 넣었다. 화분이 파란색 판자 지붕에 맞아 산산조각이 난 채로 바닥에 떨어졌다. 고요하던 동네 곳곳에서 연달아 깨지는 소리가 울려 퍼졌다. 상철은 가방 안에서 화분을 하나 더 꺼내 집 안으로 던져 넣었다. 그리고는 재빨리 가방 입구를 닫아 계단을 뛰어 내려갔다. 지우가 멍하니 집 앞에 서 있는 동안 담장 안에서 문이 열리는 소리가 났다.

"야 이 개새끼들아!"

퍼뜩 놀란 지우가 우비 모자가 뒤집힌 것도 모르고 돌계단을 미친 듯이 뛰어 내려갔다. 유리병은 어찌할까 하다가 계단 구석으로 던졌다. 부서진 집들이 순식간에 스쳐 지나갔다. 몇몇 담벼락에 낯선 그림이 그려진 게 잔상처럼 남아 보였지만 지우는 뒤돌아볼 여유가 없었다. 물웅덩이를 잘못 밟아 미끄러질 뻔한 것을 가까스로 중심을 바로잡았다. 자꾸만 발치에 젖은 돌이 채였다. 지우가 신경질적으로 돌을 툭 치자, 돌은 순식간에 가파른 계단 아래 웅크리고 있던 어둠 속으로 사라졌다.

지우는 달동네에서 얼마 떨어지지 않은 컨테이너 사무실의 문을 벌컥 열었다. 에어컨 바람이 비에 젖은 온몸에 달라붙었다. 지우는 바닥에 널브러진 1.5L 생수통 하나를 집었다. 숨도 쉬지 않고 남은 물을 모조리 들이켰다. 젖은 앞머리에선 자꾸만 물이 떨어졌다. 축축하게 손바닥을 적시는 우비를 접으며, 지우는 도통 이 일은 적응이 되지 않는다고 생각했다. 손바닥만 한 동네에서 버티고 있는 저 사람들도 적응할 수 없었다. 도대체 저 동네가 아니면 어디를 개발해야 한다는 건지 분간이 가지 않을 정도로 낡은 동네였다. 낡은 집이었다. 그런데도 사람들은 나가지 않았다. 오히려 시위를 벌이며 꿋꿋이 집을 지켰다. 아저씨들은 사람들을 거머리라고 불렀다. 저렇게 시위를 해서 보상금을 조금이라도 더 타내려는 나쁜 놈들이라고. 지우는 어쨌거나 거머리, 그 말 또한 적응할 수 없었다.

지우가 이 일을 하게 된 건 충동적이었다. 어떻게 보면 행운이라고도 할 수 있었다. 아침 여덟 시부터 밤 여덟 시까지, 꼬박 열두 시간 동안 아르바이트를 하는 편의점. 그 점장이 이혼 준비를 한다며 며칠간 편의점 문을 닫지 않았다면 지우는 전단지를 볼 수 없었을 것이었다. 지우는 편의점 대신 임시방편으로 구한 일일 전단지 배부 아르바이트를 하던 중이었다. 사람들이 도통 전단지를 받을 생각을 않자 사람들 눈치를 봐가며 길거리에 전단지를 한 장씩 뿌리면서 걸었다. 그때 지우는 허름한 뒷골목 벽돌을 따라 빼곡히 붙여진 전단지를 발견했다. 전단지에는 검은색 굵은 궁서체로 '인력 모집'이라고 쓰여 있었다. 밑에는 그보다 작은 글씨로 추가적인 정보가 적혀 있었다. 그중 지우의 눈에 들어온 건 '선급 지금 가능'과 '성인 모집'이었다.

지우는 밀린 월세와 이제 곧 반지하 방 계약이 끝나간다는 것을 떠올렸다. 동생이 초등학교에 올라가면서부터 준비물 값도 만만치 않게 들어갔다. 선급을 얼마나 줄지는 몰라도 도움이 안 될 리는 없었다. 지우는 곧바로 전단지에 적힌 번호로 전화를 걸었다. 겉면 얇은 필름을 떼어내고 칼로 주민등록번호 앞자리를 살살 긁어 위조한 주민등록증을 챙겨갔다. 사무실 커다란 책상 앞에 앉아있던 남자는 의심스러운 눈빛을 보내긴 했지만, 별말 없이 지우의 이력서를 받아갔다.

"저기 아랫동네 사네"

지우는 말없이 고개를 끄덕였다. 남자는 별다른 질문 없이 지우의 이력서를 서랍에 던져 넣으며 내일부터 나오라고 말했다. 그게 끝이었다. 지우는 그 날부터 이 주 째 밤마다 달동네를 오르고 있었다. 지우는 오후반과 야간반 중 야간반에 배정되었다. 오후반 사람들이 해질녘쯤 집으로 찾아가 얼굴을 마주하며 협박과 회유를 하면, 야간반 사람들은 밤에 스프레이로 욕설을 뿌리고 집 안으로 쓰레기를 투척했다. 지우는 상철이라는 40대 초반 중년과 같은 조로 배정되었다. 상철은 말수도 없고 쓸데없는 것을 궁금해하지도 않는 성격이었다. 대학생에게 물어볼 법한 질문을 모두 생각해 답을 달달 외우던 지우로서는 그나마 다행인 일 중 하나였다.

지우의 이력서를 받았던 남자는 이 일의 총 책임자로 보였다. 가끔 컨테이너로 찾아오는 사람들은 남자를 과장님이라고 불렀다. 과장은 한 달이라는 시간 안에 남은 집들을 전부 몰아내면 보너스를 붙여준다고 말했다. 사람들은 오후반이건, 야간반 이건 상관없이 열과 성을 다해 일했다. 그건 지우네 조도 마찬가지였다.

마지막 조가 돌아오고 나자 과장은 사람들을 불러 모았다. 인원 확인이 끝나면 곧바로 집에 보냈던 평소와 달랐다. 짐짓 심각한 얼굴을 지어 보이던 과장은 갑자기 외투를 걸치더니 통통한 검은색 가죽 지갑을 치켜들었다.

"자, 오늘 드디어 한 집 나갔다고 합니다. 다들 수고 많으셨습니다. 다들 밥이나 먹으러 가시죠."

서로의 얼굴을 바라보던 사람들이 일순간 환호성을 질렀다. 이제 남은 집은 고작 두 집이었다. 일곱 집이 두 집으로 줄어들 때까지, 지우는 그동안 달렸던 계단을 떠올렸다. 상철이 지우의 등을 턱턱 두드렸다. 지우도 어색하게나마 웃으며 박수를 쳤다. 이제 두 집만 내보내면 된다, 두 집만.

지우는 속으로 되뇌었다.

불판 위에 올려진 곱창이 자글자글하게 익어갔다. 불판이 달궈질수록 곱창은 꿈틀거리며 속을 비틀었다. 기름이 갈색으로 말라붙기 시작할 때쯤 아르바이트생이 다가와 가위로 곱창을 턱턱 잘라냈다. 상철은 그중 한 점을 지우의 밥그릇 위에 올려놨다. 새하얀 쌀밥이 연갈색으로 물들었다. 사방에서 소주병 따는 소리가 들려오고, 곱창 연기에 알코올 냄새가 섞여 좁은 가게 안을 부유했다.

"니는 근데 대학생이라면서 왜 여기서 이러그 나 자빠졌냐."

지우는 소주 뚜껑을 따 상철의 잔을 채우며 말했다.

"그냥, 돈 많이 주잖아요."

상철은 곱창을 질겅질겅 씹으며 그렇지, 돈이 최고지, 중얼거렸다. 지우는 곱창 기름기가 묻은 쌀밥을 욱여넣었다. 질긴 밥물이 흐릿하게 붙은 젓가락을 바라보다가 질긴 달빛이 흐릿하게 들어올 반지하 방을 떠올렸다. 방 한가운데서 웅크린 채 자고 있을 동생을 떠올렸다. 상철이 자신의 잔을 다시 채우면서 지우의 잔도 채웠다. 지우는 곱창과 함께 소주를 입안으로 털어 넣었다. 혀끝을 타고 올라오는 얼얼함이 썩 좋지 않았다.

"어제, 어? 어제 또 마누라한테 전화 왔더라, 무슨 생활비가 그렇게 지랄 맞게도, 아무리 미국이래도 그렇지, 내가 존짜."

곱창 겉면이 바삭하게 익어갔다. 지우는 부지런히 탄 곱창을 불판 바깥쪽으로 밀었다. 옷에 고기 냄새가 제대로 밸 것 같았다. 이슬비가 다 그치지 않았는지, '우리 곱창'이 쓰인 창문을 타고 빗물이 미끄러졌다.

지우는 사람들이 곱창집을 떠나는 걸 일일이 허리를 숙여 배웅한 뒤 맨 마지막으로 식당을 나왔다. 우산을 챙겨오지 않아 걸을 때마다 빗방울이 바람을 타고 몸에 부딪히는 걸 고스란히 받아내야 했다. 빌라촌 골목 입구에는 기둥이 살짝 휜 가로등 한 대가 서 있었다. 지우는 전단지나 흥신소 명함 따위가 덕지덕지 붙은 가로등 기둥을 붙잡고 자꾸만 올라오는 토기를 가라앉히려 애썼다. 빌라촌 안쪽에서 자꾸만 바람이 불어왔다. 몸에서 씻겨 나온 냄새가 코끝을 맴돌다가 어디론가 사라졌다. 바람의 꼬리를 따라 시선을 올리자 산에 오밀조밀하게 세워진 달동네가 보였다. 산을 빼곡히 덮은, 거북이 등껍질을 닮은 집들. 가로등 하나 켜지지 않아 언뜻 보면 산에 굳은살이 배긴 것이 마냥, 산의 일부처럼 보이는 동네. 지우는 입고 있던 점퍼의 어깨를 탈탈 털며 빌라촌 안으로 들어갔다. 비 비린내가 한껏 묻어나오는 바람은 오히려 속을 더 어지럽게 했다.

발끝에 창문이 채이는 반지하 앞에서 지우는 바지 주머니를 뒤적거려 열쇠를 꺼냈다. 오른손으로 열쇠를 만지작거리며 계단을 내려갔다. 조심스럽게 문을 열고 들어가자 거실에서 이불도 덮지 않은 채 배를 까고 자는 동생이 보였다. 언제 끓여 먹은 건지 면발이 퉁퉁 불어터진 라면 냄비가 동생 옆에서 차게 식어가고 있었다. 지우는 냄비를 싱크대에 올리고 이불을 꺼내 동생 위로 덮었다.

"형 오늘 주인집 아줌마 다녀갔어."

지우는 웅얼거리는 동생 입을 바라봤다.

"형이 혼자 있을 때는 문 열어주지 말랬잖아."

"미안…."

동생이 이불을 목 끝까지 올리며 돌아누웠다. 지우는 고무줄이 늘어난 동생의 내복 바지를 물끄러미 바라보다가 화장실로 들어갔다. 보일러를 틀까 생각도 해봤지만, 주인집 아줌마에게 따질 거리를 하나 더 만들어 주고 싶지는 않았다. 낡은 보일러는 켤 때 나 끌 때나 시끄럽게 웅웅거리며 동네를 울렸다. 타일 바닥으로 찬물이 쏟아졌다. 지우는 발가락을 적시는 물줄기를 바라보다가 몇 번 심호흡을 한 뒤에 샤워기 아래로 들어갔다. 지우의 몸이 부르르 떨렸다.

곳곳에 깨진 화분과 빈 스프레이 통 따위가 굴러다녔다. 쓰레기들 사이를 뛰어다니며 먹을 것을 찾던 개들은 낯선 사람들의 무리를 보자마자 산 쪽으로 뛰어갔다. 밤에는 그렇게 음산해 보이던 동네가 낮에는 유난히도 허술해 보였다. 그리고 생각보다 다채로웠다. 무채색의 동네 위로 누군가 서툴게 색을 덧칠했다. 매번 달동네를 뛰어 내려가며 제대로 보지 못했던 담벼락에는 선명한 페인트 그림이 그려져 있었다. 야간반에 일했던 사람들은 벽화를 둘러 보느라 정신이 없었다. 지우도 마찬가지였다. 탁한 욕을 덮은 건 다름 아닌 누군가가 그린 해바라기 한 송이였다.

"웃기고 있네. 어차피 다 엎어버릴 거, 그림은 왜 그려?"

과장은 어제 짐짓 심각한 얼굴을 해 보이며 이제 한 집밖에 안 남았는데 힘 좀 더 써주셔야겠습니다, 고 말했다. 닷새 전 할머니와 같이 사는 절름발이가 집을 비운 뒤 지금까지 아무런 성과도 없었다. 남은 한 집의 태도는 지우가 봐도 쉽게 물러설 것 같지 않았다. 보너스가 걸린 한 달까지 겨우 일주일밖에 남지 않았다. 그때 누군가 손을 들고 오후반에도 들어가겠다고 지원했다. 한 명을 시작으로 많은 사람이 우르르 손을 들었다. 지우는 슬쩍 상철의 눈치를 봤다. 상철도 지우를 바라보고 있었다. 지우는 결국 슬그머니 손을 들어 저도 지원하겠습니다, 내뱉었다.

"거 주인 양반 계십니까."

거의 산꼭대기까지 올라간 후에야 사람들은 멈췄다. 원래 오후반이었다던 아저씨가 대문을 두드렸다. 개 한 마리가 요란하게 짖어댔다. 지우는 담장 너머로 개의 송곳니를 멍하니 바라봤다. 목줄이 땅에 박혀있었지만, 금방이라도 빠질 것만 같았다. 바싹 마른 개의 갈비뼈가 개가 짖을 때마다 도드라졌다. 지우는 모자를 깊이 눌러쓰며 각목을 고쳐 잡았다. 자꾸만 등을 타고 식은땀이 흘렀다. 구름 한 점 끼지 않은 날, 투과되지 않은 햇빛은 허물어져 가는 동네와 함께 초조함도 같이 드러나게 했다. 아무런 대답도 들리지 않았다. 아저씨가 고갯짓을 하며 대문을 박차려고 할 때였다.

"아버지 안 계시는데요."

대문 옆 담장 앞에서 한 아이가 불쑥 일어났다. 흙이 끌리는 소리가 나고 아이가 돌담 뒤로 물러나고 나서야 지우는 아이를 제대로 볼 수 있었다. 분홍색 꽃무늬 원피스에 물감을 덕지덕지 묻힌 아이는 한 손에 붓을 들고 있었다.

"어디 가셨는데"

"몰라요."

"잠깐 문 좀 열어볼래"

"아버지가 낯선 사람한테는 문 열어주지 말랬어요."

지우는 각목을 쥔 손에서 힘을 풀었다. 그건 다른 사람들도 마찬가지였다. 지우는 시선을 담장 너머로 돌려 아이를 바라봤다. 초등학교 1, 2학년쯤 되었을까 싶은 꼬마였다. 모자 안으로 자꾸만 열기가 찼다. 이마에서 모자로 스며드는 땀을 닦으려 모자를 들어 올리는 순간, 지우와 아이의 눈이 맞았다.

"우리 네 아버지 친구야. 아버지가 집에서 기다리라고 했어."

아저씨가 오른손에 쥐고 있던 각목을 왼손으로 옮겨 쥐며 아이에게 손을 흔들어 보였다. 잠시 머뭇거리던 아이는 붓을 내려놓고 커다란 슬리

퍼를 직직 끌며 대문 쪽으로 걸어왔다. 아이가 연신 짖어대는 개의 등허리를 몇 번 쓸자 개는 금세 이를 숨겼다. 대문이 철컥거리며 열리려고 할 때였다.

"서연아!"

남자 한 명이 가파른 계단을 뛰어왔다. 붉은 조끼를 입은 남자의 왼손에서 커다란 하드보드지가 바닥으로 떨어졌다. 오른손에선 페인트 통이 떨어졌다. 집 앞에 서 있는 사람들을 밀어내며 대문을 연 남자는 대문 바로 앞에 서 있던 아이를 안았다. 적개심을 숨기지 않고 대문 밖을 바라봤다. 개가 다시 짖기 시작했다. 지우는 남자가 숨도 쉬지 않고 달려온 돌계단을 바라봤다. 남자가 떨어트린 페인트가 계단을 타고 밑으로, 밑으로 흘러내리고 있었다. 굵은 궁서체로 '재개발 결사반대' 라고 쓰인 하드보드지가 페인트에 물들어갔다. 지우는 여기저기 움푹 파여 페인트가 고인 글자를 잠시 바라봤다.

"아저씨, 어디 갔다 이제 와요? 딸이 참 예쁘네."

남자가 아이를 품 안으로 더 숨겼다. 아이는 답답한지 꿈틀거리며 남자의 어깨 위로 얼굴을 빼냈다. 아저씨가 아이를 향해 허리를 숙이며 말했다.

"커서 아저씨한테 시집와라."

웃음소리가 터져 나왔다. 지우는 웃지 못했다. 주위 몇몇 사람들이 이상하게 바라보는 것을 느끼고 나서야 어색하게 한쪽 입꼬리를 올릴 뿐이었다.

남자는 아이를 안은 팔에서 힘을 풀지 않은 채 재개발 동의서를 받았다. 인주를 지나치게 힘을 주어 누르는 바람에 남자의 엄지손가락만 한 크기로 인주에 자국이 남았다. 번들거리는 남자의 엄지손가락이 종이에 붉은 자국으로 새겨지는 순간, 지우는 아이를 안은 남자의 팔이 떨리는 것을 봤다. 남자의 숱 많은 눈썹이 한껏 찡그려지며 주름진 입가가 경련했다. 품에 안긴 아이가 남자의 얼굴을 손가락으로 만지며 아버지 울어, 물었지만 남자는 대답하지 않았다. 남자는 아이의 머리를 쓰다듬고 인주 기름이 번진 동의서를 자신의 집을 둘러싼 사람들에게 건넸다.

드디어 마지막 집이 나갔다. 보너스를 탈 수 있었다. 마지막까지 버티던 거머리 같던 집과 밀린 월세를 낼 보너스. 지우는 그게 끝이라고 생각했다. 그게 끝이어야만 했다. 그런데 자꾸만 발이 떨어지지 않았다. 맨 마지막으로 집을 나가려는 지우의 발치에 붓이 채였다. 아이가 들고 있던 붓이었다. 지우는 아이가 앉아있던 돌담을 바라봤다. '나가' 라고 쓰여진 붉은 스프레이 위로 아직 다 마르지 않아 반짝거리는 새로운 획이 그어져 있었다. '날자'. 아이가 쓰고 있던 글씨는 '날자'였다. 지우는 고개를 돌려 다른 돌담을 바라봤다. 흩뿌려진 스프레이 위로 저마다 꽃이며, 새며, 나비며, 글자가 피어 있었다. 마루 위로 눈에 힘을 풀지 않은 남자와 덩달아 긴장하고 있는 아이가 보였다. 지우는 서둘러 집을 빠져나갔다.

지우는 마지막 집이 나간 이후로 며칠째 사무실에 나가지 않고 있었다. 과장은 이번 달 마지막 날에 임금을 줄 테니 그때 나오라고 말했다. 지우는 더 이상 새벽에 집에 들어가지 않았다. 편의점 아르바이트만 끝나면 집에 들어갈 수 있었다. 계단을 오르느라 뭉친 근육이 풀리면서 오히려 알싸한 고통을 만들어냈다. 가로등이 켜지지 않은 빌라촌 안이 익숙하면서도 낯설었다. 지우가 부러 발걸음을 가볍게 하며 반지하로 내려가려고 할 때였다. 계단 밑에서 누군가 서성이고 있는 것이 보였다. 옅은 갈색 머리가 어깨까지 내려오는, 키가 작고 조금 통통한 허리를 한 여자. 여자는 반지하 철문을 두드리고 있었다. 지우는 순간 뒤돌아 가려던 것을 멈추고 여자에게 다가갔다. 집 안에는 동생이 있었다.

"반지하 학생. 잠깐 나랑 얘기 좀 해요."

지우는 입안에 고인 침을 꿀꺽 삼켰다. 목울대가 울렁이며 내는 소리가 이명처럼 맴돌았다. 손의 온기가 스며든 열쇠는 더 이상 시원하지 않았다. 손의 땀이 배어 나와 미끈거리는 열쇠를 고쳐 쥐며 지우가 계단 아래로 내려갔다. 월세가 많이 밀렸다는 건 지우도 알고 있었다.

"학생. 내가 많이 봐주고 있는 건 알잖아. 이렇게 자꾸 월세 밀리면 나도 곤란해."

"이번에 아르바이트한 거 돈 나오니까 조금간 기다려주시면,"

"지금 남은 보증금도 얼마 없어. 밀린 거는 눈 감아 줄 테니까 보증금 조금이라도 남아있을 때 방 빼 학생."

집주인이 이름조차 모를 식물이 바싹 말라 죽어있는 화분으로 시선을 돌리며 말했다.

"요 옆에 재개발하면 집값도 뛸 텐데 학생 사정도 알지만, 우리도…. 응? 무슨 말인지 알 거라고 믿어."

가만히 집주인을 바라보던 지우는 열쇠를 쥔 손을 슬그머니 빼내며 현관문에 꽂았다. 자꾸만 열쇠가 손에서 미끄러졌다. 현관문 틈 사이로 낡은 선풍기가 고개를 위아래로 털털 흔들며 돌아가는 것이 보였다. 지우는 문틈 사이를 훔쳐보는 주인집 아줌마의 시선을 느꼈다. 최대한 문틈을 막아선 채 마저 문을 열었다. 연결 쇠가 늑슨 문은 생각보다 쉽고, 그만큼 요란하게 열렸다.

집 안은 낡은 선풍기가 돌아가는 소리로 가득 차 있었다. 바닥에 엎드리고 누워 만화책을 보던 동생과 지우의 눈이 마주쳤다.

"형 우리 쫓겨나"

만화책에서 눈을 떼지 않은 채 동생이 물었다. 공중에서 달랑달랑 다리가 흔들리고 있었다. 지우는 동생의 매끈한 주황색 발꿈치를 물끄러미 바라봤다. 쇠창살이 처진 하나밖에 없는 창문도 바라봤다. 장마가 올 때면 물이 새고 장마가 아닐 때면 햇빛에 허덕여야 하는 그런 집이었다.

"우리가 왜 쫓겨나."

지우는 잠깐의 정적을 놓다가 말을 이었다.

"이사 갈래?"

"싫어."

만화책은 뒷장으로 넘어가지 못하고 있었다.

"여기서, 엄마랑 있었잖아."

선풍기의 소음이 불편하게 느껴졌다. 눅눅한 공기를 가로지르던 동생의 다리는 어느덧 멈춰있었다. 지우는 02번으로 시작하는 낯선 전화를 받았던 날을 떠올렸다. 겨울이었다. 새벽이었다. 허투루 쉰 숨이 입김이 되고, 입김이 서리가 되어 세상을 하얗게 물들이던 날이었다. 그런 날에 지우의 어머니는 수술조차 받지 못하고 병원에서 죽었다. 뺑소니라고 했다. 범인은 잡지 못했다. 지우에게 남은 건 어렴풋하게 죽음의 의미를 알고는 있지만, 어머니가 보고 싶어 칭얼거리는 동생과 얼마 안 되는 보험금이었다. 지우는 그 보험금으로 장례를 치르고 반지하 방 계약을 연장했다. 그다음 날에는 학교에 자퇴서를 냈다. 한 달이라는 자퇴 정정 기간 동안 지우는 아르바이트를 구했다. 이 모든 일이 끝나고 난 뒤는, 울기엔 너무 늦어버린 후였다.

지우는 현관에서 아직 열기가 빠져나가지 못한 신발을 구겨 신었다. 만화책이 다시 한 장씩 넘어가는 소리가 들렸다.

"라면 먹지 말고 밥통에 아침에 먹다 남은 거 있으니까 그거 먹어."

대답은 없었다. 대답을 듣기 전 지우가 집을 나와서였다.

자꾸만 땀이 배어 나오는 손바닥을 바짓단에 쓱쓱 문지르며 지우가 사무실 문을 열었다. 한산한 사무실은 에어컨의 냉기로 차게 식어있었다. 지우는 천천히 사무실을 가로질러 커다란 책상 앞으로 다가갔다. 과장은 등이 눕혀지는 소파식 의자를 뒤로 돌린 채 최신 기종 휴대폰으로 전화를 받고 있었다. 지우는 머뭇거리다 그냥 통화가 끝날 때까지 잠자코 서 있는 것을 택했다. 책상 귀퉁이에 쌓인 흰 봉투들이 보였다. 잘 보이지는 않았지만, 봉투 위에 검은색 글씨로 쓰여 있는 서 글자는 분명 사람들의 이름일 것이었다. 돈을 받기로 한 건 이번 주 주말이었지만 어떻게든 미리 받아 볼 생각이었다. 아슬아슬하긴 했지만 한 달 안에 동네를 비웠으니 보너스를 받게 될 터였다. 곧 과장이 휴대전화를 책상으로 가볍게 던지며 의자를 빙 돌렸다.

"저, 과장님. 임금 말인데요."

"어? 어어, 그래, 미리 줄까"

지우는 가만히 고개를 끄덕였다. 과장은 흰 봉투 더미를 뒤적거리다가 하나를 꺼냈다. 지우는 그 봉

투를 한눈에 알아볼 수 있었다. 봉투 겉면이 쓰인 이름 때문이 아니었다. 다른 봉투와 확연히 차이 나는 두께 때문이었다.

"과장님 이거 약속한 돈이 아닌 것 같은데요."

"진짜? 내가 착각을 했나 보네. 다시 줘봐."

지우가 조심스럽게 봉투를 내밀자 과장은 지우의 손에서 봉투를 낚아채 갔다. 시퍼런 만 원짜리 지폐를 세던 과장은 돈을 도로 봉투에 넣으며 지우에게 건넸다.

"맞는데"

"네"

"너 미성년자잖아. 내가 모를 줄 알았어? 반이면 됐지 뭘 더 바래"

자리에서 일어난 과장이 옷걸이에 걸린 재킷을 걸쳤다. 과장이 건넨 봉투를 제대로 쥐지도 못한 채 끄트머리만 간신히 붙잡은 지우는 그 모습을 가만히 지켜봤다. 번쩍거리는 커다란 황금색 시계까지 찬 과장은 손님 오니까 빨리 나가보라며 손짓했다. 커피포트에 수돗물을 가득 넣은 과장이 물을 끓이기 시작했다. 지우는 수증기가 피어오르는 모습을 바라봤다. 흐릿한 백열전구가 이리저리 흔들리고 있었다. 지우는 천천히 사무실 손잡이를 잡았다. 문을 벌컥 열었다. 더운 공기가 순식간에 폐를 채웠다. 흰 봉투를 쥔 손에 힘이 들어갔다. 한 발자국 사무실 밖으로 뺀던 지우는 순식간에 몸을 돌려 책상에 쌓인 봉투 두어 개를 쥐었다. 물이 다 끓었다는 삐 소리가 사무실을 울렸다. 지우는 열어놓은 문틈 사이를 비집고 나왔다.

"야, 야!"

가구들이 엉켜 쓰러지는 소리가 났다. 지우는 뒤도 돌아보지 않으며 달려나갔다. 뒤에서 좇아오는 발소리는 곧 사그라들었지만 지우는 멈추지 않았다. 숨도 쉬지 않고 달렸다. 불이 켜지려고 하는 가로등을 지나 빌라촌 안으로 들어갔다. 지하실 계단을 두 칸씩, 세 칸씩 뛰어 내려갔다. 열쇠를 현관문에 꽂았다. 열쇠가 바닥으로 떨어졌다. 열쇠를 줍는 지우의 손이 덜덜 떨렸다. 오늘따라 유난히 삐걱거리는 문틈 사이를 비집고 들어가 문을 잠근 후에야 숨을 몰아쉬었다. 주민등록증을 받아들던 과장의 눈에 묘한 웃음기가 서려 있었던 것을 놓치면 안 됐었다.

"지호야, 짐 싸 빨리."

선풍기를 틀어놓고 자는 동생을 거칠게 깨운 지우는 하나밖에 없는 트렁크 가방에 필요한 것들을 챙기기 시작했다. 수건, 옷, 치약, 칫솔, 즉석식품 그리고 한 장밖에 없는 엄마와 찍은 사진. 짐은 생각보다 적었다. 트렁크의 반도 채우지 못했다. 한쪽 바퀴가 덜렁거리는 낡은 트렁크였다. 필요 없는 짐까지 챙기기엔 트렁크가 단단하지 않았다. 지우는 눈도 다 떠지지 않은 동생을 억지로 흔들어 일으키고 반지하를 빠져나왔다.

"형 우리 어디가"

"우리 더 좋은 데로 이사 가자."

"싫어, 나 여기서 살래."

나 여기서 살 거야, 엄마가 하늘에서 우리 못 찾으며 어떡해. 동생이 울기 시작했다. 지우는 동생의

손을 힘주어 잡은 채 반지하 계단을 올랐다. 바싹 마른 돌계단을 오를 때마다 트렁크가 덜그럭거렸다.

동생이 지금보다 훨씬 어렸을 때 여행을 간 적이 있었다. 그때도 이 트렁크 하나에 온 짐을 다 쑤셔 넣고 여행을 떠났다. 여행이라 하기엔 초라한 외출이었다. 버스 하나를 잡아타고 종점까지 가서 붉은 간판이 빛나는 24시 사우나로 들어갔다. 그게 끝이었다. 코 고는 아저씨 옆에 놓인 매트 위에서 달걀을 까먹다가 잠에 빠져들었다. 브라운관 텔레비전에서는 여행 프로그램이 나오고 있었다. 지우랑 지호 크면 저기로 놀러 갈까, 지우의 엄마는 나지막하게 중얼거렸다. 지금은 어딘지 기억도 나지 않은 낯선 타지의 낯선 바다. 물론 그곳은 가지 못했다.

결국, 도착한 곳은 달동네 입구였다. 컨테이너 사무실을 피해 옆 동네로 돌아오는 바람에 해가 다 저물고 나서야 도착할 수 있었다. 동생은 자꾸만 계단을 오르다가 숨을 골랐다. 지우는 움직여지지 않는 다리를 애써 다음 칸 계단에 올렸다. 캐리어를 쥔 왼손보다 동생의 손을 잡은 오른손이 더 무거웠다. 어디로 가야 할지 알 수 없었다. 반쯤 빈 캐리어에서 이리저리 굴러다닐 봉투 세 개가 머릿속을 떠다녔다. 충동적인 행동이었다. 전단지를 보고 전화를 걸었을 때처럼 돌이킬 수 없는 일이었다. 차라리 면접을 본 그 날 주운 주민등록증을 가져갈걸. 지우의 주민등록증에는 살고 있는 반지하의 주소가 찍혀있었다. 지우가 이대로 가다 보면 산과 연결된 길이 나오지 않을까, 그 산을 타고 내려갈 수 있지 않을까 생각할 때쯤이었다.

"이 새끼 어딨어? 산 밑에도 감시하고 있는 거 맞지"

고요 속에 웅크리고 있던 동네를 깨우는 환한 플래시 불빛과 함께 익숙한 목소리가 닿았다. 훌쩍거리는 동생의 입을 막고 발소리가 나지 않게 조심하며 계단을 마저 올랐다. 산 밑에도 사람들이 있다고 했다. 산을 타서 동네를 내려간다 해도 빠져나갈 길이 없었다. 사람들이 점점 위로 올라오고 있는 게 느껴졌다. 그나마 돌담이 성한 집을 찾아 들어갔다. 집 안에 인기척은 없어 보였다. 지우는 파란색 대문을 여는 순간 집이 왜 어딘가 익숙한지 알아차렸다. 일주일 전에 갔던 집이었다. 그리고 그 집은 개를 키웠다.

마루 밑에서 웅크리고 있던 누런 개가 지우를 보자마자 낮게 으르렁댔다. 목줄조차 없었다. 개가 짖는 순간 모든 게 끝이었다. 집을 나가야 했다. 지우가 동생의 손을 문 쪽으로 당기며 뒷걸음질 칠 때였다. 지우의 손에서 빠져나간 동생이 개 앞으로 다가갔다. 지우가 동생을 끌어당기기도 전에 동생은 개에게 손을 뻗었다. 그날 낮에 본 아이가 했던 것처럼 조심스럽게 개의 등허리를 쓸었다. 금방이라도 물 듯이 몸을 웅크리고 꼬리를 세우던 개는 조심스럽게 바닥에 엎드렸다. 마루 위에는 개 사료를 모두 털어 넣은 듯 갈색 알갱이가 수북이 쌓인 그릇이 있었다.

"이 새끼가 어디로 튄 거야. 여기로 온 거 맞긴 맞아? 씨이발, 이 새끼가 내 돈을 가져갔다고."

상철의 목소리였다. 무작위로 집어 든 봉투가 상철의 것인 줄은 지우도 몰랐다. 지우는 개 앞에 쪼그리고 앉아있는 동생을 일으켜 세웠다. 숨을 곳을 찾아야 했다. 집 안 문을 열려고 하자 반지하 방을 열 때와 똑같이 끼익하는 소리가 났다. 이 소리라면 금세 이 동네를 가득 채우고도 남을 것이다. 그때 문밖에서 투박한 발소리가 들렸다. 당황한 지우의 눈에 '날자'가 쓰인 담벼락이 들어왔다. 지우는 붓을 든 아이가 앉아있었던 곳, 담장 밖에서는 아무도 눈치채지 못했던 곳으로 가 몸을 웅크리고 앉았다. 이빨을 드러낸 개는 대문 바깥까지 뛰쳐나가 짖기 시작했다.

"어이, 거기서 뭐 해? 이놈의 개새끼가!"

"아니, 여기 있을까 해서."

"왔으면 진작에 개가 짖어댔겠지."

상철의 눈이 마당 한가운데에 있는 개에 닿았다. 늘어진 입술 새로 침을 흘리며 털을 곤두세우던 개는 곧 집이 떠나가라 짖기 시작했다. 얼마 후 발소리가 멀어지는 게 들렸지만 지우는 쉽게 자리에서 일어날 수 없었다.

옆에서 동생의 고른 숨소리가 들렸다. 지우는 천천히 담벼락에 등을 대고 집 뒤편으로 기어갔다. 손바닥에 날카로운 모래 조각이 밟혔다.

"형 우리 여기 왜 왔어."

다시 개가 짖기 시작했다. 지우는 아이를 안은 남자의 팔과 인주에 찍히던 지문 자국을 떠올렸다. 개는 버리고 간 것일까. 남자와 아이도 지금처럼 서린 여름밤 공기를 맞으며 계단을 내려갔을까.

"우리 여기서 살 거야."

"나 여기 싫어."

"여기 강아지도 있잖아. 우리가 살던 반지하보다 훨씬 넓어. 벽화도 예쁘잖아."

지우는 칭얼거리는 동생을 안았다. 여기는 하늘이랑 더 가까우니까 엄마가 더 잘 보일 거야. 지우는 그렇게 말하며 밤하늘 어느 한 부분을 가리켰다. 등 뒤에서 개 짖는 소리가 들렸다. 돌담 안을 휘젓는 플래시가 자꾸만 발끝에 닿으려고 했다.

"봐봐. 엄마 저기 있네."

지우는 하늘을 바라보는 동생의 눈동자를 바라봤다. 반짝거렸다. 엄마를 닮아 새까만 동생의 눈동자. 동생의 눈동자 너머로 돌담에 쓰인 붉은 욕설이 비쳤다. 여기서 살 수는 없었다. 벗어나야 했다. 내일이면, 적어도 내일모레면 사람들이 수색을 멈출지도 몰랐다. 반지하에 다시 돌아가지 못할 수도 있었다. 주인집 아줌마는 월세를 꼬박꼬박 낼 수 있는 다른 세입자를 들일 것이다. 아직 집 구석에 남아있을 엄마 냄새는 곧 묻히겠지. 재개발이 바로 이뤄지지는 않을 테니 새집을 구할 때까지는 어떻게든 버틸 수 있을 것 같았다. 어떻게든 버텨야 했다. 지우는 벽에 머리를 기댔다. 돌담 사이를 플래시가 뚫고 들어왔다. 아이의 물감은 어둠을 깨는 플래시에도 더 이상 빛나지 않았다. 여름과 어울리지 않는 차가운 바람이 불었다.

대과거

· 전명환 (중앙대 국어국문 2학년) ·

이젠 모서리가 없는 관계를 믿을 수 있다
창틀 너머의 사건들에 관해서는 몰라도
미끄러지는 발자국은 여태 모아두었다
발자국이 쌓여 벽지 위에 계속 자라고 불 꺼진
하루는 병든 생각처럼 씹혀서
바닥도 언젠가 꺼져버릴 거라고 믿고 있다
믿으면 이루어진다는 과학자의 잠언과
더 이상 고양이를 키울 수 없다는 당신의 말에는
공통점이 있다
문을 두드리면 죽은 소리가 난다
두드리고, 두드리다 보면 대답하지 않는 말이
얼마나 무서운지 배울 수 있다
배울 수 있는 하루는 얼마나 비참한지
아무 일도 없는 하루가 있다면
아무 일도 없는 하루의 어제와 또

하루의 어제에 대해 떠올리고 싶다

고양이와

죽은 고양이와 그 고양이가 우는 모습과

고양이 사진이 있고 사진이 없는,

지진처럼 지나가는 열차가 떠오르면

사람들 모습 사이 들어 있는 당신과

(당신 옆에서 깜빡이는 그림자)

방 안에서는 항상 가로등이 보이는데

바깥에서 안으로 들여다보지 못하는 어둠 속에서

나는 닿을 수 없는 시제(時制)를 획득한다

무딘 조명 아래 차분하게 쌓이는 시간과

희미해지는 경계 덕분에 정말로

모서리가 없는 관계를 믿게 되었다

몽상

· 황주연 (경산여고 2학년) ·

성년의 날 머리맡에 장미가 놓이기 전까지
몽상은 나를 살게 했어
여기는 침대가 아닌 선술집
가죽신발로 발을 구르고 선장과 건배를 하지
돛을 두른 여왕님을 따라 우리는 바다의 기사
용기 한 줌으로 황금을 산다네
좋은 술 한 통이면 모두와 친구가 되지
여관 주인은 말리지 않고 노래는 빨라지네
눈을 뜨면 보이는 천장과 야광별 스티커
헤진 스티커가 더 이상 발광하지 않을 때
여기는 길거리가 아닌 사막별이야
나는 월세 찾아 방랑하는 음유시인
운하에 들어오는 거대한 유람선은
바쁜 사람들을 싣고 도심으로 흐르네
액정을 보느라 굳은 사람들 얼굴은

밝은 크림색도 있고 구릿빛도 있어
동물원에 도착해서 먹이를 주려 했지
앵무새는 석류 대신 터키석을 물어가네
불씨 남은 담배가 침침하게 빛나는 거리
언제부터였을까
아라베스크 무늬처럼 복잡해진 몽상들

가람이병기청년시·
최명희청년소설문학상

•

2009~2017

오버 더 레인보우

· 송가을해 (경희대 국어국문 4) ·

아랫집 남자는 보름치 월세를 남기고 이곳을 떠났다. 남자는 오래된 주택들 사이로 기다란 해가 드는 방에 살았다. 그게 그가 사는 세상에서 뜨는 해의 모양이라고 말했던 것을 윤영은 기억했다. 그마저도 남자의 방 아래부터는 곰팡이가 가시지 않아 비어 있던지 오래였다. 얄팍한 바닥 아래에 아무도 없다는 생각이 들 때마다 윤영은 온몸에 소름이 돋았다. 몸 아래 어둠을 깔고 남자는 밤마다 무슨 생각을 했을까. 불현듯 무서워질 때마다 윤영은 남자와의 통화를 떠올렸다.

"실종사고요?"

한참 만에 그녀가 되묻자 남자는 혀가 고꾸라진 소리로 무어라 중얼거렸다. 수화기 너머 빠른 템포의 노랫소리가 섞여 들어왔다. 내가 필요하면 나를 불러줘 언제든지 달려갈게… 남자가 정신을 차리려는 듯 말에 힘을 주었다.

"그 동네에서 실종 사고가 일어났다는 인터넷 뉴스를 봤습니다. 철거 진행중인 빈 주택들 중 하나에서요. 아니, 사진만 봐서는 막 지어지기 시작한 건물인지도 모르겠어요. 아무튼 조심하라구요, 이젠 나도 없으니까……."

그는 제 할 말만 하고는 노랫소리를 따라 발걸음을 옮겼다.

"석원 씨?"

윤영이 되물었지만 답은 없었다. 쿵 쿵 쿵 쿵 내리찍는듯한 리듬이 점차 선명해졌다. 전화를 끊고 나서 윤영은 인터넷으로 동네에서 일어난 사고에 대한 기사를 찾아 읽었다. 그가 말한 실종사고는 사람이 아니라 개들에 관한 것이었다. 정확히 말하면 실종이 아니었다. 사람들이 동네를 떠나면서 버리고 간, 한 때는 애완견이었던 개들이 동네를 떠돌다 빈 건물에 자리를 잡고 새끼를 낳았다는 거였다. 버려진 집에 제 몸을 숨기는 고양이들과 달리 개들은 한낮에도 당당하게 쏘다니다 하나둘씩 모습을 감췄다. 실종이라니, 어째서? 그녀는 이해할 수 없었다.

석원이 입사 소식을 알려왔을 무렵, 길 건너편의 철골구조물에는 파란 천이 씌워졌다. 그는 소매가 닳은 양복을 입은 채 윤영의 집에 나타났다. 곧 회사 근처로 이사를 갈 거라고 했다. 어색하게 선 그를 마땅히 앉힐 곳이 없어 윤영은 한참을 주춤댔다. 남자는 결국 바닥에 덩그러니 놓인 매트리스 위에 앉았다. 열린 창틈으로 굉음이 쏟아져 들어왔다.

미닫이창의 곳곳이 녹스는 바람에 다시 닫으려 했지만 헛수고였다. 석원이 놔두라는 듯 손짓했다. 그가 무어라 말했지만 윤영은 한 마디도 알아들을 수 없었다. 그가 자신을 걱정하고 있다고 표정으로 짐작했다. 대충 눈짓으로 인사를 주고받은 뒤 석원은 서둘러 방을 빠져나갔다.

이제부터는 다른 건물의 그림자 속에서 살게 될지도 모릅니다.

그는 아마 이렇게 말하려던 게 아니었을까.

불과 몇 달 전이었다. 단독주택 철거가 완료된 후 철근덩어리들이 무서운 기세로 쌓이기 시작했다. 누구도 그녀에게 단독주택들을 허물고 새로운 건물이 지어질 거라는 말을 해주지 않았다. 창문을 닫아도 소음은 밀려들어와 방을 흔들었다. 그 즈음 부동산 유리창에 붙은 전단지를 보고서야 윤영은 그게 다세대 신축빌라임을 알았다. 빌라촌에서 유일하게 엘리베이터가 달린 건물이었다. 냉장고와 세탁기는 물론이고 최신형 에어컨까지 달린 풀옵션이라고 했다. 부동산 앞에서 석원이 윤영의 등을 떠밀었다.

"여기네요."

신축빌라의 평면도를 들여다보던 그가 뜬금없이 한 곳을 집었다. 514호였다.

"우리 빌라에서 마주보는 집 말예요. 제가 여기에 살면 윤영 씨는 매일 창밖으로 제가 뭘 하는지 알 수 있을 테죠."

석원이 말했다.

완공된 건물을 마주한 건 그녀뿐이었다.

공사는 신축빌라를 둘러싼 골목길까지 이어졌다. 빌라 주변부에는 자줏빛 보도블록이 줄을 맞춰 깔렸다. 윤영은 아래부터 찬찬히 창문의 개수를 세어보았다. 총 팔 층이었다. 복도가 긴 건물의 세로면이 골목길 하나를 사이에 두고 그녀의 방 창문과 맞닿아 있었다. 창 너머로 내부 공사 중인 맨 끝 세대들의 거실이 훤히 넘어다 보였다. 그 중 그녀가 사는 연립주택 사 층과 눈높이가 정확히 맞는 건 단연 514호였다.

석원은 숫기 없는 윤영이 빌라촌에서 말을 주고받았던 유일한 사람이었다. 그는 어두침침한 걸 견디지 못했다. 낮에 공백이 생기면 주택의 옥상에 올라가 시간을 보냈다. 윤영이 이사 온 지 얼마 되지 않았을 때 문밖을 서성이던 그가 대뜸 말을 붙였다. 무지개 빌라를 둘러싼 빌라들의 이름을 아느냐고. 윤영은 생수 번들을 들고 계단을 오르던 중이었다. 그대로 그의 집 앞 계단에 주저앉았다. 손가락 끝마다 푸른빛이었다.

무지개 빌라… 언뜻 방을 볼 때 주인아저씨의 입에서 그 이름이 흘러나왔던 것 같은데. 석원은 난간 없는 계단에 앉아 생각에 잠긴 윤영을 바라보았다. 느릿느릿 흐르는 그녀의 생각을 그는 기다려주지 않았다.

"주소도 모르고 이사를 왔단 말입니까?"

석원이 장난스레 웃으며 윤영과 눈을 맞췄다. 그의 말에 따르면 무지개 빌라는 빌라촌에서 가장 오래된 건물이었다. 비탈 아래 지어진 네 채의 빌라는 모두 한 사람 건데 그 중 태양 빌라와 바다 빌라, 별 빌라를 잇는 건물이 바로 그들이 사는 무지개 빌라라는 거였다.

"태양과 바다, 별이라는 빌라 이름이 유치할진 몰라도 어딘가 의미심장한 구석이 있어요."

그가 흥분해서 떠들기 시작했다. 윤영은 피곤이 몰려오는 것을 느꼈다.

"그러네요."

그녀가 마른 목소리로 대답했다. 석원이 뜬금없이 물었다.

"그 중 우리는 제일 뜬금없는 무지개에 살고 있어요. 왜 무지개일까."

윤영의 손가락에 다시 핏기가 돌았다. 그녀는 숨을 고르고 계단에서 일어났다. 택배를 시킬 일도, 우편물이 날아올 일도 거의 없다는 걸 들킨 것 같았지만 아무래도 상관없었다. 그 때 윤영은 이곳을 금방 빠져나갈 수 있을 거라고 믿었다. 주소 같은 건 외울 틈도 없이. 돌아서는 그녀의 등 뒤에 대고 석원이 외쳤다.

"웃긴 건, 그 중 어디에서도 태양, 바다, 별을 제대로 볼 수가 없다는 겁니다. 여긴 해도 잘 들지 않으니까. 근데 옥상이 오르면요, 가끔씩 무지개는 보인다고요! 그러니까 가끔 그쪽 집을 서성여도 놀라지 말아요!"

석원은 원하던 광고회사의 면접에서 연거푸 떨어진 후 세일즈맨이 되었다. 그녀를 혼자 남겨두었다는 죄책감 때문이었을까, 잊을 만하면 한 번씩 윤영에게 전화를 걸어왔다. 윤영은 그와 나눈 수많은 대화를 기억했지만 앞으로 올 전화를 떠올릴 순 없었다. 그는 윤영이 반 박자 느린 세상에 사는 것 같다고 했다. 자기는 항상 세상보다 반걸음 앞서서 걷는다면서 윤영과 자기가 발을 맞춰 걸으면 남들과 비슷한 속도로 걸을 수 있을지 모른다고 했다. 그녀는 그의 말에 굳이 토를 달지 않았다. 수수께끼라고 하기에는 너무 뻔하디뻔한 말이었다.

실종된 개들이 어디로 가는 걸까. 윤영은 종종 그런 생각을 했다. 동네는 안전하지 않았다. 석원이 떠난 지 며칠 지나지 않아 그의 집 현관문 유리가 산산조각 났다. 관리인은 길길이 날뛰면서도 깨진 유리조각을 청테이프로 대충 붙여놓기만 했다. 어차피 재개발이 진행되면 허물어질 건물이라는 거였다. 조각난 파편 안으로 그가 쓰던 가재도구들이 들여다보였다. 남자의 발까지 덮기엔 짧았던 자줏빛 담요와 빨래를 걸어놓던 전구 나간 스탠드와 바닥에 깔린 쥐똥들을 윤영은 한 쪽 눈으로 넘어다보았다. 그가 이 집에 무언가를 두고 갔다는 사실을 떠올릴 때마다 그녀는 우습게도 몸이 반 박자 쯤 앞으로 당겨지는 듯한 기분이 들었다.

윤영이 새벽에 잠을 자다 말고 화장실에 가는 버릇이 생긴 건 그의 전화 때문인지도 몰랐다. 화장실에 가면서 현관문의 잠금장치를 한 번 더 확인해야 마음이 놓였다. 문고리가 빠진 화장실문은 완전히 닫히지도,

잠기지도 않았다. 동그란 구멍에 손가락을 끼워 넣고 잡아당기면 문은 닫히는 듯 하다가도 이내 끼릭 소리를 내며 벌어졌다. 문틈에 거실 창이 걸렸다. 건물을 재건축하면서 전기배관을 끊어 가로등조차 불을 밝히지 않는 거리가 그 너머에 있었다.

그녀가 변기에 막 엉덩이를 댔을 때, 어둠 속에서 짐승이 울부짖는 소리가 들려왔다. 크게 한 번, 작고 어설픈 하울링이 두 번이었다. 순간 창에서 빛이 쏟아졌다. 강도가 창을 넘어 집안으로 뛰어 들어오는 것처럼 빛은 순식간에 그녀를 덮쳤다. 타일 바닥에 검은 그림자가 늘어졌다. 허겁지겁 화장실 문을 닫았지만 문은 다시 밀려났다. 맞은편 창 너머 누군가 윤영을 바라보고 있었다.

그녀가 처음 이곳에 이사 왔을 때 창 너머로는 단독주택의 감나무 가지 끝이 보였고, 아랫집 남자가 떠날 땐 철골 구조물이 얼기설기 짜인 전망이 되었다. 맞은편 건물이 언제부터 입주를 시작한 건지 윤영은 알 수 없었다. 옷을 추스르고 나왔을 때 이미 창 너머의 불은 꺼진 후였다. 더 이상 개 짖는 소리도 들리지 않았다.

봤을까?

그날 밤 화장실에서 다리를 모으고 있었는지 윤영은 기억나지 않았다. 며칠 뒤 514호의 거실 창에는 붉은 암막 커튼이 달렸다. 벨벳 위에 금색 실로 큼지막한 꽃이 수놓인 커튼이 베란다 뒤에서 출렁거렸다. 윤영은 석원에게 전화를 걸었다. 입 밖으로 꺼내고 나면 모든 것이 단순해지기를 바랐다.

"커튼은 달아야 하는 건 분명 내 쪽이었는데."

윤영이 말했다.

"원래 그런 곳에선 보지 말아야 할 것까지 보게 되니까요."

그가 대꾸했다. 별 거 아니라는 투였다. 그는 벌써 무지개빌라를 아주 먼 곳으로 생각하는 듯했다. 정말 바다와 태양과 별의 사이쯤에 있는 어딘가로. 수화기 너머로 여자들이 일제히 웃음을 터뜨렸다. 곧 그 소리마저 기계에서 흘러나오는 노랫소리에 묻혔다. 윤영은 전화를 끊었다.

한 낮에 빌라촌에 남아있는 사람은 얼마 되지 않았다. 윤영은 빈 집의 창들을 보며 말라비틀어진 채 아무데나 매달린 벌집을 떠올렸다. 물기 없는 벽 속으로 시선을 뻗어도 끝에 닿지 않았다. 그 구멍 가장 깊은 곳에 그녀가 있었다. 작은 창 앞에 앉은뱅이책상을 놓고 책장을 넘기다 졸기를 반복했다. 가끔 눈을 감으면 몸은 책상 앞에 있다는 걸 아는데도 의식이 자꾸만 다른 곳으로 흘러들어갔다. 의식은 어제와 그제를 맴돌다가 매번 일 년 전 쯤으로 되돌아갔다. 집에서 나온 윤영을 가족들은 쉽게 포기하지 않았다. 엄마가 하소연을 하다 울음을 터뜨리면 곧장 아버지의 협박이 이어졌다. 그러던 중 엄마가 말했다. 아버지가 널 기다리다 못해 네 개를 산에 가져다 버렸다는 거였다. 그게 왜 내 개야? 윤영은 고래고래 소리 질렀다. 아버지가 마음대로 주워온 개가 누구 마음대로 내 개야? 내가 언제 필요하다고 했어? 엄마가 대답했다. 네가 제일 예뻐했으니까 네 개지. 네가 오지 않아서 개는 죽었어. 윤영은 목이 막혔다. 절대로 집에 돌아가지 않아. 그러니까 꿈도 꾸지 마! 꿈에서 목이 쉴 정도로 소리를 지르고 나면 이상하게도 마지막으로 들었던 엄마의 말이 귀에 맴돌았다. 네가 자꾸 그러면, 아버지가 그러는데, 널 찾으러 간단다.

눈을 떴을 때 윤영은 검은 구멍 속에서 빛나는 두 눈을 보았다. 한참 전부터 그녀를 바라보던 눈이었다. 그녀는 몸을 일으켜 창가로 다가갔다. 예리한 눈은 점점 그녀에게로 다가오더니 이내 젖혀진 커튼 틈으로 모습을 드러냈다.

514호에는 개가 살았다. 남자의 말대로 작정하고 들여다보지 않았는데도 어느 순간 알게 되었다. 그녀가 책상 앞에 앉아 창밖을 내다볼 때마다 개와 눈이 마주쳤다. 하루종일 빈집에서 베란다창에 까만코를 문대면서 밖을 내다보았다. 콧김이 서린 창은 뿌예졌다가 마르기를 반복했다. 꼬불대는 갈색털에 작은 몸집을 지닌 잡종이었는데, 큰 귀를 바닥을 향해 늘어뜨리고 가끔씩 경련하듯 펄럭였다. 윤영은 어쩌면 자신이 그 개를 발견하기 한참 전부터 개가 먼저 자신을 바라보고 있었을지도 모른다는 생각을 했다.

석원은 면접을 코앞에 둔 그녀에게 구두 한 켤레를 보냈다. 아무런 특징도 없는 검은색 가죽 구두였다. 면접날까지도 구두를 신고 방안을 이리저리 걸어 다니다 집을 나섰다.

무지개빌라부터 역까지 이어지는 길을 걸으며 윤영은 실핏줄을 타고 몸의 끝단으로 이동하는 것 같다는 생각을 했다. 비슷한 샛길을 두고 헤맨 적도 한 두 번이 아니었다. 한참 걸어온 끝에 마주한 길은 운전석이 빈 굴삭기에 막혀 있었다. 길 아래로 건물이 무너져 내린 황야가 펼쳐졌다. 윤영은 걸음을 재촉했다. 담장을 타고 오른 장미덩굴이 집요하게 뒤를 따라왔다. 길 군데군데 떨어진 장미가 먼지와 엉킨 채 바싹 말라가고 있었다. 보이는 계단마다 오르는데도 앞으로 나아가는 것 같지 않았다. 빌라촌은 점점 더 깊어져 구덩이의 중심으로 모든 것을 빨아들였다. 그 끝에는 무지개빌라가, 다른 빌라의 그늘에 잠긴 그녀의 방이 있을 터였다. 발뒤축이 따끔거렸다. 윤영은 구두를 벗어들었다.

그녀가 들어온 골목은 철거구역이었다. 거미줄 쳐진 상가의 벽에 붙은 해진 전단지를 더듬더듬 읽었다. 전단지는 철거에 대항해 주민의 단결을 요구했다. 이대로 쫓겨날 순 없습니다. 건강 장수원에서 모입시다. 모임 날짜는 이미 한참 전이었다. 주민은 떠났고 철거가 언제 다시 진행될지는 아무도 몰랐다. 소리마저 사라진듯한 곳이서 그녀는 갈곳을 잃었다. 순간 막다른 길처럼 보였던 건너편에서 무언가 꿈틀거렸다. 바람에 날리는 비닐봉지처럼 그것은 순식간에 윤영에게 다가왔다. 축축한 코가 발가락에 닿은 후에야 윤영은 그게 개라는 걸 깨달았다. 개는 엄지발가락을 몇 번 핥더니 그녀를 지나쳐 달려 나갔다. 큰 귀가 양옆으로 펄럭였다. 그녀는 본능적으로 개의 뒤를 좇았다. 개가 정신없이 달려간 끝에는 푸른색 옷을 입은 여자가 서 있었다. 여자는 개를 안아들고 뒤를 돌았다. 순간 여자의 얼굴이 붉은 커튼 뒤의 여자와 겹쳐졌다. 윤영은 그제야 자신이 빌라촌의 초입에 서 있다는 걸 알았다.

면접관은 그녀에게 삼 만원이 든 봉투를 너밀었다. 교통비라고 했다. 결과가 좋지 않으리란 걸 직감했다. 가까스로 면접 시간에 맞췄지만 그녀는 누군가에게 쫓기는 것처럼 숨을 제대로 쉬지 못했다. 어느 동네나 병풍 같은 대형빌딩만 들추면 셀 수도 없는 작은 빌라들이 펼쳐졌다. 빌라촌 초입에 들어서서 윤영은 아무 생각 없이 걸었다. 고개를 들면 눈앞에 무지개빌라가 서있으리라는 걸 의심하지 않았다. 자신에게 생긴 보이지 않는 감각이 윤영은 무서웠다. 이제 그녀는 세상 끝에서도 길을 잃지 않을 자신이 생겼다. 양 쪽 뒤꿈치가 새빨갛게 벗겨져 쓰레기를 쌓아둔 전봇대 아래 구두를 내팽개쳤다. 그녀는 맨발로도 무지개빌라를 찾아올 수 있었다.

덤보. 그게 윤영이 개에게 붙인 이름이었다. 어릴 적 좋아했던 디즈니 애니메이션의 아기 코끼리 이름을 따왔다. 서커스단에서 태어난 덤보는 버려진 엄마를 찾아 큰 귀로 하늘을 날았다. 자기가 날 수 있다는 사실을 서커스 천막 밖으로 뛰쳐나왔을 때에야 깨달았다. 514호에 사는 덤보는 발작적으로 귀를 흔들었지만 언제 이쪽까지 날아올지는 모르는 일이었다. 세상이 반 발짝보다 더 앞서나가려 할 때마다 그녀는 나지막이 개의 이름을 불렀다. 그러면 덤보는 귀신같이 알아듣고는 검은 눈으로 창밖을 빤히 내다보았다. 그게 과연 자신을 보는 건지 윤영은 확신할 수 없었다.

어떤 날에는 붉은 커튼이 걷히고 베란다 너머가 들여다보였다. 육중한 체격의 남자가 사각팬티를 뽐내며 돌아다니고 여자는 하늘색 유니폼을 입고 머리를 정돈했다. 여자는 집에 들어오자마자 개를 안아들고 부리나케 커튼부터 쳤다.

뜻밖의 장소에서 윤영은 514호 여자를 보았다. 빌라촌에서 멀지 않은 회사의 사무직 면접을 보러 갔을 때였다. 건물 일 층에는 정체 모를 화장품 매장이 들어서 있었다. 유리창 대신 불투명한 시트지가 벽에 덧씌워져 좀처럼 내부를 들여다 볼 수 없었다. 그 위에 여자 연예인의 상반신이 찍힌 포스터가 붙어 있었다. 그 중 특이한 포스터 하나가 윤영의 눈에 띄었다. 무명의 모델을 내세운 광고였다. 가녀린 몸 뒤로 뉴욕의 야경이 아득히 펼쳐지고 모든 것들이 여자의 발아래에 놓여있었다. 포스터 한 쪽 구석에 인쇄된 아이섀도 키트의 골드 펄과 실버 펄이 야경과 잘 어울렸다. 건물들이 내뿜는 빛 아래 적힌 짧은 문구를 윤영은 유심히 보았다.

NEW YORK'S STARRY, STARRY NIGHT

그 때 불투명한 문이 양쪽으로 갈라지면서 사람들이 줄줄이 빠져나오기 시작했다. 온몸에 명품을 두른 중년여자와 비닐점퍼를 입은 아저씨가 뒤섞여 건물 앞에 서 있던 대형버스 안으로 꾸역꾸역 밀려들어갔다. 관광객이 우르르 빠져나오자 유니폼 차림의 여자들이 따라 나와 능숙하게 중국어를 구사하면서 손님들을 배웅했다. 그 가운데 514호 여자가 있었다. 윤영은 허겁지겁 고개를 숙인 채 건물 안으로 들어섰다.

면접이 끝났을 때 일층 사후면세점의 불은 꺼진 후였다. 어둑해진 길거리에는 아무도 없었다. 아직도 한밤중인 뉴욕의 한 귀퉁이에 윤영이 손가락 하나를 조심스레 가져다 댔다. 이내 손톱 끝으로 포스터의 귀퉁이를 긁어내기 시작했다. 남겨진 포스터 속 뽀얀 여자들이 겁에 질린 채 이를 드러냈다. 윤영은 순식간에 포스터를 낚아채 돌돌 말아 옆구리에 꼈다. 여자들의 옆자리에는 한 치 보이지 않는 어둠이 남았다. 윤영은 집에 돌아와 빈 벽에 포스터를 붙였다. 모든 풍경이 그녀의 발아래에서 빛났다. 시야는 거칠 것 없었다.

윤영은 평소처럼 한밤중 일어났다. 현관문을 확인한 후 화장실로 향했다. 그녀는 창 너머로 불 꺼진 514호를 바라보았다. 암막 커튼이 쳐진 514호는 다른 집보다 한층 더 어두웠다. 깊이를 알 수 없는 구멍 속에서 무언가 움직이는 듯했다. 계속해서 같은 동작을 반복하며 꿈틀댔다. 관절을 이리저리 비트는 것 같은 고통스러운 몸짓. 덤보가 날갯짓을 연습하고 있었다.

514호에는 나이 든 남자 말고도 한 사람이 주기적으로 들락거렸다. 그보다 훨씬 몸집이 작은, 젊고 마른 남자였다. 여자는 곧잘 그와 팔짱을 끼고 베란다에 나타났다. 그는 금방이라도 넘어 질 것처럼 구부정한 자세로 한참동안 그곳에 서서 담배를 태웠다. 그들 셋 사이에는 규칙이 있었다. 나이 든 남자가 붉은 커튼 뒤에 있을 때 젊은 남자는 모습을 드러내지 않았고, 반대의 경우도 마찬가지였다.

비쩍 마른 남자는 하루 종일 소파에만 누워 있는 중년의 남자와는 완전히 다른 사람이었다. 그는 밖에서보다 집에서 더 활기찬 듯 보였고, 무엇보다 덤보를 귀여워했다. 덕분에 덤보는 여자가 집을 비운 뒤에도 베란다 신세를 벗어나 유리창 너머의 거실을 빨빨대며 돌아다니곤 했다. 한번은 윤영과 남자의 눈이 마주쳤던 적도 있었다. 윤영은 남자가 불쾌해하며 커튼을 쳐버릴 거라고 생각했는데 그는 웃으며 다시 집 안으로 들어갔다. 마치 자신에겐 커튼을 쳐야 할 이유도 없다는 것처럼. 남자는 집의 진짜 주인이 누구인지 모르고 있었다.

"그런 이야기는 그만해요."

석원이 짜증난다는 듯 말했다. 몇 달 만에 윤영이 그에게 먼저 전화한 참이었다.

"언제까지 남의 집 창문만 들여다보고 살 수 있을 거라고 생각해요? 그 집이 개를 기르든지 말든지, 여자가 불륜을 저지르든지 말든지 무슨 상관이에요. 자신을 좀 봐요. 오히려 그 여자처럼 사는 게 건강한 건지도 모르죠."

그가 잠시 숨을 골랐다. 한결 누그러진 투로 그가 말했다.

"…내 말은, 취업이든 시험이든 간에, 제대로 할 일을 찾아보는 게 좋을 것 같단 겁니다."

"걱정하지 마세요, 무슨 말인지 다 알아요."

침을 한번 삼킨 뒤에 윤영이 말을 이었다.

"안 그래도 다음 주에 뉴욕으로 떠나게 됐어요. 한 이 주 동안."

그는 아무 말도 하지 않았다. 그게 윤영이 석원에게 건 마지막 전화였다.

며칠 새 젊은 남자가 전보다 자주 514호를 찾았기 때문에 덤보는 더 이상 창밖을 내다보지 않았다. 그 주 주말 내내 덤보는 베란다에 없었다.

해가 저문 후 들린 슈퍼마켓 앞에서 윤영은 여자가 애인의 비쩍 마른 팔에 팔짱을 낀 채 골목길로 들어오는 것을 보았다. 빨간 목줄에 매인 덤보가 남자의 뒤를 아장아장 따랐다. 여자는 윤영을 흘끔 쳐다보더니 남자에게 무어라 말했다. 그들은 윤영을 지나쳐 슈퍼마켓 안으로 들어섰다. 귀가 끌리도록 땅에 고개를 처박고 있던 덤보가 그녀의 발 언저리께 멈추어 서서 반가운 듯 꼬리를 흔들었다. 윤영이 덤보에게 손을 뻗기도 전에 덤보는 켕, 하며 뒤로 물러섰다. 남자가 개의 목줄을 잡아당긴 거였다. 등 뒤로 낮게 킬킬대는 소리가 들려왔다. 윤영은 도망치듯 서둘러 자리를 떴다.

그날따라 빌라촌 골목의 몇몇 가로등이 꺼지는 바람에 주위가 더욱 어두웠다. 고요한 적막이 여백을 채웠다. 그 날 이후로 윤영은 몇 번이고 스스로에게 물었다. 왜 여자가 없는 514호에 커튼이 쳐져 있었는지 미처 생각하지 못했을까.

붉은 커튼이 불붙은 파도마냥 이리저리 출렁거렸다. 커튼 뒤로 무언가 베란다 유리에 부딪혀 깨지는 소리가 들렸고 그 정도 소음에 관심을 가지는 이는 아무도 없었다. 마침내 커튼이 후루룩 뜯어져 내렸다. 걷힌 커튼 뒤는 이미 아수라장이었다. 칠흑 같은 어둠 속에서 홀로 빛나는 공간은 평소보다 훨씬 선명했다. 보이지 않던 것들이 하나둘씩 모습을 드러냈다. 나이 든 남자의 살집 있는 어깨가 불규칙적으로 오르락내리락했고, 그의 손에는 나무 몽둥이가 들려 있었다. 몽둥이에서 떨어져 내린 핏방울 끝에는 덤보가 있었다. 그는 쓰러져 있는 덤보의 뒷목을 잡아 쥐고 휙 뒤로 돌았다. 그와 동시에 윤영은 가까스로 팔을 뻗어 방의 불을 껐다.

여자의 절박한 외침이 열린 창틈으로 구겨져 들어왔다. 그녀가 남자의 팔을 붙잡고 애원했지만 소용없었다. 남자가 가차 없이 베란다창을 닫아 여자가 내지른 비명의 허리를 잘라냈다. 더 이상 아무 소리도 들려오지 않았다.

윤영이 다시 창가로 고개를 숙였다. 창문을 닫으려 했으나 손이 연거푸 창틀에서 미끄러졌다. 이제 여자는 덤보가 떨어져 내린 베란다로 뛰쳐나와 몸을 기울이고 있었다. 그 틈을 타 그녀의 젊은 애인은 열린 현관문으로 재빠르게 도망쳤다. 아무도 도망가는 남자를 쫓지 않았다. 남자는 여자의 곁으로 돌아왔다. 그녀는 여전히 깊은 어둠 속을 헤집고 있었다. 난간 아래로 뻗은 두 팔이 공중에서 허우적거렸다. 남자는 그런 여자의 몸뚱아리를 자신의 팔로 감싸 안더니 힘을 주어 들어올렸다. 여자의 팔이 더 아래로… 아래로 빨려 들어갔다. 윤영은 눈을 감았다.

그녀가 눈을 떴을 때 집에 남아 있는 사람은 아무도 없었다. 몇 분 뒤 준빌리지의 주차장 신호음이 들리더니 차 한 대가 빠르게 빌라 앞 골목길을 지나쳤다.

다음날도, 그 다음날도 몇 안 되는 사람들은 보도블록 위를 부지런히 지나다녔다. 514호 베란다에는 아직도 에어컨 실외기가 느리게 돌아가고 있었다. 남자가 어디로 갔는지 윤영은 함부로 짐작할 수 없었다. 문을 열 때마다 그 남자가 서 있을 것 같은 공포에 시달렸다.

"무언가 있어요. 소리가 들려요. 저 빌라 뒤편에요. 한 번만, 딱 한 번만 확인해 주세요."

윤영이 사정사정한 후에야 경찰들은 그녀에게 제일 젊은 경찰 한 명을 달려 보냈다. 시멘트 울타리와 신축빌라 사이는 사람 하나가 옆으로 간신히 들어갈 수 있는 비좁은 틈에 불과했다. 바닥에는 신축빌라의 맨 끝

세대에 사는 사람들이 버렸을 빈 병과 꽁초들이 떨어져 있었다. 경찰은 마지못해 벽과 벽 사이에 몸을 끼워 넣었다. 몇몇 행인들이 무슨 일인가 싶어 보도블록 밖으로 모여 섰다. 틈새가 너무 좁아 경찰은 두 팔을 위로 쳐들었다. 옷에 시멘트 가루가 묻어나왔다. 가까스로 틈새를 빠져나가자 모여 있는 사람들이 침을 삼켰다. 잠시 뒤에 경찰이 굳은 표정으로 돌아왔다. 그가 따지듯 물었다.

"울타리는 물론이고 비탈 사이에도 아무것도 없습니다. 대체 무슨 일입니까?"

그 날 윤영이 본 것이 무엇이었는지 누구도 설명할 수 없었다. 그녀가 그들에 대해 아는 것은 너무 적었다. 514호에 대해 그녀가 유일하게 안다고 할 수 있는 건 덤보 뿐이었다.

사람들의 시선이 윤영에게 쏠렸다. 익숙하면서 동시에 낯선 얼굴들이었다. 그녀는 사람들 틈에서 남자의 눈을 보았다. 허리가 굳어오는 것을 느끼며 윤영이 대꾸했다.

"기르던 개를 잃어버렸어요."

사람들이 혀를 찼다. 경찰이 사라지자 사람들도 금방 흩어졌다. 아무도 없는 적막한 골목에 그녀 혼자 오도 가도 못한 채 서 있었다.

여태까지 윤영은 덤보의 이름을 한 번도 입 밖으로 불러보지 못했다. 어쩌면 당연한 일이었다. 개의 이름을 부를 권리는 그녀에게 없었다. 이제야 그녀는 며칠간 동네를 돌아다니며 덤보의 이름을 불렀다. 어디로 날아갔니, 덤보야. 이제 온 동네 사람들이 그녀가 개를 잃어버렸다는 걸 알았고, 한 치의 의심도 없이 그 개의 이름이 덤보라고 여겼고, 누군가는 함께 찾아주겠다며 그 이름을 불러댔다. 꿈에서 덤보는 오지 않는 윤영을 혼자 기다리고 또 기다리다 결국 종종걸음으로 어디론가 가버렸다.

사람들이 모두 동네를 떠났다고 생각한 건 윤영의 착각이었다. 많은 사람들이 떠났지만 누군가는 남아서 자리를 지켰다. 윤영은 동네를 돌아다니면서 빌라촌에 생각했던 것보다 훨씬 많은 외국인들이 끼어 살고 있다는 사실을 알게 되었다. 그들은 한국 아줌마아저씨와 모습은 비슷했지만 매리아스 차림으로 동네 공터에 나와 맨손체조를 하거나 낯선 언어로 떠들며 앉아 있곤 했다. 날씨가 추워지기 시작할 무렵까지도 밖에 나와 있었던 건 그들뿐이었다. 그러다 그들 틈에 앉아 있던 한 젊은 여자를 보았다. 여자는 파란 줄무늬가 그어진 하늘색 유니폼에 검은 구두를 신고 있었다. 공터에서 사람들과 이야기를 나누던 여자는 엉덩이를 털고 일어나 골목을 빠져나갔다. 구두 소리가 아득히 멀어졌다.

면세점에 514호 여자는 없었다. 그녀의 행방을 알 만한 외국인 노동자들도 시즌이 바뀌면서 모두 교체되었다고 했다. 윤영이 생사여부라도 좋으니 정보를 알 만한 방법이 없냐고 묻자 뜻밖의 대답이 돌아왔다. 여기서 일하는 외국인들은 신원조회를 할 수 없는 경우가 많고 때문에 한 시즌을 일한 뒤에는 가족이 사는 나라로 돌아가거나 거처를 옮긴다는 거였다.

잠깐 눈을 감았다 떴을 뿐인데 준빌리지의 514호는 어느 샌가 깨끗하게 비워져 있었다. 부동산에서 윤영은 이해할 수 없는 말을 들었다. 부부가 살다 방을 비웠다는 거였다. 갑작스럽긴 했지만 더러 급하게 자기네 나라로 돌아가는 경우가 있다고 했다. 부부는 집을 비운지 몇 주 지나 다시 들러 계약을 끝냈다고 했다. 여느 때처럼 여자는 뒤에 서 있고 남자가 모든 처리를 마쳤다. 중개사는 캐묻는 윤영을 영문을 모르겠다는 눈으로 쳐다보았다. 그녀는 더 이상 자신이 본 것을 믿을 수 없었다.

계절이 바뀔 때까지도 514호는 비어있었다. 윤영은 원하던 회사에 신입사원이 아닌 인턴으로 근무하게 되었다. 아침 일찍 자줏빛 보도블록을 걷는 대열에 합류했다. 검은 구두를 신은 채 누구보다도 일정하고 빠르게 걸었다. 앞선 누군가를 제칠 때면 발이 허공으로 떠오르는 듯 가벼워졌다.

어느 날 아침, 윤영이 집을 나와 걷는데 전화벨이 울렸다. 석원이었다. 태연하게 뉴욕 여행은 어땠냐고 그가 물었다. 그녀는 아무 말도 하지 않았다. 그가 곧 이쪽으로 올 테니 잘못 배달된 우편물을 챙겨줄 수 있냐고 물었다. 아주 중요한 거라고 했다. 그녀는 그러겠다고 하지 않았다. 그는 혼자 정적을 메우려 애쓰다 끊었다.

문득 주위를 돌아보았는데 아무도 보이지 않았다. 자줏빛 보도블록 한가운데 그녀만 덩그러니 서 있었다. 텅 빈 빌라촌을 마주한 것은 오래간만이었다. 차갑고도 무거운 공기가 코끝에 내려앉았다. 윤영은 위를 올려다보았다. 날이 추워지면서 집집마다 두꺼운 커튼이 달려 있었다. 무지개와 태양, 별 너머의 신축빌라는 여전히 세련되어 보였다. 순간 무언가 윤영의 발등 위로 빠르게 지나쳤다. 길고양이치고는 다소 움직임이 굼떴다. 그녀는 한눈에 덤보를 알아보았다.

때투성이에 털이 뭉쳐 흡사 닳아빠진 대걸레 같았지만 발걸음을 뗄 때마다 큰 귀가 바닥에 쓸릴 듯 흔들렸다. 덤보는 신축빌라의 뒤편으로 사라졌다. 윤영은 덤보를 뒤쫓았다. 덤보는 비좁은 틈새 속으로 순식간에 사라졌다. 그녀가 가방을 내려놓고 구두와 겉옷을 차례로 벗었다. 벽에 붙어 옆으로 움직이는 사이 스타킹의 올이 형편없이 뜯겨 나가고 맨살이 드러났다. 건물의 뒤편에는 여름내 무성히 자란 잡초에 바짝 말라붙어 있었다. 틈새 안쪽으로 길게 자란 마른 풀들이 바람 소리를 내며 흔들렸다. 그날 경찰은 보지 못했다. 거기 덤보가 있었다.

덤보는 빌라의 배기구 옆 움푹 들어간 공간에 웅크린 채 가쁜 숨을 쉬었다. 숨을 내쉴 때마다 부풀은 배가 뼈를 드러내며 꺼지기를 반복했다. 덤보는 고개를 돌려 자신에게 다가오는 윤영을 쳐다보았다.

"덤보야."

이름을 부르자 덤보가 입을 씰룩댔다. 그제야 주인을 알아보는 것처럼.

윤영은 무심코 손을 내밀었다. 잠깐 멈칫한 덤보가 이를 드러내는가 싶더니 일말의 지체 없이 달려들었다. 그녀가 경기를 일으키며 배수구 틈새에 주저앉았다. 덤보는 그대로 줄행랑쳤다. 손등이 후끈거렸다. 동그랗게 난 붉은 잇자국을 따라 피가 고였다.

건너편에는 가방과 외투와 검은 구두가 벗어놓은 그대로 펼쳐져 있었다. 여전히 이 틈새를 지나간 사람은 아무도 없었다. 어깨를 벽에 바싹 붙이고 틈새를 빠져나오는 동안 그녀는 손을 문 덤보를, 덤보를 기르던 여자를, 여자를 떠난 남자를 떠올렸다. 덤보가 왜 자신의 손을 물었는지 이제야 알 것 같았다.

아무 길로 걸어도 그녀의 본능은 무지개빌라를 찾아갈 수 있었다. 가방 속에서 전화벨이 울렸다. 아랫집 남자였다. 전화를 받자마자 그가 다급하게 물었다.

납니다. 이상하게 들리겠지만 길을 잃었어요. 아무리 찾아도 무지개빌라를 찾을 수가 없어요. 대체 어디 있어요?

당선

제1470호 10월 11일 수요일

2017 가람이병기청년시문학상·최명희청년소설문학상 : 고등부 소설

손가락 위 가족

· 오태연 (용산고 3)

나는 눈을 깜박였다. 형의 모습이 파노라마처럼 눈앞을 지나갔다. 늘 진득한 침을 달고 있는 턱, 흘러내린 침을 닦아주는 엄마, 둘을 지켜보는 나를 향해 어색하게 미소 짓는 엄마. 창문 너머에서 아빠의 차 시동이 꺼지는 소리가 났다. 형은 이내 꽥꽥, 소리를 지르기 시작했다. 서둘러 방에 들어가 문을 잠갔다. 형의 목소리가 내 뒤통수에서 잘려나갔다. 형의 목소리 위로 엄마가 손가락이라며 소리치는 게 들렸다.

손가락은 무슨… 그러다 안 맞으면 다행이지.

언젠가 얼굴에 크게 멍이든 엄마가 생각났다. 손을 올려 귀를 막았다. 곧 형의 웃음소리가 들릴 터였다. 그런데 몇 분이 지나도 간헐적으로 새어 나오던 형의 신음이 들리지 않았다. 귀를 막던 손이 점점 축축해져갔다. 문을 살짝 열고 밖을 내다보았다. 형이 손가락을 짚으며 숫자를 새고 있었다.

*

"왜 형이 온다고 말 안 했어요?"

아빠를 보며 소리쳤다. 엄마는 형이 깬다며 윗니로 아랫입술을 물었다. 나는 그 자리에 붙박여 서서 움직이지 않았다. 아빠가 이기든지 내가 이기든지. 둘 중 하나였다. 아빠는 몇 분 후 입을 열었다. 아빠의 입에서는 텔레비전처럼 실없는 소리가 흘러나왔다.

"너는 형이 온 게 싫으니? 형이 너를 얼마나 보고 싶어 했는데."

나는 말문이 막혀 아빠를 노려보았다. 목구멍까지, 나는 고삼이고 중요한 시기고 하니 형이 내가 고등학교를 졸업할 때까지 만이라도 다시 들어가 있으면 하는 바람이 치고 올라왔지만 그 말을 삼켰다. 사레가 들린 듯 두 눈이 뜨끈해지는 게 느껴졌다. 지금부터 내가 어떤 말을 하던지 간에 아빠는 텔레비전, 저 바보상자처럼 같은 말을 반복할 것이 분명했다.

너는 형이 온 게 싫으니? 나는 속으로 소리쳤다. 네, 너무 싫어요!

아빠는 끝끝내 나와 눈을 마주치지 않았다. 나는 고개를 빼들고 텔레비전을 바라봤다. 휴먼다큐멘터리였다. 아빠는 그제야 나와 눈을 맞추고 말을 걸었다.

"네 형, 아니 우리가족. 여기 나가보는 게 어떠냐?"

나는 대답하지 않은 채 발을 쾅쾅 구르며 방으로 돌아갔다. 엄마가 나지막이 훌쩍이는 소리가 들렸다. 어머, 정말요? 정말이에요? 텔레비전의 소리가 커지고 더는 엄마의 울음소리는 들리지 않았다. 애오애오애. 뭔지도 모르면서 따라 웃는 형의 웃음소리가 내 방 문을 두드려댔다. 나만 혼자 외따로 떨어진 섬이었다.

*

형이 집을 떠나 살게 된 것은 1년이 채 안 된 일이었다. 어느 날 아빠는 인터넷을 뒤져보면서 강 너머 시골마을에 꽤나 재활성이 높은 센터가 있다는 걸 알게 되었다. 아빠는 형을 그 재활센터에 보내고 싶어 했다. 그때쯤 우리 가족은 밤에 잠을 잘 수 없었는데, 형은 발악적으로 밤새 소리를 질렀고 이웃사람들은 밤마다 집의 초인종을 누르거나 문을 두들겼다. 언젠가 집 앞에 누가 쓰레기를 던지고 오줌을 싸고 간 적이 있었다. 항상 만사가 태평하던 아빠는 정원이 오줌으로 물든 걸 보고만 있을 수는 없었는지 재활센터를 알아온 것이었다. 엄마는 묵묵히 들으면서 계속 흐느꼈고 그것은 암묵의 동의였다. 나는 속으로 쾌재를 불렀다. 겉으로 드러내진 않았지만 엄마와 아빠도 나와 마찬가지라고.

엄마가 불같이 화를 내기 시작한 건 형이 가는 재활치료 센터가 폐쇄병동이라는 걸 알았을 때부터였다. 엄마가 아빠에게 화를 낸 건 그때가 처음이었다. 엄마는 아빠의 정원 가운데에 서서 잔디 깎기를 들고 주변 풀들을 전부 밀어버렸고 아빠는 그런 엄마에게 나도 몰랐다며 그러지마, 라고 애원했다. 나는 사람들의 시선이 두려워 주변을 둘러봤다. 혹시나 이웃들이 볼까 해서였다. 형만으로도 벅찬데 엄마와 아빠까지 갈등이 생기면 나는 더는 집에서 살 수 없었다. 나는 그때부터 집을 나가는 것을 꿈꿨다. 대학교에 합격하면 바로 집을 나가자. 멀리멀리, 날 찾을 수 없게. 형의 웃음소리가 닿지 않는 곳으로.

형은 무언가 할 말이 많은 듯 입을 달싹거렸으나 이내 눈알을 굴렸다. 엄마는 그런 형을 껴안으며 귓가에 대고 속삭였다.

"가서 이 잘 닦고, 누가 괴롭히면 의사선생님께 말하고. 종종 연락하고 알겠지?"

엄마는 형이 연락을 할 줄 안다고 믿는지 형에게 전화번호가 적힌 포스트잇을 건넸다. 형은 그걸 살짝 구겨 잡더니 자신이 집을 떠나는 게 믿기지 않는 듯 얼굴을 찌푸렸다. 제발 울지 마……. 나는 간절히 기도했다. 형이 울기라도 하면 당장이라도 엄마의 마음이 바뀌어버릴까 봐 겁이 났다. 어렸을 때처럼 형 한 번 안아줘라. 아빠가 말했지만 나는 무시했다.

"자 얼른 가"

나는 형의 손에 덜덜거리는 캐리어를 쥐어주었다. 거기 가면 집에서 생활했던 것보다 더 좋을 거야. 씩씩거리면서 찾아오는 사람들도 없어. 라고 말하고 싶었으나 왠지 입이 떨어지지 않았다. 내가 우물쭈물하는 사이 형은 한동안 엄마를 쳐다보다 고개를 돌려 나를 쳐다봤다. 형은 가끔씩 뭔가를 다 아는 것 같은 눈으로 나를 쳐다볼 때가 있었다. 두 팔을 활짝 벌리고서 애오애오애. 바보같이 딴소리를 하는 형의 눈을 외면하고 싶었으나 오늘이 아니면 언제 볼지 모른다고 생각했다. 형의 눈동자가 옅은 갈색을 띠는구나. 나는 최대한 몸을 낮추고 대충 안아주었다.

형이 나를 보고 활짝 웃었다. 그러더니 골목 너머 형을 부르기 시작하는 사람들을 향해 뒤뚱뒤뚱 걸어갔다. 드르륵, 캐리어가 골목을 치며 돌았다. 엄마는 형의 뒤통수를 보며 연신 휴지로 눈을 찍어댔다. 나도 형의 이리 갔다 저리 갔다 하는 걸음걸이를 보며 살짝 눈물이 도는 듯했다. 하지만 단지 그뿐이었다. 나는 이내 마음이 놓였다. 당분간 이웃들과 우리들은 사이좋게 지낼 수 있을 것이고 편안하게 잠을 청할 수 있을 것이다. 엄마와 아빠의 갈등도 사라질 것이다. 나는 그런 생각이 드는 것이 잘못됐다고 생각하지 않았다. 우리는 너무 오랫동안 참아왔으니까. 나는 형이 골목 저편으로 사라지는 것을 지켜봤다. 머리부터 엉덩이까지 형은 벽 뒤로 사라졌다. 마치 마법처럼 정말로 허무하게. 내 바람이 이렇게 쉽게 이루어졌다는 게 믿기지 않아 혹시 형이 집을 떠나지 않은 게 아닐까라는 생각이 들었다. 그냥 이 모든 게 장난이어서 내가 고개를 돌리고 문을 닫으면 형이 문을 두들기며 해맑게 웃고 있을 것 같았다. 나는 고개를 돌려 손가락을 접었다. 엄마는 눈을 닦고 코를 팽 풀다 방으로 들어갔다. 골목너머로 형이 탄 차가 동네를 벗어나는 소리가 들렸다. 나는 고개를 돌렸다. 역시나 형은 없었다. 고요가 어색해서 일부러 큰 소리를 내며 문을 닫았다. 소리는 서서히 방안에 퍼지더니 모습을 감췄다. 익숙하면서도 익숙하지 않은 소리였다. 나는 그날 예상과는 다르게 편히 잠을 이루지 못했다.

*

아침부터 초인종 소리가 들려왔다. 나는 미닫이문을 열고 대문 앞에 서서 물었다.

"누구세요."

"네, 휴먼다큐멘터리 팀입니다. 어제 연락드린 대로 취재 나왔습니다."

나는 문구멍을 한참동안 들여다보았다. 방송국 로고가 찍힌 큼지막한 가방이 보였다. 나는 문에다 대고 크게 외쳤다

"잘못 찾아오신 것 같은데요?"

이 근처에 휴먼다큐멘터리를 찍을 곳이 우리 집 말고 또 있을까 싶었지만 아무리 생각해봐도 아빠가 신청을 했다는 게 말이 되지 않았다. 무슨 자랑이라고 취재팀을 부른다는 것인가. 나는 돌아서서 집으로 들어가려고 했다. 또다시 누군가가 문을 두드려 댔다. 아까와 같은 사람이었다.

"이 집이 맞는데요?"

나는 아니라고 말했다. 그러자 그들이 웅성거리며 전화를 거는 소리가 들렸다. 괜히 민망한 상황이 벌어질 것 같아 자리를 피해 집으로 들어갔다. 방으로 들어가려는 내 옆으로 전화기를 귀에 대고 밖으로 나가는 아

빠가 보였다.

"네, 삼강주택. 저희 집 맞아요. 밖으로 나갈까요? 알겠습니다."

나는 창문에 서서 그들을 쳐다봤다. 정말로 우리 집이, 심지어 정규방송에 나온다는 게 믿기지가 않았다. 내 얼굴이 텔레비전에 동네방네 팔릴 것을 생각했다. 텔레비전에 얼굴이 나오기 바랐던 것은 어릴 적에 동요를 부르던 때가 마지막이었다. 나는 방문을 잠갔다. 촬영에 협조할 생각은 손톱만큼도 없었다.

엄마가 문을 두드렸다. 꼭 내가 나와야 한다고 했다. 그렇지 않으면 이 촬영의 의미가 없다고 잇대어 말했다. 나는 문에 대고 소리쳤다.

"난 끼고 싶지 않으니까, 형만 찍고 가라고 해요!"

촬영을 하는 사람들은 아마 이 모습도 찍고 있을 터였다. 할 수만 있다면 어디로든 사라지고 싶었다. 요즘 사람들은 전부 내 신경을 긁고 있었다. 약속한 시간도 채우지 않고 형을 도로 데려온 엄마 아빠며, 심지어 촬영을 하는 사람들까지. 나는 항상 뭐든지 받아들어야만 했다. 그게 동생이었고 장애를 가진 형을 둔 동생의 의무였으니까. 머리털이 삐죽 곤두서는 게 느껴졌다. 이러다가는 나까지 돌아버리고 말겠어. 애꿎은 머리칼만 쥐어뜯다가 모든 상황을 빨리 종료시켜야 한다는 생각이 들었다.

이 모든 건 방송이고 나는 설정 중 일부다. 찰칵, 사진이 찍히는 소리가 돌이 던져지는 소리처럼 귓가에 울렸다. 사진들이 문을 두드리고 있었다. 나는 끝내 문을 열었다. 싸가지 없는 아들보다는 융통성 있는 아들이 나왔다.

촬영이 시작됐다. 카메라는 총 4대였다. 거실에 하나, 형 방에 하나, 들고 다니는 거 두 개. 시작점은 정원이었다. 그들은 정원을 기점으로 촬영을 시작했다. 정원에서는 형이 뛰어다니고 있었다. PD로 보이는 남자가 아빠에게 다가와 질문을 했다.

"원래부터 이런 아이였나요?"

아빠는 질문을 듣고 당황한 모양이었다.

"그게 중요한가요?"

"사람들이 사연을 알아야 이해하죠. 촬영 팀, 다시 갈게요."

PD는 손바닥을 보이며 아빠를 재촉했다. 아빠는 헛기침을 하더니 말을 이었다.

"네. 태어났을 때부터 이렇게 태어났답니다."

"개선의 여지가 있나요?"

아빠의 얼굴이 붉어지기 시작했다. 살짝 화가 나기 시작한 것 같았다.

"그건 아무도 모르죠."

아빠의 말이 격양된 채로 튀어나왔다. PD는 힐끔 아빠의 얼굴을 쳐다보다 머리를 긁적이고는 질문을 바꾸었다.

"정원이 참 예쁘네요. 만들게 된 이유가 어떻게 되시죠?"

"그냥 제가 좋아서 만들었어요."

PD는 어이없다는 듯 아빠를 쳐다봤다. 그러고는 그렇게 말하면 안 된다며 스토리를 만들라고 했다. 예를 들어 형에게 자연을 보여주기 위해 만들었다 던지.

"아들만을 위한 정원을 만들어주고 싶었습니다. 그럴 수 없는 세상이니까요."

PD는 손을 들더니 아빠의 말이 끝나자 내렸다. 카메라를 들고 있던 VJ가 녹화를 중지했다. 이로써 아빠는 할 일을 다 한 듯했다.

카메라가 서서히 내 쪽으로 다가왔다. 이제 내가 방송을 나가게 되면 학교에서든 길거리에서든 날 알아보는 애들이 생길 것이었다. 그러면 장애인 형을 가진, 불쌍한 아이로 낙인찍히겠지. 나를 향해 다가오는 카메라가 마치 없는 것 마냥 나는 최대한 자연스럽게, 아무런 문제없는 아이로 보이겠다고 다짐했다.

"형이랑 친한가요?"

"형제끼리 친하고 말고가 있나요. 싸우기도 하고 그렇죠, 뭐."

"그렇담 형이 싫을 때가 있나요?"

질문이 가슴 속을 헤쳐 놓았다. 머리를 긁적인 채 웃으며 카메라를 봤다.

"원래 모든 동생들은 형을 싫어한답니다."

PD가 웃더니 다음 질문을 했다. 꽤나 괜찮은 답변이었나 보았다.

"형이 만약 평범했더라면 가족은 어떤 느낌일 것 같으세요?"

형이 만약 평범했더라면 이따위 방송에 나올 일도 없었을 것이고 매일같이 집을 찾아오는 이웃들에게 미안하다고 머리를 조아릴 필요도, 벌써 울음으로 강을 만든 엄마의 벌건 눈도, 아빠가 형만 바라보는 것도, 내게 오지 않는 시선도 전부 사라지고 막내로서 가져야 할 가족의 사랑이 내게로 돌아왔을 것이다. 목구멍까지 이 말이 차올랐다가 카메라를 보고 가라앉았다. 카메라의 렌즈는 진짜 사람 눈처럼 보였다. 그것을 똑바로 마주보고 있으려니 속이 울렁거렸다. 나는 헛기침을 몇 번하고 카메라를 응시했다. 렌즈 겉면에 작게 응축된 내가 보였다. 나는 나를 보며 말했다.

"똑같았을 거예요. 형은 어떤 모습이로든 형이고, 우리 가족이니까요."

PD가 신호를 보내왔다. 촬영이 종료된다는 의미였다. PD의 표정을 유심히 쳐다봤다. 그의 말대로 꽤나 괜찮은 그림이 나온 것 같았다.

항상 스스로 할 줄 아는 것 없이 남에게 민폐만 끼칠 줄 아는 형을 방송에서는 다르게 보이고 싶었는지 엄마는 형이 스스로 하는 구언가를 보여줬다. 나는 형을 노려보았다.

빨리, 빨리 끝내자? 응?

형에게 눈으로 신호를 보냈다. 형은 내 마음을 아는지 모르는지 나를 보며 방긋 웃었다. 비닐장갑을 낀 형의 손은 이미 엉망이 돼 얼룩덜룩해져 있었다.

촬영이 끝났다. 하지만 집안에 놓인 카메라는 그대로였다. 그들이 말하길 일상을 찍어야 좀 더 리얼리티 있는 방송이 된다고 했다. 그들은 그렇게 집안에 카메라 4대를 내버려둔 채로 철수하기 시작했다. 대략 일주일 있다가 온다고 했다. VJ가 내게 다가와 카메라를 켜는 법과 끄는 법, 충전하는 법, 테이프를 갈아 끼우는 법 같은 것들을 설명했지만 나는 제대로 듣지도 않고 손가락으로 아빠를 가리켰다. 적어도 일주일 동안 우리는 저 카메라 앞에서 무슨 쇼를 하게 될까. 나는 답답한 마음에 창가에 기댔다. 창가 너머로 촬영하는 사람들의 대화가 들렸다.

"진짜 불쌍하다. 22년 동안 저렇게 산 거 아니야. 나을지도 모르는 애 붙잡고."

"난 그 동생이 더 놀랍다. 눈 하나 깜빡 안 하고 거짓말을 해."

"원래 관심 받지 못한 애들이 약게 큰다잖아. 불쌍하지 걔도."

그들이 탄 차가 골목을 벗어나기 시작했다. 먼지가 일렁이는 게 보였다. 그 먼지가 마치 형처럼 보였다. 또 형이었다.

또 형이다. 다 형 탓이다. 저들이 저렇게 내 이야기를 하는 것도 형이 아파서이고, 우리가 동정을 받는 것도 그것 때문이다. 나는 불쌍하지 않은데 왜 불쌍해야 하고, 힘들지 않은 척을 해야 할까. 형이 그렇게 태어난 게 내 잘못도 아닌데 왜 벌은 내가 다 받고 있을 것 같은 기분일까. 침대에 모로 누워 베개에 얼굴을 묻었다. 하루 동안의 피곤과 졸음이 쏟아졌다.

차가웠다. 손으로 다가가 만져보았다. 부드러웠다. 부스러기가 손끝에서부터 떨어져 내려왔다. 무언가 축축한 것이 내 뺨을 타고 흘렀다. 귓가에 누군가가 히히 웃는 소리가 들렸다. 나는 낮게 으으 거리며 이불로 몸을 감싸고 고개를 벽면으로 돌렸다. 무언가가 얼굴에 뭉개지는 느낌이 들었다. 누군가가 나를 흔들기 시작했다.

갓난아기가 옹알이를 하는 소리가 들렸다. 자꾸 얼굴 위로 차가운 것이 떨어져 광대를 타고 흘렀다. 끈적끈적한 액체였다. 액체, 갓난아기, 흘리는 것, 침… 나는 화들짝 놀라 자리에서 일어났다. 형이 내 얼굴에 침을 질질 흘리며 샌드위치를 들이밀고 있었다. 눈을 돌려 이불 시트를 바라봤다. 이미 샌드위치로 얼룩져 냄새가 났다. 내 얼굴도 마찬가지였다. 순간 화가 치밀어 올랐다. 왜 항상 내가 참아야 하냐는 생각이 물밀 듯이 밀려왔다. 형을 밀치며 소리쳤다.

"하지 말라고! 대체 왜 돌아온 거야, 제발 꺼져! 다시 가 버려!"

형은 속수무책으로 뒤로 발라당 넘어졌다. 저 멀리서 아빠가 무슨 소리냐며 방으로 달려오는 소리를 들었다. 형은 계속 웃고 있었다. 마치 나를 비웃는 것처럼. 나는 형을 때릴 듯이 손을 크게 올렸다. 형은 흠칫 놀라더니 몸을 공처럼 말기 시작했다. 윗도리를 얼굴까지 올려 가리더니 발악적인 비명을 질렀다. 그건 그저 소리를 지르는 게 아니라 처절한 비명이었다. 나는 당황해 아무 말도 못하고 형을 쳐다봤다. 올라간 형의 등 위로 시퍼런 멍이 보였다. 아빠는 방에 들어와 형을 안고 일어섰다. 아빠의 품속에서 잠깐 보인 형의 짙은 갈색 눈도 멍이 든 것처럼 보였다. 이 모습도 전부 카메라에 찍혔을 것이라는 생각이 들었다. 그런데 자꾸 눈에 형의 멍이 밟혔다.

아빠가 나를 불렀다. 안방에 들어서자 아빠는 내게 형이 왜 돌아왔는지 아느냐고 물었다. 나는 알려주지도 않았는데 어떻게 아냐며 퉁명스럽게 대꾸했다. 아빠는 양손으로 얼굴을 감싸 이마까지 올리더니 머리를 계속해서 뒤로 넘겼다. 아빠의 눈에 눈물이 고이는 것 같았다. 아빠는 말을 이어갔다.

"형이…… 거기서 맞았다고 하더라구나. 엄마가, 면회시간에 형을 봤는데 팔에 멍이 시퍼렇게 들어 있더라고. 그러서 한번 보자고 해서 몸을 살펴봤는데 온몸이 멍이더라. 가슴이 너무 아팠다. 네 형에게 못할 짓을 한 것 같아서. 그것 때문에 잠을 못 잤어. 내가 너보고 형을 이해해 달라는 게 아니다. 그냥, 형 앞에서 주먹을 쥐거나 손을 높이 들지 마렴. 그러면 형이 놀란다."

형이 놀라면 엄마가 울고 아빠는 가슴이 철렁거린다. 형은 단지 말을 못한다는 이유로 자기처럼 아픈 친구들에게 맞았다고 했다. 형이 말을 못하니까 꽤나 오랫동안 맞은 걸 아무도 눈치 채지 못했다고 했다. 심장이 꽉꽉 죄어오는 것처럼 화가 났지만 이상하게 목소리는 끝도 없이 잠겨 들어가서 아무 말도 할 수 없었다. 형은 기괴한 소리를 내며 아빠의 뒤에서 손가락을 세고 있었다. 아빠는 내 시선을 느끼고 형을 앞으로 끌어왔다.

"이으애아으어으 이으애아으어으"

"지금 무슨 말을 하고 있는 줄 아니? 숫자를 세고 있는 거야. 1부터 4까지. 손가락을 하나씩 접으며 숫자를 세면 떨렸던 마음이 진정된다는구나. 막 화가 났던 감정도 숫자를 세면서 사라진다는 거야. 참 아이러니하지 않니? 우리는 계속 생각하고 사는데 형은 그렇지 않는다는 게." 353

아빠의 눈가에 고인 눈물이 뚝, 하고 떨어졌다. 아빠는 이내 눈을 비비더니 돌아누워 텔레비전을 틀었다. 한참 숫자를 세던 형은 이제 모든 것을 까먹었는지 나를 보며 빵긋, 미소를 지었다. 아빠는 힐끔 형을 보더니 귓속말로 내게 손가락 세는 법을 알려주라고 했다. 형이 다가왔다. 내 손을 부여잡고는 하나 씩 접으면서 말했다.

엄지를 접을 때,

이

검지를 접을 때,

으애

중지를 접을 때,

아으

약지를 접을 때,

어으

희한하게도 새끼는 없었다. 왜 5는 안 세? 내가 겨우 목소리를 내어 말하자 형은 무슨 말이 하고 싶은지 눈살을 찌푸리다 어렵게 몇 글자를 내뱉었다.

아요, 하오 카…요

나는 그게 무슨 말인지 몰라 한참을 입안에 머금어 보았다. 아요, 하오, 카요. 형의 입 모양을 생각하며 따라가 봤다. 문득 그 단어가 '가족'이라는 생각이 들었다. 우리가족도 4명이고 형이 내뱉는 단어도 4개이기 때문에. 형은 항상 힘들 때마다 우리를 생각한다고, 그렇게 이해하고 싶었다.

*

오늘은 첫 방송이 있는 날이었다. 다들 텔레비전 앞에 오순도순 모여 앉았다. 엄마는 형의 손을 꽉 쥐었고 아빠는 형 뒤에서 서서 엄마의 어깨에 손을 얹었다. 형은 나를 쳐다보더니 내 손을 잡고는 끌어당겼다. 아빠 품에, 엄마의 그늘 아래에 나도 들어섰다. 영상이 나오기 시작했다.

"카요, 카요"

영상에서 가족이라고 말하는 형의 소리가 새어 나왔다. 그 다음은 문을 열어주지 않는 내 모습과 정원의 모습, 형이 정원을 뛰어다니는 모습, 아빠의 정원을 만든 포부와, 내가 형을 생각하는 마음, 엄마의 다양한 시도와, 우리 가족이 함께 웃고 있는 사진이 나왔다. 마지막 장면으로 우리가족이 손가락을 펼치고 있는 모습이 흑백장면으로 바뀌어 지나갔다. 엔딩 크레딧에서 형은 잠들어 있는 나를 쳐다보고 있었다. 내 얼굴에 침을 뚝뚝 흘리며 애오애오애라는 말만 반복하는 형의 시선 끝에는 오로지 나뿐이었다.

우리가족.

형이 가진 마법의 주문을 나는 속으로 되뇌어 보았다.

미식(美食)

· 임대섭 (건국대 국어국문 3) ·

숲을 오래 걷는다
숲이 숨을 몰아쉬고 습기가 될 때까지

심장은 거꾸로 선 뿌리

괴물은 괴물이 되기 위해 제 살부터 씹는다

이에 낀 첫 살

맛의 죄

심장은 거꾸로 선 뿌리

내 피로 나는 무성해진다
바닥의 깊이로 갱신되는 성장 후의 생장

나는 추락의 가능성

여린 무릎의 멍이 다년생으로 죽는다
나는 나에게만 미안하다

살을 섞는다

너를 삼켜도 내 맛이 나

침을 삼킨다
머리부터 떨어지기 위해선 얼마나 자라야 할까
한 번에 부서지기 위해선

깨진 것들은 잔뜩 웃는 것 같다

살을 섞으며 섞이는 건 몸이 아니라 맛이다

내 몸 밖에서 무언가 깨지는 것 같은데 내 몸 안에서 무언가 깨지는 것 같은데
숲이 끝났다

어둠 속에서 괴물의 입이 밝게 부서진다
뒤엉킨 살덩어리
우리는 이곳에서 다정하다

오도독뼈

· 김상희 (고양예고 1) ·

그 집 모퉁이에 세 들어 살고 싶었다
비가 오는 날이면 거긴 비 오는 것도 큰일이겠지 싶었다
그녀는 허리가 굽고 배가 나와 설거지를 할 때면
티셔츠의 배 부분이 젖어 있었다 그것도 모르고 안기는
주인의 어린 딸이, 그 딸이 기억하는 어미의 품이
축축하여 비린내가 났다

나는 장손이라 오도독뼈를 먹지 못했다 그녀는 소 돼지의
여린 살을 먹지 못했다 그녀는 설거지 더미에서
찾아 낸 오도독뼈를 금덩이인 냥
혀 아래로 숨겨두었다 이리주세요 그녀는 축축해진
윗도리를 잡고 제 말은요, 그러니까 혀 아래 얼마간의 슬픔을
머금고 전혀 안 그런 것처럼 살고 싶다는 말입니다

 오돌뼈라고 부르셔도 고생하진 않으실걸요?

원래 우리가 편한 게 최고잖아요 사는 게
진창 같아도 여긴 우리나라니까요 나는 체투하던
환상에서 나와 그녀를 바라보았다
젖은 티셔츠, 물비린내 나는 고깃집 주인에게 나는 어째서 오돌뼈는
안 되는지 물어보지 못 했다 평생을 물어도 모를 일이었다

오돌뼈가 오도독 소리를 내며 혀 아래로
박히고 있었다

개교 70주년 기념 전북대신문방송사 문학상 당선작 전집 ❺

가람이병기청년시·최명희청년소설문학상
(2009~2017)

지은이 이갑수, 전아영, 전인배, 장석우, 이솔, 이서령, 정선아, 이은선, 최은하, 이동한, 김보라, 양이석, 정유진, 임경헌, 김경민, 신윤희, 김혜정, 김지섭, 안성군, 김홍진, 김지민, 황익순, 이세인, 김채원, 임동민, 강혜원, 윤선미, 윤정은, 전명환, 황주연, 송가을해, 오태연, 임대섭, 김상희
펴낸이 이남호
펴낸곳 전북대학교출판문화원

초판 1쇄 인쇄 2017. 9. 20
초판 1쇄 발행 2017. 10. 13

전북대학교출판문화원 전라북도 전주시 완산구 어진길 32 (풍남동2가)
전화 (063) 219-5321~2
FAX (063) 219-5323
출판등록 2012년 8월 20일 제465-2012-000021호

값 17,000원

ISBN 979-11-87892-58-8 04810
ISBN 979-11-87892-53-3 (세트) 04810

이 도서의 국립중앙도서관 출판예정도서목록(CIP)은 서지정보유통지원시스템 홈페이지(http://seoji.nl.go.kr)와 국가자료공동목록시스템(http://www.nl.go.kr/kolisnet)에서 이용하실 수 있습니다. (CIP제어번호 : CIP2017023865)